Maman,

Où

Es-tu?

"La Main du Diable"

Anne-Marie Mac Donald Courtemanche
Et
Sharon Dorival (Co-auteur)

 FriesenPress

One Printers Way
Altona, MB R0G0B0,
Canada

www.friesenpress.com

ISBN
978-1-03-918182-3 (livre relié)
978-1-03-918181-6 (livre broché)
978-1-03-918183-0 (livre numérique)

1. BIOGRAPHIE ET AUTOBIOGRAPHIE, MÉMOIRES

Distribuées par Ingram Book Company

Anne-Marie Courtemanche, Camrose, juillet 2010

Laura Dorosh, Anne-Marie Courtemanche, Camrose, Alberta 2015

Certaines personnes vous lanceront volontiers des pierres. Vous en ferez des forteresses ou des ponts, il n'en tient qu'à vous. Souvenez-vous cependant d'une chose…Vous seuls êtes l'architecte de votre existence.
Evan Carmichael (traduction libre)

Prologue

Les situations d'abus ne tendent pas à s'améliorer lorsqu'elles sont refoulées. Elles empirent, un point c'est tout. Victimes, devenez votre propre confident, votre propre protecteur. Faites preuve de compassion envers vous-mêmes. Soyez indulgentes. Vous méritez mieux. Vous êtes un être précieux qui mérite d'être traité avec respect. Ne baissez jamais les bras. Ne vous faites pas violence. Soyez courageuses; vous n'êtes pas seules. Et surtout, vous n'y êtes pour rien.

On tend à oublier que les situations d'abus passent trop souvent sous le couvert de l'anonymat en raison des lourds stigmates culturels et familiaux qui y sont associés. La société voit les parents comme des figures d'autorité qui force le respect et non le questionnement.

Ce roman autobiographique relate des événements de nature sensible tels qu'ils ont été vécus par une enfant abusée sexuellement à l'époque de la rafle des bébés.

Voici la véritable histoire d'Anne-Marie Courtemanche.

Bien qu'il eût été facile de se laisser emporter par les méandres de ses propres émotions dans un but purement cathartique, l'auteure a avant tout tenu à protéger les acteurs innocents de ce récit. Agir en toute bonne foi, voilà ce qu'il lui importait. Il fallait à tout prix laisser parler le récit, et non les affects s'y rattachant. Ainsi, l'auteure a choisi de vaincre la procrastination et d'exposer son récit afin qu'il ne sombre pas dans l'oubli. Enfin, sachez qu'une douleur refoulée et invisible ne signifie pas forcément qu'elle n'existe pas.

Sharon Dorival

Introduction

Lorsqu'il buvait ou qu'il se mettait en colère, ce qui était monnaie courante, Bernie traitait les cinq aînés de bâtards. Je n'arrivais pas à comprendre son geste, car à mes yeux, j'étais sa fille, et il était mon père, voilà tout. Nous étions pourtant tous des Mac Donald, jusqu'au jour où je me suis mise à feuilleter une encyclopédie dans laquelle on pouvait lire le nom de Sally Matthews Courtemanche. Tout s'expliquait : Bernie n'était pas notre père biologique. Nous avions tout simplement hérité de son nom de famille (Mac Donald) aussitôt après avoir emménagé avec lui. À l'époque, il n'était pas rare que les enfants portent le nom de famille du leur nouveau beau-père. **C'était** une façon de simplifier la bureaucratie scolaire et médicale ainsi que la paperasse en matière d'assurances. Le changement de nom s'effectua une fois mon passage à l'école primaire terminé. Cela dit, les pages suivantes servent à éclairer certains lecteurs qui risqueraient de ne pas être familiers avec les mœurs sociales et religieuses concernant les jeunes mères canadiennes célibataires de 1945 jusqu'au début des années 70. Je suis, pour ainsi dire, le produit d'une époque révolue dont les idéologies et valeurs ont été imposées à ma jeune mère. C'était la *rafle des bébés*. Il importe également de mentionner que la vulgarisation des règles sociétales de l'époque contribuera, je l'espère, à éclairer certains lecteurs quant aux circonstances entourant le chemin parcouru par une mère et sa fille.

Chapitre 1

Les informations contenues dans les lignes qui suivent se basent sur des recherches effectuées à partir des données de l'organisme *Origins Canada*. Il s'agit d'un organisme qui comptabilise les statistiques des crimes perpétrés contre les mères célibataires de l'après-guerre. Plus précisément, de 1945 au début des années 70, soit durant la rafle des bébés, de nombreuses mères célibataires canadiennes ont été forcées de donner leur bébé à l'adoption. Plusieurs d'entre elles avaient d'ailleurs été envoyées dans une maternité, complètement isolées de leur communauté. De plus, ces mères ont souvent fait l'objet d'abus verbaux et psychologiques, se sont vu restreindre le contact avec l'extérieur et, dans plusieurs cas, n'ont jamais pu voir leur bébé. Ainsi, cette rafle des bébés engendra un cycle perpétuel de souffrances dont les conséquences se font encore sentir aujourd'hui. On tend à oublier l'importance du stigmate associé au fait d'avoir mis au monde un enfant illégitime dans les années 50. Gardons également en tête que la pilule anticonceptionnelle n'avait pas encore été inventée, et que l'avortement demeurait illégal, donc dangereux. De nombreuses femmes sont d'ailleurs décédées des suites d'un avortement illégal. Il régnait un tel climat de honte entourant ces jeunes mères, ce qui influença considérablement les pratiques sexuelles des adolescents qui, pour la plupart, préféraient l'abstinence. À l'époque, il n'était pas rare pour les adolescents de devoir recourir au mariage en raison d'une grossesse imprévue. Certains adolescents se mariaient de façon précipitée après avoir eu une relation sexuelle. De plus, de nombreuses jeunes femmes enceintes se voyaient forcées d'abandonner leur bébé, un choix que l'on prend aujourd'hui pour acquis, et ce même si elles étaient engagées dans une relation stable et sérieuse avec le père de l'enfant et qu'elles prévoyaient un mariage imminent pour pouvoir, justement, garder l'enfant. Ces femmes étaient appelées à disparaître de leur communauté afin de dissimuler leur grossesse, prétextant une visite chez une tante lointaine ou n'importe quelle autre excuse plus ou moins crédible. Mais la vérité étant ce qu'elle est, on envoyait la plupart de ces jeunes mères célibataires dans des maisons de naissance jusqu'à ce qu'elles accouchent après quoi on leur retirait immédiatement leur nouveau-né.

Ensuite, on s'attendait à ce que ces jeunes femmes retournent dans leur famille et dans leur communauté afin de reprendre tout bonnement leurs occupations comme si la naissance imprévue de cet enfant n'avait jamais eu lieu. Vous savez, ce bon vieux proverbe en vertu duquel le temps arrange toujours les choses? Eh bien, c'est de la foutaise. Plus souvent qu'autrement, les mères qui avaient été forcées d'abandonner leur enfant par leurs parents souffraient de la perte de cet enfant des années durant. Certaines allaient même jusqu'à célébrer en silence l'anniversaire de naissance de ce premier-né abandonné et de s'imaginer ce à quoi aurait pu ressembler leur vie si on leur avait permis de garder l'enfant.

Il importe aussi de considérer le fait qu'il arrivait souvent que l'enfant abandonné présente une certaine ressemblance avec l'autre parent, l'amour perdu que la jeune fille avait également été forcée d'abandonner. En fait, il n'était pas rare que les jeunes parents, dont la rupture avait été imposée par leurs parents respectifs, soient forcés, par le fait même, de réfréner une forte envie de se retrouver éventuellement. Une mère biologique sera toujours à la recherche de son enfant, surtout si l'abandon a été forcé. Cela dit, il était donc très probable que les parents biologiques entament des recherches pour se retrouver mutuellement ou pour retrouver leur enfant. Ensemble, ils espéraient pouvoir arriver à réparer les dommages causés par cette séparation imposée.

On raconte même l'histoire de certains parents adolescents qui étaient suffisamment amoureux pour envisager un mariage, ce que leurs parents respectifs leur ont interdit. Ces parents biologiques ont finalement réussi à se réunir et à se marier pour ensuite se mettent à la recherche de leur enfant. À l'inverse, certaines femmes ont réussi à retrouver leur enfant pour être ensuite réunie avec leur amour de jeunesse.

À cette époque, lorsque les parents en venaient à apprendre que leur fille était enceinte, ils lui interdisaient illico tout contact avec son amoureux. Pour ce faire, plusieurs parents n'hésitaient pas à multiplier les mensonges afin de s'assurer que la rupture tienne le coup. Ainsi, on envoyait les jeunes filles dans des maisons de naissance pour jeunes mères célibataires où elles étaient forcées de donner leur bébé à l'adoption. Le jeune homme, quant à lui, apprenait que son amoureuse avait choisi de se faire avorter. Ce qui était faux, bien entendu.

Les adolescentes et les femmes enceintes célibataires ont longtemps été considérées comme étant corrompues et contaminées. Plus précisément, la femme enceinte célibataire devait à tout prix demeurer loin des regards de façon à ne pas perturber cette soi-disant société parfaite en allant à l'encontre de ses lois non écrites et quasi sacro-saintes en matière de maternité et de sexualité. À cette époque, le stigmate social associé aux mères célibataires était tel que ces femmes étaient perçues comme des femmes déchues, des putains, des prostituées ou mêmes des aguicheuses. Leurs enfants, quant à eux, étaient considérés comme des êtres illégaux et inconvenables aux droits et privilèges sociétaux presque nuls. Pire, on allait même jusqu'à traiter ces femmes d'attardées mentales ou de dépravées incurables.

La mère célibataire pouvait parfois jouir d'une réinsertion sociale à condition de dissimuler complètement sa grossesse et toutes les *conséquences* s'y rattachant. Ainsi, elle aurait appris sa leçon et payé le prix de son inconduite en cédant les droits légaux de son enfant. Résultat? La jeune mère retrouverait son statut de femme aux mœurs convenables et socialement acceptables. Il s'agissait ni plus ni moins d'une pratique sociale à laquelle la mère célibataire devait se plier en abandonnant son nouveau-né. On s'attendait tout simplement à ce que le souvenir de cet enfant abandonné sombre dans l'oubli de cette jeune femme déviante qui devait soudainement se transformer en femme respectable pouvant aller et venir allégrement en société et qui sait, peut-être même un jour se marier!

La jeune mère ayant appris sa leçon et repayé sa dette envers la société en se soumettant à certaines mesures disciplinaires, il était dit qu'elle ne répéterait plus ses actions répréhensibles. Parmi ces mesures disciplinaires, on comptait notamment un traitement cruel et inhumain ainsi que l'abandon forcé de son nouveau-né. L'adoption, de son côté, s'avérait une mesure punitive sévère à l'endroit d'une femme qui avait choisi d'avoir des relations sexuelles hors mariage.

Ces mères célibataires apprenaient à leurs dépens le lourd prix à payer afin de réparer cet acte considéré de façon presque criminelle à l'époque. On se tuait d'ailleurs à leur répéter que seul l'abandon de leur bébé pouvait les mener vers une guérison morale et émotionnelle. Pour ces adolescentes éplorées, il s'agissait carrément d'une sentence à vie. Ceci dit, de nombreuses jeunes filles ne disposaient d'aucune façon de s'informer de leurs droits légaux et des ressources qui auraient pu être à leur disposition. Ces mères avaient été soigneusement préparées à vivre une grossesse et un accouchement dans le plus grand secret. Qui plus est, elles étaient laissées à elles-mêmes, avaient une compréhension très restreinte de la situation et ne pouvaient compter sur aucun soutien lors du travail et de l'accouchement. Enfin, ces futures mères accouchaient dans la terreur la plus totale pour en ressortir souvent complètement traumatisées.

Tout ce stratagème était conçu pour *convaincre* la mère de renoncer à son enfant. Certains hôpitaux avaient même recours à des sangles pour immobiliser la mère lors de l'accouchement, alors que les infirmières retiraient le bébé de la chambre avant même que le placenta ait été expulsé. Cette pratique engendrait forcément un puissant traumatisme chez la mère qui ne s'en remettait jamais complètement.

Il était fréquent d'interdire aux mères toute forme d'accès aux nouveau-nés ; même les simples coups d'œil entre une mère et son enfant pouvaient être refusés. Dans certains cas extrêmes, on remplaçait les nouveau-nés par des bébés mort-nés.

Les mères célibataires ayant souffert de l'abandon de leur nouveau-né risquaient d'en ressentir les conséquences psychologiques toute leur vie. Même les travailleurs sociaux faisaient la sourde oreille lorsque les mères manifestaient le désir d'allaiter leur bébé. On les encourageait promptement à rompre le lien qui les unissait déjà à leur enfant. De plus, on s'abstenait de tout terme de familiarité entre la mère et son bébé en ne faisant jamais référence au bébé en tant que *votre* bébé. Tous les professionnels impliqués s'entendaient pour dire qu'il valait mieux abandonner l'enfant afin qu'il soit élevé dans une maisonnée convenable et aimante. Il s'agissait après tout de la preuve d'amour par excellence. Parmi les tactiques employées pour convaincre la mère du bien-fondé des exigences auxquelles elle devait se plier, on comptait les menaces physiques, le confinement, la peur, la tromperie ainsi qu'une foule de mensonges servant à dissimuler la vérité. Bien que bon nombre de mères aient été parfaitement en mesure de garder leur enfant et de l'envelopper d'amour, elles étaient littéralement forcées d'abandonner ce précieux rejeton qu'elles avaient chéri pendant neuf longs mois de grossesse. Ironie du sort, on se plaisait à les taxer de froideur et d'indifférence, telles des mères indignes qui rejettent le fruit même de leurs jeunes entrailles au point de le céder à l'adoption.

La jeune mère finissait par obtenir son congé de l'hôpital d'où elle ressortait seule, atteinte d'un traumatisme sévère, les seins écrasés par des bandelettes solidement fixées à sa poitrine et privée de tout contact avec son enfant avec lequel elle n'aurait aucune chance de bâtir une vie. De plus, alors qu'elle se remettait difficilement de l'accouchement, on exigeait d'elle qu'elle garde ce terrible secret à jamais. Pire encore, on lui répétait sans cesse qu'elle finirait un jour par oublier et qu'elle aurait peut-être même d'autres enfants. Cependant la douleur était telle qu'elle paralysait ces jeunes filles. Aux yeux de la société, elles n'étaient que des mères indignes qui avaient abandonné leur bébé.

Ces événements immoraux et contraires à tout principe éthique survenaient sur une base régulière au sein d'une société qui non seulement était consciente de cette situation, mais l'approuvait pleinement. Quoi qu'il en soit, ces *rafles de bébés* constituaient des actes criminels posés en toute malhonnêteté. Les droits des mères célibataires avaient bel et bien été bafoués durant cette période.

Les choses étaient toutefois sur le point de changer. À preuve, ces pratiques sordides furent largement abolies au début des années 70, la pilule anticonceptionnelle devint facilement accessible, et la société connut un essor économique considérable ce qui, du coup, augmenta le niveau d'éducation de la population. Conséquemment, il était désormais beaucoup plus convenable qu'une femme célibataire élève son enfant seule et qu'elle puisse jouir des mêmes privilèges que les autres membres de la société. Bien que la période s'étalant de 1945 au début des années 70, avec ses maisons de naissance pour femmes enceintes célibataires, sa culpabilité institutionnalisée, ses fausses explications psychologiques et son adoption forcée et cruelle, n'ait été qu'un accroc dans l'histoire canadienne, les victimes en ont amèrement payé le prix.

Ces mères éplorées ont été contraintes d'endurer seules les affres de ces méthodes afin de garder un secret leur causant de l'anxiété et de la douleur chroniques. Résultat : la portée de ces pratiques sociétales est encore bien visible aujourd'hui dans le quotidien de millions de femmes.

Quoi qu'on en dise, les victimes de cette rafle des bébés ont sacrifié leur rêve de maternité pour satisfaire le désir de rectitude de la société d'alors.

Il faut en outre garder en tête qu'à l'époque, l'Église exerçait une forte influence sur la société et condamnait fortement les relations sexuelles hors mariage. Comble du déshonneur familial, la grossesse d'une femme célibataire constituait un grave péché. Deux choix s'offraient alors à elle : se marier en urgence ou donner le bébé à l'adoption. Élever un enfant en tant que mère monoparentale était impensable, à moins, bien entendu, d'être veuve.

Aujourd'hui, les adolescentes jouissent d'un soutien considérable. De leur côté, les relations sexuelles hors mariage ne sont pas recommandées, mais elles sont monnaie courante.

Données provenant de l'*Association ontarienne des sociétés de l'aide à l'enfance*, district de Sudbury :

Père biologique : Hector Courtemanche, né à Sultan, en Ontario, le 28 décembre 1935.

Abandonné par sa mère, Hector Courtemanche grandit dans une famille dysfonctionnelle de huit enfants. Plus tard, lorsqu'il fut remercié de l'armée pour raison médicale, il reçut une petite pension. Outre la pension de M. Courtemanche, la famille vivait de l'aide sociale et déménageait constamment. Mme Matthews Courtemanche, la mère, affirme qu'il était irresponsable et violent avec les enfants et avec elle. Hector quitta la maison plusieurs fois avant de disparaître définitivement en août 1960 alors que Sally était enceinte de John, le cinquième enfant de la famille. Mentionnons qu'Hector était également alcoolique et qu'il a fini par être inculpé à répétitions pour voie de fait causant des lésions corporelles.

Mère biologique : Sally Sybel Matthews, née à Bathurst, au Nouveau-Brunswick, le 21 septembre 1940.

Fruit d'une union illégitime, Mme Matthews Courtemanche fut placée à l'adoption car sa mère n'était pas en mesure de s'en occuper. Elle fut adoptée par la sœur de sa mère biologique et son mari qui n'avaient jamais eu d'enfants. Après la naissance de Mme Matthews Courtemanche, sa mère biologique eut deux autres enfants, des petites filles. Mme Matthews Courtemanche affirme avoir eu une enfance heureuse dans une famille remplie d'amour. Enfant douée, elle fréquenta le pensionnat jusqu'à la 11ᵉ année alors qu'elle n'avait que quinze ans (elle sauta sa 7ᵉ et sa 8ᵉ). Mme Matthews Courtemanche restera dans sa famille d'adoption jusqu'à son mariage avec Hector Courtemanche, le 7 avril 1956.

Beau-père : Bernard Mac Donald.

M. Mac Donald grandit dans une famille unie et stricte. Travaillant, il a toujours occupé un emploi. Au moment d'emménager avec Mme Matthews Courtemanche, le mariage de M. Mac Donald venait de s'écrouler ; il n'avait pas eu d'enfant avec sa première épouse. Outre ces quelques différences, M. Mac Donald était un alcoolique violent au même titre que M. Courtemanche. À preuve, Mme Matthews Courtemanche a porté plainte contre lui en 1970 pour agression sexuelle contre ses propres enfants et pour voie de fait. La plainte d'agression sexuelle n'a jamais été retenue pour une raison inconnue.

Le dossier de la SAE en ce qui concerne mes parents et mon beau-père s'arrête ici.

Chapitre 2

Lorsqu'elle n'avait que quinze ans et qu'elle fréquentait encore un pensionnat au Nouveau-Brunswick, ma mère, Sally Matthews, habitait dans la famille de son copain. Il s'agissait d'une famille stable financièrement qui jouissait d'une réputation forte enviable dans la communauté de Sarnia.

Étant donné les inquiétudes des parents de ma mère quant à une grossesse possible, ceux-ci exigèrent le retour de leur fille à la maison familiale. Bien qu'on leur ait assuré que le risque était inexistant, ma mère tomba enceinte. Par ses gestes, elle avait déshonoré cette famille prospère et terni sa réputation. Ma mère fut rapidement abandonnée par la famille de son copain et contrainte de rentrer à la maison. En arrivant chez elle, son père s'empressa de lui dire qu'elle récoltait désormais ce qu'elle avait semé. Ma mère n'a plus jamais été en contact avec la famille de son copain.

Quelques mois plus tard, ma mère rencontra Hector qui était alors âgé de 19 ans. Ils s'épousèrent environ quatre mois après s'être rencontrés au restaurant *Bar and Grill* de Sarnia.

Ils déménagèrent à London, en Ontario, où Hector s'était enrôlé à l'ancienne base militaire locale. Peu de temps après leur arrivée à London, mon frère Paul est né le 18 juillet 1956. À la naissance, l'enfant portait déjà le nom de famille d'Hector, soit Courtemanche.

Puis, durant un de ses entraînements de routine, Hector éprouva un problème avec son parachute et subit une grave déchirure musculaire au niveau du bras qui dut être réparée à l'aide d'un muscle de sa jambe.

La petite famille a ensuite dû vivre des prestations de l'aide social et d'une maigre rente militaire à la suite du remerciement d'Hector pour raison médicale. Hector et ma mère emménagèrent alors à Espanola où habitait également la famille immédiate d'Hector.

Je vis le jour à Espanola, le 15 juillet 1957. En raison d'une aspiration de liquide amniotique, je restai à l'hôpital environ deux mois lors desquels on dut m'administrer une dose régulière de pénicilline. À la suite d'une grave réaction allergique, mon corps se couvrit d'énormes plaques. Selon ma mère, ma piteuse apparence me donnait alors l'air de lutter pour ma survie.

Après avoir finalement obtenu mon congé de l'hôpital, le médecin conseilla à ma mère d'ajouter quelques gouttes de Brandy à mon lait maternisé afin de m'ouvrir l'appétit.

Nous déménagions régulièrement de Sarnia, à Espanola et à Chapleau, une petite ville en bordure de Sultan où Hector était né et où quelques membres de sa famille habitaient toujours.

Lorsque ma mère annonça à sa belle-mère qu'elle était enceinte de Laura, celle-ci insista pour que ma mère prenne un bain de moutarde forte pour provoquer une fausse couche, ce à quoi ma mère s'opposa.

Laura est née à Sarnia le 12 août 1958. Nous sommes retournés à Espanola peu de temps après la naissance de Laura.

Hector avait l'habitude de faire la fête avec ses amis et les membres de sa famille. Il revenait à la maison soûle sur une base régulière et était physiquement et verbalement agressif à notre endroit.

Lors d'une de ses crises les plus explosives, Hector poussa si violemment ma mère (qui était enceinte) contre une des portes d'armoire de la cuisine que celle-ci se fendit en deux.

Ma sœur Jacqueline est née le 2 août 1959, peu de temps après notre retour à Espanola.

Lorsqu'il était à la maison, Hector ne s'intéressait ni à ma mère, ni aux enfants. Nous ne bénéficions pas non plus du soutien moral de notre famille et de nos amis proches. Cela dit, selon certains membres de notre famille éloignée, nous menions une existence des plus instables (ce qui fut également inscrit dans les données de la Société de l'aide à l'enfance).

Vers l'âge de quatre et trois ans, mon frère aîné, Paul, et moi avions pris l'habitude de nous nourrir à même les ordures des voisins.

Environ un an suivant la naissance de Jacqueline, Hector quitta définitivement la famille, laissant Laura et Jackie dans un grave état de malnutrition. Ma mère rencontra ensuite Bernard Mac Donald qui nous prit sous son aile. C'est lui qui nous logeait et nous nourrissait, et, à l'époque, ma mère n'en demandait pas plus. Laura et Jackie étaient néanmoins dans un si piteux état qu'elles durent être hospitalisées.

À l'instar des petits Biafrais affamés, Laura avait l'estomac complètement distendu.

Paul et moi avions eu la chance d'être épargnés. Nous devions notre santé relative à nos petites escapades dans les poubelles des voisins. Le malheur des uns fait le bonheur des autres, dit-on. Force est d'avouer que c'est ce proverbe qui nous a probablement sauvés de la malnutrition.

Ma mère avait finalement pris la décision de quitter Espanola une fois pour toutes et, ce faisant, croyait abandonner sa vie de misère. Il avait été décidé que mon frère Paul irait vivre chez ses grands-parents maternels, à Sarnia, tandis que les trois autres enfants emménageraient avec Bernard, à Copper Cliff, dans le district de Sudbury.

Seule ombre au tableau : ma mère ignorait qu'elle était de nouveau enceinte. John est né le 1er avril 1961 à la suite de notre déménagement à Copper Cliff.

Bernard exerçait un pouvoir absolu sur ma mère qui, de toute façon, suivait la tendance de l'époque selon laquelle une femme devait obéir en tout temps à son mari. C'était l'homme qui gérait la maisonnée, et ma mère, qui était une femme très soumise, lui obéissait au doigt et à l'œil!

Vu notre situation financière peu enviable, Bernard exigea que ma mère donne les deux cadets, John et Jackie, à l'adoption. Il prétextait ne pas être en mesure de subvenir aux besoins de la famille en entier. Ma mère obtempéra contre son gré et, quatre mois plus tard, elle était de nouveau enceinte. Il s'agissait de son premier enfant avec Bernie. Ma mère menaça rapidement Bernie d'abandonner le bébé à naître s'il ne lui permettait pas de récupérer la garde de ses deux autres enfants.

Bernie permit à John et Jackie de réintégrer la famille. Ma mère donna naissance à Mary, la fille de Bernie, le 20 juillet 1962, à Sudbury. Lorsque Bernie et ma mère ramenèrent Paul à la maison, le pauvre avait du mal à identifier ses nouveaux frères et sœurs. Après tout, le cinquième et le sixième enfant n'avaient pas encore vu le jour à son départ de la maison il y a quelques années. Quoi qu'il en soit, les autres membres de la famille avaient tant changé qu'il peinait également à les reconnaître.

Malgré le fait que Bernie était un pur étranger, Paul fut contraint de monter à bord de sa voiture et, sous prétexte d'aller faire la connaissance de ses nouveaux frères et sœurs, il se mit en route pour Creighton Mine. Cependant, à la première occasion, Paul tenta de retourner chez ses grands-parents qu'il appelait désormais Papa et Maman. On retrouva Paul plusieurs heures plus tard en train de marcher le long du chemin de fer.

On ramena Paul à la maison après quoi Bernie le battit. L'assaut fut d'une telle violence que Paul dû consulter un médecin le lendemain. Inquiet, le médecin s'enquit auprès de ma mère :

-«Cet enfant aurait-il été battu?

-Non, dit-elle, ce n'était qu'une échauffourée avec quelques enfants de l'école.»

Le médecin cessa son enquête.

Quelques années plus tard, Bernie prétexta qu'il n'avait pas eu le choix de s'en prendre à Paul, car ce dernier lui avait volé 20 $.

Alors âgée que de trois ans, Jackie recouvra une lampe sans abat-jour d'un morceau de tissus. La lampe prit feu, et l'appartement dut subir quelques réparations. Nous avons temporairement dû emménager chez M. et Mme Petrucas qui habitaient notre quartier.

Nous avons rapidement déménagé dans une petite maison de deux chambres à coucher à Dog Patch (maintenant Little Creighton), non loin de Creighton Mine. Il y avait des lits superposés dans la chambre des enfants et un lit double. Paul dormait sur le divan. J'étais endormie sur le lit du haut lorsqu'un affreux craquement me réveilla en sursaut : il s'agissait des tuiles du plafond, de brin de scie et de laine isolante. Le plafond venait de s'effondrer sur moi! Avec le recul, le fait que je n'aie pas été blessée relève du miracle.

En larmes, je me retrouvai dans un tel état de choc que j'en tremblais. C'est Bernie qui me consola en m'amena dans son lit ou je m'endormis dans ses bras, entre ma mère et lui. J'avais six ans.

Paul et moi étions inséparables à cette époque! Une distance d'environ 800 mètres nous séparait de notre petite école de fortune d'une seule pièce. Que de plaisir nous prenions à déambuler près d'une digue de castor, d'une crique et de la rue principale achalandée. Chemin faisant, nous passions également près d'un lac. Nous adorions nous promener allègrement en forêt, tentant d'attraper des grenouilles et des couleuvres dans le gazon.

Plus souvent qu'autrement, il m'arrivait de passer des journées entières à l'école les pieds complètement détrempés. Néanmoins, rien ne semblait pouvoir nous empêcher de partir à l'aventure et d'aller patauger en forêt à la recherche de petites créatures amusantes.

Heureusement, aucun incident fâcheux ne se produisit (nous aurions pu facilement nous faire kidnapper). Nous étions téméraires et libres! Nous fréquentions cette petite école minimaliste en attendant la construction de l'école *Our Lady of Fatima*, dans la ville de Naughton. À la maison, notre famille de huit commençait à manquer sérieusement d'espace. Puis, Bernie acheta un terrain d'environ 4000 mètres carrés sur Santala Road, dans Waters Township, à Greater Sudbury. Une fois le plafond du sous-sol terminé, nous avons pu emménager. Nous avons habité dans ce sous-sol pendant trois ans.

Les murs de briques et le plafond de notre sous-sol étaient complètement dépourvus d'isolation. Le plafond n'avait été fini qu'au moyen de planches de contreplaqué et de papier goudronné afin de nous protéger de la neige et de la pluie.

L'hiver était horrible! J'avais l'habitude de me recroqueviller sur le dos en m'assurant de replier mes jambes sur mon ventre afin de tenter de demeurer au chaud. J'arrivais normalement à m'endormir en me berçant dans cette position précaire. Je me réveillais toutefois, transie, pour ensuite reprendre la même position, mais sur le ventre. Certaines nuits particulièrement froides, alors que mes parents dormaient, je trouvais un peu de chaleur en allant m'allonger en chien de fusil contre un de mes frères et sœurs.

L'été n'était pas sans venir avec son lot de problèmes. Les fenêtres n'ayant pas de moustiquaire, les chats errants allaient et venaient dans la maison, trimballant avec eux une multitude de collations félines : souris, grenouilles, crapauds, oiseaux et j'en passe. En d'autres termes, notre maison devenait le refuge d'une horde d'animaux et d'insectes (maringouins, mouches noires, drosophiles, araignées, criquets, etc). Dieu merci, nos deux chats se chargeaient de la plupart des exterminations.

Notre plancher de chambre était fait de ciment, et le plancher de notre minuscule coin salon-cuisine était recouvert de linoléum à demi arraché.

Les murs étaient faits de contreplaqué et avec des rideaux, et les portes d'armoire étaient faites de retailles de draps brochés à même le bois.

Séparée par une mince planche de contreplaqué troué, la chambre des filles était adjacente à celle des parents. La toilette, elle, n'était qu'un seau de 20 litres déposé au sol et recouvert, lui aussi, d'une planche de contre-plaqué et d'un siège de toilette. Le seau avait été déposé contre le côté droit du mur du fond, derrière un rideau qui agissait en guise de mur. Enfin, la chambre des garçons était adjacente à ce rideau.

À partir de l'âge de sept ans, Paul devait aller vider le seau derrière la maison. Lorsque, par moment, le seau devenait trop plein, c'était à moi d'aller aider Paul. Dans le cas où Paul ne pouvait s'acquitter de cette tâche, il revenait à Laura et à moi de nous en charger. Le seau en question était d'une lourdeur considérable et se renversait souvent à mesure que nous le trimbalions de peine et de misère. Le transport du seau était d'autant plus ardu l'hiver alors que nous glissions parfois sur la glace, et que son contenu nous éclaboussait. Nous avions l'habitude de nettoyer les dégâts sur nos vêtements à l'aide de neige ou de glace. Malgré la fréquence de ces désagréables débordements, il nous était interdit de nous plaindre. Je nous vois encore, Laura et moi, trimbaler le seau à l'aide de nos quatre petites mains en grognant et en rouspétant en silence derrière la maison. Ce système de toilette portable dura un peu plus de trois ans.

Notre minuscule salle de bain de fortune n'avait pas de ventilateur de plafond et encore moins de fenêtre. Conséquemment, les odeurs nauséa-bondes émanant du seau étaient particulièrement fortes durant les longs mois d'hiver. Ma mère avait l'habitude de verser de l'eau de javel dans le seau lorsque les odeurs devenaient trop intenses. Je détestais cette odeur qui rendait l'air si vicié que nous avions du mal à respirer. Nous toussions, avions les yeux larmoyants et avions un affreux goût dans la bouche. Cette situation dépassait l'entendement.

La fournaise à huile se trouvait au centre du mur du fond. Il incombait habituellement aux aînés d'aller remplir le réservoir d'huile se trouvant à l'arrière de la maison. Vu l'absence de conduit d'huile reliée au réservoir, il arrivait que l'huile se renverse sur moi, une situation des plus embarrassantes à l'école s'il en est une.

Un matin, quelques enseignants accompagnés du directeur me convoquèrent à l'extérieur de la classe pour quelques minutes. Ils me suivirent à mon casier qu'ils me demandèrent d'ouvrir. Les vêtements qui s'y trouvaient empestaient l'huile à un point tel qu'ils exigèrent que ma mère les lave. C'était à moi d'aborder le sujet avec elle, faute de quoi la Direction menaçait de s'en charger. Malgré mon embarras, je préférais encore en parler à ma mère plutôt que d'être punie par Bernie.

L'incident s'ébruita rapidement dans toute l'école, et certains enfants se mirent à scander le refrain d'*Old Mac Donald* chaque fois qu'ils me voyaient. Quelle humiliation ! Je m'efforçai de les ignorer et de ne pas trahir à quel point leurs paroles me blessaient. J'avais beau avoir l'habitude d'entendre cette chanson à bord de l'autobus scolaire, mais cette fois-ci, la ritournelle m'était directement désignée.

L'hiver, nous prenions notre bain dans l'évier de la cuisine ; chacun notre tour, au vu et au su de tous. Puis, l'été, ma mère nous lavait à l'extérieur dans un bain de métal rempli d'eau froide après quoi elle nous rinçait à l'aide du boyau d'arrosage.

Bien que ces bains de métal aient été jadis conçus pour laver les vêtements à l'aide d'une planche à laver, ma mère leur avait, semble-t-il, trouvé une autre utilité. Elle parvenait à nous garder raisonnablement propres, et c'est tout ce qu'il importait. Si seulement elle s'était abstenue de nous laver dans l'entrée d'auto, offrant ainsi la scène domestique de notre pauvre existence au voisinage tout entier.

Ma mère accoucha de David, son deuxième enfant avec Bernie, le 3 septembre 1963, alors que nous passions quelques jours chez nos grands-parents à Sarnia. Notre séjour fut prolongé jusqu'à ce que ma mère reprenne des forces.

De retour à la maison, ma mère avait cru bon suspendre quelques cordes à linge dans la chambre des filles. Puis, un soir, alors que nous étions endormies, elle décida d'accrocher des draps dans la chambre. Jackie, qui se trouvait alors dans le lit du haut, trouva la situation forte amusante et décida de se prendre pour un fantôme en s'accrochant à un des draps. La corde à linge se décrocha, emportant Jackie avec elle avec grand fracas sur le plancher de ciment.

Alerté par le bruit et les pleurs de Jackie, Bernie se réveilla et accourut dans la chambre. Jackie tenta de se relever, mais s'effondra à nouveau sous la salve de coups de Bernie qui la battit jusqu'à ce que ma mère arrive et le force à arrêter (ce qui était très rare). Jackie s'égosillait de douleur. Le lendemain, elle n'arriva pas à se lever du lit. Ma mère l'amena à l'hôpital : Jackie avait la jambe fracturée. Le médecin lui installa un plâtre de son pied jusqu'à la fourche.

Margaret est née à Sudbury le 30 janvier 1965. Il s'agissait du troisième enfant de ma mère avec Bernie. Âgée d'à peine 25 ans, ma mère avait déjà accouché de huit enfants vivants et eu trois fausses couches.

Une nuit, alors que ma mère était encore à l'hôpital, Bernie entra dans la chambre des filles. Il me prit dans ses bras et m'amena dans son lit. Étendue, je lui demandai ce qu'il me voulait.

«Ce soir, tu prendras la place de Maman, dit-il en me faisant faire face au mur de contreplaqué éclairé par une petite lampe placée dans le coin de la chambre.»

Il me demanda de le regarder et m'expliqua que nous allions dormir en chien de fusil, m'illustrant la position à adopter à l'aide de ses mains qu'il plaça l'une contre l'autre. Il retira ensuite mes sous-vêtements après quoi il se mit à frotter son pénis contre le haut de mes cuisses et le long de mes organes génitaux. Je commençai immédiatement à pleurer. Le flot de larmes était tel qu'il transperça complètement mon oreiller.

J'étais transie par la peur! J'avais beau ne pas comprendre ce qui se passait, chose certaine, je n'aimais pas ce que Bernie faisait et ne souhaitais pas avoir ce genre d'interaction avec lui. Je n'avais que sept ans et saisissais d'ores et déjà l'inadéquation de la situation.

Bernie me dit de ne pas pleurer, prétextant que ma mère le faisait régulièrement sans se plaindre. Je me forçai de pleurer en silence. L'absence de bruit n'avait jamais été aussi lourde. Lorsqu'il éjacula entre mes cuisses, je croyais qu'il venait d'uriner. Il me demanda de remonter mes sous-vêtements, d'aller m'essuyer et de retourner me coucher. Il insista pour que je n'en parle à personne, faute de quoi il irait en prison et me tuerait à sa sortie!

Je ne pouvais cesser de pleurer et de m'interroger sur ce qui venait de se passer. Bernie ignorait cependant que Laura l'avait entendu me chuchoter que nous allions dormir en chien de fusil. Âgée de six ans, elle n'avait forcément aucune idée de ce que cela pouvait bien signifier et se questionna à ce sujet pendant plusieurs années.

Force est d'avouer que Bernie me fit éclater en mille morceaux cette nuit-là. Le traumatisme, incluant l'abus sexuel régulier, engendra chez moi des séquelles émotives et psychologiques à très long terme dont je n'allais commencer à guérir qu'au terme de plusieurs décennies.

Chapitre 3

La fréquence de la consommation d'alcool de Bernie augmenta régulièrement jusqu'au point où il buvait chaque jour lorsqu'il rentrait à la maison.
Cette situation n'étant pas sans empirer son humeur, toutes les raisons
étaient bonnes pour s'emporter contre nous ; il ne se mettait toutefois
jamais en colère contre ses propres enfants. Je n'oublierai jamais la douleur
et la brûlure causées par le rebord de sa ceinture lorsqu'il nous battait.
J'éprouvais ensuite un mal terrible à m'asseoir sur les chaises de bois dur
de l'école toute la journée durant. Et que dire des longues heures passées
à bord de l'autobus scolaire. Mais gare à nous si nous osions le dénoncer.
Quoi qu'il en soit, la pire douleur qu'il n'ait jamais pu nous infliger fut celle
des linéaires sanguins dolents laissés par sa ceinture derrière nos genoux et
nos jambes. C'était d'une douleur incommensurable! Je peux encore voir
mes frères et sœurs trembler sous les coups de Bernie ; d'autant plus que
la nature de chacun de ses assauts était toujours déterminée par l'ampleur
de sa rage. Il pouvait, par exemple, nous faire nous agenouiller, baisser nos
sous-vêtements et nous frapper de sa main ouverte. Étrangement, il lui
arrivait de nous frotter les fesses entre les coups. Notre inconfort et notre
douleur agonisante lui procuraient-il un certain plaisir? Chose certaine,
lorsqu'il s'en prenait à nous, sa rage était d'une profondeur sans pareille.
Nous avons donc dû apprendre à faire preuve d'une grande vigilance et de
toujours rester sur un pied d'alerte. Bernie semblait se plaire à nous rappeler que nous lui étions énormément redevables et que nous lui devions
la vie! Après tout, ne nous avait-il pas sauvés d'une mort certaine et de
la malnutrition? Bref, on nous répétait souvent que nous devions nous
montrer compatissants à l'égard de cet homme qui en avait tant enduré.
Enfin, si nous ne collaborions pas, il allait exploser de rage.

Et pourtant, cet homme n'avait jamais pris conscience de la fragilité de notre cœur qui ne demandait qu'à être aimé.

Pas plus qu'il avait su combler le vide de notre petite âme éplorée.

Je me rappelle encore à quel point, à cette époque, ma mère passait le plus clair de son temps à dormir. À vrai dire, elle n'interagissait que très rarement avec nous lorsque Bernie s'absentait pour aller travailler. Elle ne semblait même plus adresser la parole à qui que ce soit. Nous nous faisions réveiller à la dernière minute afin d'habiller nous-mêmes les plus jeunes et de faire leur déjeuner. Une fratrie de huit qui partait ensemble pour l'école, avec deux sandwiches à préparer pour chaque enfant! Laura et moi nous séparions la tâche en alternance. Nous étions d'une efficacité fulgurante car nous ne voulions absolument pas manquer l'autobus. Bien que nous ayons parfois la chance d'avoir un sandwich au saucisson de Bologne et aux œufs frits, la majorité du temps, nous héritions d'un vulgaire sandwich à la mayonnaise, au ketchup, à la moutarde, au sucre et à la margarine. Les sandwichs à la mélasse étaient rendus coriaces à l'heure du midi, tandis que les sandwichs aux tomates, eux, devenaient complètement trempés. Nous avions cependant appris à nous contenter de peu et de nous abstenir de nous plaindre. Comble du bonheur, il nous arrivait parfois de recevoir une pomme ou une banane. Enfin, nous buvions l'eau des abreuvoirs de l'école.

Ma mère avait succombé au chantage d'un homme violent envers lequel elle demeurait complètement vulnérable. Qui plus est, elle ne pouvait pas bénéficier d'un certain soutien communautaire car la société d'alors voyait les mères divorcées ou séparées d'un très mauvais œil!

Je compatissais avec ma mère,
Je pouvais réellement sentir son désarroi
face à la perte de son amour de jeunesse,
Son amoureux perdu la hantait;
J'aurais tant aimé pouvoir l'encourager à faire face à la furie de son mari,
J'aurais tant voulu lui dire que Bernie ne l'aimait pas.

À l'époque, je me souviens n'avoir vu de sécheuses électriques qu'à la buanderie. De notre côté, nous avions une corde à linge que ma mère utilisait même l'hiver! Il incombait à Laura et à moi de rentrer les vêtements gelés, tâche de laquelle nous nous acquittions avec l'aide de quelques-uns de nos frères et sœurs plus jeunes. Nous empilions les vêtements sur leurs petits bras et leur demandions de revenir à la charge une fois la pile déchargée à l'intérieur.

Cette tâche s'avérait très ardue, les épingles à linge restant souvent prises à même les vêtements gelés qui eux, étaient collés à la corde. Il n'était d'ailleurs pas rare de devoir carrément arracher les vêtements de la corde afin de faire éclater les épingles à linge. La moitié des épingles à linge demeuraient néanmoins bien fixées aux vêtements. Nous avions évidement grand soin de bien dissimuler le tout afin d'éviter les foudres de Bernie!

Nous alignions alors les vêtements gelés le long du mur ou contre le peu de meubles de la maison. Nous nous empressions ensuite de retirer les épingles à linge à mesure que les vêtements dégelaient. Il s'agissait d'une tâche des plus ingrates certes, mais nous parvenions tout de même à l'accomplir.

Une fois les vêtements complètement dégelés, nous les accrochions sur les cordes à linge suspendues dans notre chambre.

On nous enseigna rapidement, à Laura et à moi, à faire la lessive seules. Nous nous affairions alors à sortir la plupart des vêtements de la bassine d'eau pour les mettre dans l'essoreuse afin d'accélérer le processus. Il arrivait parfois que les vêtements s'enroulent dans l'essoreuse. Le simple geste de retirer les vêtements de l'essoreuse causait une douleur incommensurable au bras. J'essayais parfois d'agripper les vêtements coincés en négligeant d'éteindre la machine dont les rouleaux finissaient par s'ouvrir d'un coup sec! Nous avons souvent eu les doigts écrasés par l'essoreuse. Nous avons cependant fini par développer une meilleure technique en travaillant avec une plus grande vigilance. Nous étions devenues de véritables blanchisseuses professionnelles! Il n'en demeure pas moins qu'il s'agissait d'une tâche très longue à accomplir ; nous étions une famille de dix après tout, et Laura et moi étions encore si jeunes!

Lorsque nous étions à l'extérieur, les enfants, alors respectivement âgés de trois, quatre, cinq, six (moi) et sept ans, étaient forcés de travailler avec Maman et Bernie. Et ce n'était pas une partie de plaisir! Notre terrain était recouvert d'arbres.

Nous manions la scie à bûches, la hache, la hachette et la faux. Bernie coupait les gros arbres, tandis que Maman et nous coupions les branches à l'aide de la hache et de la hachette. Ensuite, les enfants déposaient quelques grosses branches au sol qu'ils recouvraient des plus petites branches prêts à tirer le tout jusqu'à un gros amas à brûler. Nous avions recours à la faux pour couper les hautes herbes et les brindilles.

Une fois le terrain défriché, les enfants plus vieux devaient remplir la brouette de sable et de terre afin de le niveler.

Gare à nous si nous nous enfargions ou déposions le contenu de la brouette au mauvais endroit. Bernie nous donnait des coups de pied au derrière, nous poussait dans le dos ou nous giflait derrière la tête, en s'assurant, bien sûr, de crier après nous devant tout le voisinage. À l'entendre, nous étions des bons à rien tout à fait inutiles! Il n'hésitait pas non plus à nous humilier et à rire de nous.

Je me souviens avoir souvent rêvé au diable. Avec le recul, je suis aujourd'hui en mesure de dire que le diable en personne habitait à la maison.

Bernie buvait désormais de façon incontrôlable surtout les fins de semaine! Dieu merci Maman ne buvait pas, mais Bernie, lui, était toujours soûl. Je détestais les fins de semaine et je détestais me faire punir au nom des plus jeunes qui s'étaient mis dans le pétrin.

La semaine, Laura et moi demeurions parfois à bord de l'autobus pour aller à la messe. Nous étions si souvent à l'église qu'on nous demanda de servir la messe. Nous adorions être à l'église car nous nous y sentions utiles et appréciées. C'était une grande source de réconfort pour nous.

Pour tout dire, j'aimais beaucoup fréquenter l'église et l'école. Je n'étais pas particulièrement studieuse, mais c'était une excellente manière d'être à l'abri des gifles, de la boisson, des coups de pied, des ceintures, des abus physiques gratuits, des cris… et d'une mère apathique et négligente.

Pendant que Bernie se *tuait* à la tâche pour nous, nous réussissions à profiter d'un peu de temps libre que nous passions à grimper aux arbres, construire des forts et des igloos et jouer à la marelle et à la corde à danser toute la journée. Nous nous amusions aussi à nous baigner dans les criques environnantes dont les multiples sangsues ne manquaient pas de nous effrayer surtout lorsque nous en trouvions sur nous. Nous parvenions habituellement à les retirer avec des petits bâtons, mais ce n'était pas toujours facile. Un jour, nous avons appris que le sel agissait comme répulsif contre les sangsues. Dieu merci, cela fonctionnait!

Il y avait des œufs de grenouille dans l'étang de la cours arrière de nos voisins, Aili et Arvo. Nous prenions plaisir à observer le développement de ces œufs qui se transformaient rapidement en têtards et en grenouilles. Ces œufs exerçaient sur nous une grande fascination!

Un jour, Paul et notre voisin, Kevin, mirent un serpent dans un pot et lui donnèrent une grenouille à manger. Les serpents mangent bel et bien les petits animaux, et nous l'avons découvert ce jour-là. Quelle horreur!

Adulte, je constatai que j'avais eu beaucoup de chance de grandir dans le nord de l'Ontario et de pouvoir vivre en harmonie avec la faune et la flore environnantes. C'est en grandissant que j'ai d'ailleurs appris à apprécier toute la beauté des randonnées en nature et la vie en nature en général. La nature s'est avérée pour moi l'endroit par excellence pour vivre mes plus beaux souvenirs d'enfance.

Plusieurs autres enfants vivaient dans notre quartier. Il y avait une famille de six enfants qui vivait à environ 800 mètres de chez nous au bout de la route de gravier. Nous nous sommes d'ailleurs liés d'amitié avec Lila, la jeune fille de la famille qui avait environ notre âge. Lila devint notre seule et unique amie et nous la trouvions si jolie! Quelle joie de l'avoir rencontrée. Lila habitait loin de chez nous, ce qui ne nous empêcha pas d'aller lui rendre visite régulièrement. Bien qu'il nous arrivât parfois de voir des ours noirs, nous étions suffisamment prudents et n'avions pas peur. On nous avait conseillé de les ignorer, qu'ils nous craignaient plus que nous les craignions. Les grands-parents de Lila habitaient dans la maison voisine de la sienne.

Un soir, alors que nous quittions la maison des grands-parents de Lila pour rentrer chez nous, nous avons vu deux oursons. Nous avons tenté d'en attraper un pour l'apporter à Maman. Ils étaient si mignons! Mais les oursons se sont mis à courir, et nous avons abandonné! Une fois à la maison, nous avons raconté notre petite aventure à Maman en croyant qu'elle en serait ravie, mais elle nous reprocha plutôt notre étourderie.

-«La mère n'est jamais bien loin, nous répondit-elle d'un ton ferme! Elle aurait pu vous tuer, si elle avait flairé le danger!»

Laura, Lila et moi avions découvert le *Discovery Channel*! Quelle ironie lorsqu'on pense au fait que la plupart de nos découvertes avaient lieu entre Niemi Road et Santala Road. Nous raffolions des montagnes, de la forêt, des criques, des grenouilles, des serpents, des oiseaux et des insectes. Nous accourions toujours là où il y avait de la vie! Dame Nature possède un royaume tout à fait extraordinaire.

Nous habitions dans un quartier finlandais dans lequel tous les habitants semblaient être parents avec Lila. Les voisins étaient d'une grande gentillesse. Ils ne nous adoptèrent pas de façon légale, bien entendu, mais c'était tout comme. Je rêvais tant de faire partie de cette famille! Qui sait, les voisins auraient peut-être pu nous sauver du diable… Lila, Laura et moi aimions bien aller sauter sur les balles de foin dans une grange appartenant à l'oncle de Lila, Eino. Nous avons vite renoncé à ce passe-temps dès que nous avons constaté qu'il y avait quelques fourches sous le foin. Nous avons par contre bien ri! Nous étions si téméraires… tant et aussi longtemps que nous étions heureuses et que nous avions du plaisir, le reste n'importait peu. C'était le paradis!

Nous nous amusions même à glisser le long du toit de la grange des grands-parents de Lila pour atterrir ensuite dans la bouse de vache. Nous nous assurions par contre de nettoyer toute trace d'excréments de nos vêtements. Les grands-parents ne se mettaient jamais en colère contre nous ; ils étaient d'une patience d'ange et insistaient pour que nous les appelions Gram et Paappa, tout comme le faisaient Lila et ses frères et sœurs. Ce couple agissait davantage en tant que parents envers nous que nos propres parents. Je les adorais!

Gram et moi avions un lien privilégié. J'avoue l'avoir suppliée de m'adopter légalement à quelques reprises. Elle disait le souhaiter aussi, mais ne se voyait pas causer un tel préjudice à ma famille. Je tentai souvent de la convaincre que je serais mieux à ses côtés et que je pourrais toujours retourner chez moi, avec ma véritable famille, si les choses ne fonctionnaient pas entre nous deux. J'aurais tout fait pour pouvoir aller vivre chez cette femme! J'ai été très déçue qu'elle refuse. Je croyais sincèrement qu'elle m'aimait suffisamment pour m'adopter et qu'une adoption légale ne représentait qu'une simple formalité. Jackie et John étaient revenus à la maison à la suite de leur séjour dans une autre famille, après tout.

Étant donné que l'anniversaire de Gram tombait le même jour que le mien, soit le 15 juillet, elle demandait toujours à son mari ou à son fils Jack de nous conduire à Sudbury pour la journée. Elle s'assurait de me faire passer une journée très spéciale en me gâtant bien plus que je n'aurais pu l'espérer.

Pour un de mes projets de quatrième année, elle me confectionna un costume traditionnel finlandais. Je portai ce costume avec une immense fierté. Elle y avait mis tant d'amour! Je me sentais presque comme une petite Finlandaise de souche; j'étais la petite fille de Gram!

Nous avions toujours hâte d'aller cueillir des bleuets avec elle au fond de son immense terrain de 75 acres. Sa simple présence semblait nous protéger. C'est également elle qui nous expliqua la façon de nous comporter en présence d'ours noirs. Elle était toujours aux aguets. Il suffisait de déposer notre contenant de bleuets au sol et de marcher calmement vers la maison en espérant que les ours soient distraits par les bleuets et qu'ils les mangent.

Durant la saison des bleuets, les ours étaient affamés et devenaient beaucoup plus courageux en présence de l'homme. Il s'agissait d'une période dangereuse. Malgré sa petite taille, Gram n'avait peur de rien ni personne. C'était un petit bout de femme très courageux!

Gram me promit de m'amener un jour en Finlande, son pays natal. Elle n'eut hélas pas la chance de retourner dans son pays adoré car elle mourut en août 1981. J'en eus le cœur brisé. Cet ange nous avait quittés beaucoup trop tôt!

Laura, Lila et moi étions inséparables. Nous prenions plaisir à nous appeler les trois mousquetaires. Nous allions souvent prendre le thé en compagnie des grands-oncles célibataires de Lila. Ces hommes nous racontaient volontiers leurs amusants souvenirs d'enfance. Nous leur posions mille et une questions, et ils nous répondaient toujours patiemment. Nous éprouvions tant de plaisir durant ces visites amicales lors desquelles l'heure étaient toujours à la blague. Jamais ces hommes ne nous ont fait sentir mal à l'aise; nos échanges étaient toujours convenables et agréables même lorsque ceux-ci avaient pris quelques verres.

Il y avait un père de famille dans le voisinage qui prenait un malin plaisir à nous enfermer dans sa maison. Lorsqu'il tentait de nous attraper, nous réussissions toujours à nous échapper saines et sauves. Un jour, alors qu'il se trouvait dans sa remise en train de boire un coup, il nous fit venir vers lui. Nous nous sommes sauvées dès qu'il commença à baisser ses pantalons. C'était la dernière fois que nous nous laissions prendre à ses manigances!

Il arrivait parfois que nous nous aventurions vers sa remise sans savoir qu'il s'y trouvait. Il s'empressait alors de balancer les bras pour tenter de nous attraper au passage. Il était parfois en état d'ébriété si avancé qu'il en perdait l'équilibre et titubait à l'extérieur de la remise pour y retourner quelques instants plus tard. Nous comprenions qu'il avait trop bu et ne l'avons de ce fait jamais dénoncé. Nous savions, de toute façon, que personne ne croirait notre histoire.

Je dus malheureusement reprendre ma deuxième année du primaire en raison des abus sexuels et physiques infligés par Bernie. Laura et moi étions donc désormais dans la même année. Telles des jumelles, nous prenions plaisir à porter les mêmes vêtements et à faire croire aux gens que nous étions de véritables jumelles. La plupart des gens croyaient à notre petit manège puisque nous étions dans la même année!

Lorsque nous étions en quatrième année, Maman fut diagnostiquée d'un cancer du col de l'utérus et dut subir une importante intervention chirurgicale.

La Société de l'aide à l'enfance nous assigna une femme de ménage du nom d'Elizabeth Cooperman. Elle se rendait à la maison pour cuisiner, nous protéger et veiller à notre bien-être. Un soir, elle prépara de l'éperlan, et Bernie, insatisfait de la cuisson insuffisante du poisson, s'emporta contre elle en lui lançant son assiette. Bernie eut beau tout faire en son possible pour qu'elle quitte son poste, Mme Cooperman ne bougea point. Selon Bernie, c'était une bonne à rien. Quoi qu'il en soit, cette femme nous était totalement dévouée et s'efforçait de rester à nos côtés. Nous nous sentions en sécurité auprès d'elle. Elle nous aimait, nous protégeait et surtout ne se laissait pas intimider. Elle avait même le culot de lui tenir tête, quoi qu'il dise, quoi qu'il fasse. Ce qu'elle était courageuse! Elle travaillait bien et, bien qu'elle ne s'en doutât pas, elle était notre ange gardien. Il était prévu que Mme Cooperman reste avec nous pendant six semaines, mais Bernie la fit renvoyer après quatre semaines. Maman obtint son congé de l'hôpital deux semaines plus tôt à sa propre demande.

Mon enseignant nous convoqua, Laura et moi, car mes notes avaient de nouveau chuté. Il nous accusait en fait de plagiat lors des examens et tentait d'identifier la coupable. Aucune de nous deux ne consentit à pointer du doigt la coupable. Nous avions à cœur de nous protéger mutuellement. Résultat : nous avons toutes les deux dû reprendre notre quatrième année. Pour tout dire, c'était moi la coupable. Je n'avais aucun intérêt envers l'école et j'avais du mal à me concentrer. J'avais l'esprit complètement ailleurs.

Chapitre 4

La fréquence des rudes corvées extérieures ayant finalement diminué, nous avons tranquillement pu quitter le sous-sol pour emménager dans la maison elle-même. Certes, les murs de la maison n'étaient pas terminés, et nous n'avions toujours pas d'électricité, mais nous n'habitions plus le sous-sol. Bien que l'électricité n'ait été branchée qu'au bout de quelques mois seulement, les planches de contreplaqué, elles, demeurèrent fixées aux montants de bois (de deux pouces par trois pouces) pendant de longs mois. Plus tard, Bernie demandé qui voulait bien l'aider avec la menuiserie de l'intérieur de la maison. Paul acquiesça, mais se fit rabaisser si souvent par Bernie que je fus rapidement déléguée comme remplaçante. Bernie avait beau prétexter que j'avais plus d'expérience que Paul en construction, et que Paul avait trop de devoirs, il n'en était rien. Selon Bernie, j'étais la candidate idéale, sauf que je n'avais jamais offert mon aide. Encore une autre manigance de Bernie qui se croyait douer et intelligent! Cependant, je savais d'ores et déjà que le fait de tenir des panneaux muraux ne requérait pas de diplôme d'études secondaires. Puis, sans grande surprise, lorsque je maintenais le panneau en place et que je donnais quelques clous à Bernie celui-ci s'arrangeait toujours pour me pincer les fesses et me flatter la vulve.

J'accueillis l'achèvement de l'érection des murs et de la pose des portes avec un grand soulagement. Mais mon enfer ne faisait que commencer…

Bernie se mit à visiter la chambre des filles alors que tout le monde dormait. Je partageais cette chambre avec quatre de mes sœurs. La petite pièce contenant deux lits superposés et un lit jumeau était adjacente à la chambre des parents. Puisque Bernie savait exactement à quel endroit se trouvait chacune des filles, Laura et moi tentions de mêler les cartes en faisant changer nos sœurs de lit. C'était notre façon de tenter de déjouer Bernie et de dormir convenablement.

Puis, une nuit, alors que je dormais sur le lit du haut, je me réveillai en me faisant tirer vers le rebord du lit. Bernie baissa mes sous-vêtements et sortit une de mes jambes de ma culotte. Je tentai de résister en me raidissant, mais il parvint quand même à mettre sa bouche sur ma vulve. J'ignore combien de temps dura l'incident. J'avais perdu tout contact avec la réalité!

Je ne m'expliquerai jamais pour quelle raison personne n'avait découvert les agissements de Bernie. Remarquez qu'il aurait probablement inventé une excuse bidon pour se disculper. Quoi qu'il en soit, ma mère croyait toujours tout ce qu'il disait sans compter le fait qu'il arrivait à la manipuler telle une vulgaire marionnette!

Terrifiée à l'idée de réveiller Bernie, il m'arrivait souvent d'uriner sur le pied du lit d'une de mes sœurs. Je voulais à tout prix éviter qu'il vienne m'embêter dans mon lit!

Après de nombreuses nuits à endurer son haleine d'alcool entre mes jambes, Bernie se mit à me reprocher de sentir l'urine, de n'être encore qu'un bébé et de ne pas avoir encore le nombril sec. Ces commentaires me traumatisèrent gravement, d'autant plus que je me répétais cesse qu'il n'avait qu'à aller fourrer sa putain de tête ailleurs! Ma mère n'exigea jamais de lui qu'il s'exprime mieux en notre présence pas plus qu'elle ne le questionna sur ses agissements douteux.

Il m'arrivait souvent de m'enrouler dans ma couverture et d'aller me coincer entre le matelas et le mur. Je dormais même parfois sous le lit avec mon oreiller.

Un soir, je me réveillai avec horreur au son d'un bruit de toux provenant du lit voisin dans lequel je pouvais distinguer une grosse bosse sous les couvertures. C'était Bernie! Je tentai de tousser à mon tour pour tenter de le réveiller et de le faire quitter la chambre. Je me retournai ensuite dans mon lit, tentant de bondir suffisamment dans mon lit pour en faire craquer le bois. Je finis par abandonner ; je me retournai vers le mur et tombai endormie. Je voulais éviter qu'il me voie. Je n'ai aucun souvenir de l'avoir entendu quitter la pièce.

Je ne posai jamais de question à mes autres sœurs, m'évitant ainsi d'être torturée de nouveau. Je découvris néanmoins que je n'étais pas la seule à subir les affres de Bernie. Laura et moi n'avons toutefois jamais partagé les détails des agissements de Bernie. Nous ressentions toutefois une colère et une anxiété similaire en sa présence. Il m'arrivait de tenter de m'expliquer les motifs de ses inconduites sexuelles envers nous. Je n'y suis jamais arrivée.

Pour Bernie, je devenais une victime facile lorsque je dormais sur le lit du bas. Il se glissait rapidement sous mes couvertures et s'adonnait à une relation sexuelle orale avec moi. Je regrette ne pas avoir eu le cran de le repousser à coups de pied. Je pensais plutôt à ma mère et à mes frères et sœurs et surtout aux foudres que j'allais m'attirer si je lui tenais tête.

Lorsque Laura et moi faisions la vaisselle, passaient le balais, époussetions la maison ou effectuions tout autre tâche ménagère, Bernie nous adressait un petit sourire narquois en nous pinçant les seins, ce qui était tout aussi douloureux physiquement que psychologiquement et émotionnellement. Il n'en manquait pas une : il nous pinçait les fesses et nous flattait la vulve. Ses mains semblaient se promener en permanence sur notre petit corps.

À toute les fois que l'une de nous deux le voyait toucher à l'autre, nous nous échangions un regard meurtrier que nous lui renvoyions par la suite. Il y avait tant de haine dans ce regard qu'il aurait pu l'anéantir. Si seulement nous avions pu lui faire regretter ses gestes d'un seul coup d'œil! Croyez-moi qu'il n'aurait pas récidivé! Nous l'aurions envoyé six pieds sous terre si nous avions pu!

> Les petites manigances de ces hommes pervertis!
> Ces salauds immondes,
> Croient s'amuser à un jeu,
> Où il n'y a pas de gagnant!
> Le fruit défendu leur paraît si doux!

La naissance de mes seins fut très douloureuse. Jusqu'à ce jour, je suis convaincue que cette douleur était due au fait que Bernie les tripotait constamment.

Je trouvai finalement le courage de faire part de ces douleurs à ma mère qui ne se donna même pas la peine de s'enquérir de la situation. Pour elle, tout était normal. À vrai dire, ma mère se foutait éperdument de mes sentiments.

Bernie construisit une table de travail en contreplaqué dans le sous-sol. Il s'assura de placer la table dans l'ancienne chambre des filles, échafaudant déjà ses plans sexuels machiavéliques. Il devenait désormais très pratique de s'adonner à ses multiples abus derrière le mur de contreplaqué de la chambre.

De temps à autre, Bernie prétendait être en train de travailler en mettant sa scie circulaire ou sa perceuse en marche ou en cognant de son marteau sur la table. Si un des petits s'approchait, il rechassait en lui disant d'aller voir sa mère. Bernie ne se fit jamais déranger par un des aînés ou encore moins par ma mère qui avait, semble-t-il, mieux à faire que de veiller au grain.

Bernie me faisait étendre face contre table après quoi il retirait mes sous-vêtements et frottait son pénis contre le haut de mes cuisses et contre l'extérieur de ma vulve. Il tentait régulièrement de me pénétrer, mais mes gémissements de douleur le faisaient se retirer. Il n'hésitait par contre pas à éjaculer sur mes fesses ou sur mon dos, marquant son territoire en étendant sa semence partout.

Cet enfer ne faisait que commencer.

Mon cauchemar hebdomadaire!
Maman, où es-tu?
Se faire plaisir, toujours se faire plaisir!
La reine du porno!
L'esclave de l'homme de ma mère!
Doux Jésus!
Quelle détresse.

Dieu merci, il y avait l'église! C'est l'église qui m'empêchait de sombrer. L'église pouvait arriver à sauver n'importe quelle âme de bonne volonté. Pour un instant, du moins.

Le diable et l'enfer ne pouvaient plus m'effrayer ; mon âme côtoyait le diable depuis déjà bien longtemps.
Oh! Comme j'aurais aimé avoir une véritable amie. Quelqu'un qui me comprenne.
Une amie qui ne me quitterait jamais ; une amie devant qui je n'aurais jamais à m'incliner.

J'accourus donc vers mon endroit préféré pour y visiter la charmante dame en bleue.

Je savais qu'elle me comprendrait alors que je portais vers elle un regard d'admiration.

Ces larmes silencieuses que je connaissais si bien couleraient lentement le long de mon visage.

Mon niveau d'anxiété montait d'un seul coup lorsque je voyais Bernie porter ses pantalons de jogging *Adidas* bleu marine délavé. Un rapide coup d'œil me donnait envie de vomir. Je savais exactement ce que Bernie manigançait.

Il se croyait si intelligent! J'avais beau être encore jeune, je n'étais pas idiote pour autant! Bernie ne portait jamais de sous-vêtements sous ses pantalons de jogging, ce qui lui facilitait la tâche lorsque venait le temps de remonter ses pantalons. Il lui suffisait de baisser légèrement le devant de ses pantalons pour laisser sortir son invité surprise. Et si quelqu'un s'adonnait à descendre au sous-sol, Bernie pouvait rapidement reprendre ses activités normales et faire comme si de rien n'était afin de nous éviter l'humiliation. Ce stratagème vestimentaire s'avérait plus simple que d'avoir à répondre de ses actes. J'étais déjà son petit jouet, je ne voulais pas non plus devenir l'objet de rumeurs dans toute la ville. Cet homme est sans contredit la créature la plus immonde que la terre n'ait jamais portée!

Bernie avait créé un endroit dans lequel il pouvait envisager son prochain scénario dans son esprit tordu. J'étais désormais exemptée de nos relations sexuelles orales et de ses pénétrations digitales nocturnes. Je pouvais enfin espérer profiter d'une nuit de sommeil complète. J'avais l'habitude de m'endormir à l'école, en mangeant, en regardant la télévision, à bord de l'autobus et parfois à l'église. Bref, il ne fut pas d'endroit où je n'étais pas susceptible de m'endormir. Bien que cette nouvelle situation m'ait redonné une certaine liberté, mon calvaire était loin d'être terminé! Bernie avait simplement créé un nouvel endroit pour s'adonner à ses actes répréhensibles.

Pour Bernie, toutes les occasions étaient bonnes pour avoir des rapports sexuels avec moi. Qui plus est, il n'était pas très difficile de m'isoler des autres puisque le restant de la famille le fuyait comme la peste. Dans tous les cas, ma mère semblait me détester et n'hésitait pas à me projeter dans ses bras. C'était un cas classique du *chacun pour soi*!

Les nuits où nous tentions de nous endormir au son de Bernie injuriant notre mère étaient monnaie courante. Ces prises de bec se terminaient presque invariablement par des agressions physiques. Bernie la traitait allégrement de putain, de traînée, de bonne à rien! Nous y passions également, *bâtards* que nous étions. J'aurais préféré mourir que d'avoir à écouter de telles paroles blessantes qui me remplissaient de haine et d'un sentiment instantané d'impuissance.

Le matin venu, il était très difficile de combattre le sommeil tellement la nuit avait été courte. Comme à l'accoutumée, la cuisine empestait l'inoubliable mélange d'alcool et de cigarettes. Tel un témoin silencieux de la débauche de la veille, la table était dégoûtant avec ses cendriers débordant de cendres et ses flaques d'alcool jonchées de mégots collés sur la table. Le comptoir aussi avait écopé avec ses innombrables bouteilles de bière et d'alcool vides.

Les débris de bouteilles cassées éparpillés sur le plancher et l'odeur de la bière combinée à celle de l'alcool constituaient un tableau grotesque si familier! Il s'agissait d'une scène des plus horribles, une zone sinistrée que j'anticipais chaque matin en m'imaginant les abus de la veille.

Les pleurs de ma mère suppliant Bernie d'arrêter de crier, de chialer et de sacrer, les coups de poing sur la table, les incessantes gifles de Bernie, le fracas de la table renversée et l'éclatement des bouteilles lancées traduisaient fidèlement la scène de ménage en cours dans la cuisine. Terrés dans une des chambres, nous étions suffoqués par nos propres pleurs que nous tentions de contenir en nous bouchant les oreilles lorsque la crise atteignait son paroxysme.

Lorsque les choses s'empiraient, Laura et moi serrions les petits très forts contre nous pour tenter de les apaiser. Nous étions parfois contraintes de crier directement dans leurs oreilles en les serrant et en les secouant. Il était vitaux de contenir les petits car nous avions tous les émotions à fleur de peau et devions à tout prix demeuré discrets, faute de quoi Bernie aurait pu nous entendre et s'en prendre à nous de nouveau. Ces violentes disputes furent parmi les pires situations que nous avons eu à endurer étant enfants.

Le matin venu, nous nous efforcions de passer devant la chambre des parents en catimini afin de ne pas les réveiller. Nous avions toujours soin, bien sûr, de fermer leur porte de chambre grinçante. Bernie ronflait, étendu sur le côté, nu et complètement à découvert.

Laura et moi avions pris l'initiative de faire à déjeuner, pendant que Paul s'assurait que les plus petits regardaient la télévision en silence. Nos nuits courtes et angoissantes nous rendaient tous susceptibles, impatients et prompts. Nous réussissions néanmoins à garder le cap. Paul n'avait que dix ans, Laura huit et moi neuf. Une fois le déjeuner terminé, Paul habillait les garçons, et nous, les filles. Nous envoyions les petits joués à l'extérieur sous la supervision de Jackie qui n'avait que sept ans.

Ironie du sort, c'était toujours à nous, Paul, Laura et moi, dits les *bâtards*, de sauver les meubles. Maman et Bernie finissaient par sortir du lit, continuant leur petit train-train comme si de rien n'était. Cette insouciance parentale aura forcément eu de graves séquelles sur moi et restera à jamais gravée dans ma mémoire!

Par une froide nuit d'hiver, une autre dispute éclata. Bernie projeta Maman à l'extérieur de la maison sans manteau ni bottes. Dans sa lancée, elle réussit à empoigner trois des petits.

Bernie nous fit alors aligner de façon militaire nous demandant tour à tour si nous voulions aller rejoindre notre mère à l'extérieur ou rester avec lui. Ceux qui osèrent répondre qu'ils préféraient aller rejoindre Maman reçurent une forte gifle sur le côté de la tête accompagnée d'un coup de pied au derrière avant, bien sûr, d'être projetés à leur tour à l'extérieur.

Bernie portait souvent des bottes de travail à embouts d'acier, ce qui contribuait à augmenter considérablement la puissance de ses coups de pied. Un seul coup de sa part et nous étions propulsés du sol. Question d'amortir la chute, je m'agrippais souvent les fesses d'une main, tentant ensuite de me relever à l'aide de l'autre main pour détaler le plus rapidement possible. Je ne manquais évidemment pas d'éclater en sanglots! C'était, semble-t-il, le sort des bâtards de la famille. Il est impensable qu'un adulte inflige autant de douleur et de tristesse à un autre être humain. Et pourtant…

Mon tour venu, voulant éviter la douleur de l'affront imminent de Bernie, je choisis de rester avec lui. Paul en fit de même. Avant d'aller au lit, Bernie cloua les portes de façon à nous empêcher de sortir et à empêcher les autres de rentrer. Une fois Bernie endormi, je m'échappai de la maison par la petite fenêtre du salon pendant que Paul faisait le guet. Enfin libre, je courus à toutes jambes jusque chez Gram où je dormis sur le divan pendant que Maman et les autres avaient déjà pris d'assaut le lit de Cynthia et l'autre divan.

Tels des chiens, nous avons été chassés de la maison à plusieurs reprises. Il arrivait d'ailleurs que nos chiens tentent de nous défendre lorsque Bernie se faisait trop bruyant en criant ou en nous frappant. Les chiens se mettaient alors à aboyer et à montrer des dents. Bernie leur donnait alors des coups de pied et leur coinçait la mâchoire de ses mains. Il lui arrivait également de les fixer du regard et d'aboyer, rajoutant que les chiens courraient vers une mort certaine s'ils osaient l'attaquer ou le mordre. Il les envoyait ensuite se coucher plus loin. Notre vie était pourrie jusqu'à la moelle. C'était le chaos le plus total.

Nous n'invitions que très rarement des amis à coucher car il fallait d'abord s'assurer que Bernie n'était pas en état d'ébriété et qu'il était de bonne humeur. Il n'aurait pas fallu que nos amis subissent, eux aussi, les foudres de Bernie. C'était notre façon à nous de garder le silence et de protéger nos amis. Bernie était rarement de bonne humeur, ce qui nous forçait à mentir afin de refuser les invitations de nos amis qui auraient bien aimé venir passer la nuit à la maison.

Les rares fois où nous étions autorisés à découcher nous choisissions d'aller chez Lila ou chez Gram lors des journées pédagogiques, de longues fins de semaine ou encore lorsque Bernie s'absentait pour quelques jours pour le travail.

Les moments où mes parents grattaient la guitare furent assurément parmi les plus heureux de ma jeunesse. Ils jouaient presque tous les fins de semaine ; j'entends encore leur voix mélodieuse se mêler au son du violon, de la guitare et du banjo. Un baume pour mon cœur meurtri.

Les enfants s'asseyaient sur le plancher ou se tenaient près des parents en les regardant. Nous les admirions presque à cet instant précis. Nous avions tant besoin de ce moment de grâce. Ces petits épisodes harmonieux n'étaient toutefois que de courte durée, soit jusqu'à ce que la boisson prenne le dessus!

J'ai toujours été à la recherche de réponses, et, au terme d'une brève investigation personnelle, je décidai d'entrer en contact avec Annie Desjardins, une des meilleures amies de ma mère. Celle-ci ne pesa pas ses mots lorsqu'elle se prononça sur les piètres aptitudes maternelles de ma mère. Annie affirma que ma mère ne méritait pas d'avoir eu des enfants et qu'elle avait fait preuve de beaucoup d'égocentrisme. Il arrivait qu'Annie nous rende visite sur Santala Road. Elle se souvient nous avoir vus tenter d'attirer l'attention de Maman qui nous ignorait allégrement pour habituellement aller se terrer dans sa chambre pour y jouer de la guitare. Ma mère était souvent dans sa petite bulle, ce qui lui permettait de s'évader et de renier le fait qu'elle avait enfanté huit rejetons qui dépendaient complètement d'elle.

Annie nous quittait souvent le cœur gros, sachant très bien qu'elle nous abandonnait à notre propre sort. Elle avait beau être tout à fait consciente de la situation abusive que nous vivions, elle prétextait avoir ses propres problèmes à gérer. Depuis, elle regrette de ne pas s'être interposée afin de nous arracher à cet enfer et de nous sauver des griffes de ce monstre. Annie insista souvent sur l'importance que revêt la responsabilité d'une mère envers ses enfants qu'elle doit protéger invariablement, envers et contre tous.

Je contactai ensuite Sue Powell, une autre des amies de ma mère. Nous n'avons échangé que quelques mots. Tout se passait bien jusqu'à ce que je mentionne le prénom de ma mère après quoi la voix de Sue changea instantanément. Elle ajouta ensuite à quel point ma mère et son mari, Andy, étaient dérangés. Elle ne manqua pas de m'informer également du fait que sa mémoire lui faisait défaut. Je lui demandai à brûle pourpoint si elle omettait délibérément des détails de mon histoire ou si elle avait tout simplement tout oublié. Après un bref moment de silence de sa part, je compris qu'elle ne comprenait pas nécessairement ce que j'attendais d'elle. Tout était désormais plus clair et je n'insistai plus. Loin de moi l'idée de la tourmenter davantage. Je lui souhaitai de bien se porter et de prendre soin d'elle. Je n'en appris pas davantage!

Puisque les enfants s'amusent toujours avec un rien, nous prenions plaisir à voir qui de nous allait réussir à s'emparer de l'étoile trônant sur la bouteille de whiskey de Bernie. Après avoir tous tenté notre chance, nous

nous désintéressions rapidement de ce petit jeu. Le gagnant devait retirer l'étoile sans se faire prendre, tandis que le perdant allait devoir s'astreindre d'une des tâches ménagères d'un de ses frères et sœurs. Nous souhaitions tous être le sheriff et attraper le vilain afin de le jeter en prison. Pour nous, l'identité du vilain était sans équivoque.

C'est à cette époque également que Bernie tenta d'abattre notre chatte pour la simple et bonne raison que la pauvre venait d'avoir une portée de chatons. Il commença par l'écraser avec son pied pour ensuite lui mettre le fusil sur la tête. Il appuya sur la gâchette, et Tiger détala. J'étais en larmes. La chatte revint, et Bernie l'acheva. Il avait fait exploser la moitié de son visage. Je me demandai dès lors s'il était vrai que les chats avaient neuf vies et si, le cas échéant, Tiger allait revenir encore et encore.

J.B., le neveu de Bernie, nous visita de Cornwall, en Ontario. Il venait travailler dans les mines de Creighton, et son séjour à la maison fut bref. Sans grande surprise, il arriva chez nous alors que Bernie avait bu et qu'il criait après Maman en la brutalisant. Furieux, J.B. s'écria qu'il ne tolérerait pas que Bernie s'en prenne à une femme en sa présence. Une échauffourée éclata aussitôt sur le plancher devant la chambre des filles. Nous étions terrés dans notre lit, incapables de retenir nos larmes et nos cris. Nous étions les témoins innocents de cette dispute, de ces cris et de cette salve de coups échangés entre les deux hommes.

J.B. finit par avoir le dessus sur son oncle et nous dit, en hurlant, de les enjamber et de quitter la maison avec Maman. Je craignais que Bernie ne m'agrippe, mais J.B., qui continuait de s'égosiller à l'effet qu'il n'arriverait plus à contenir Bernie encore bien longtemps, nous enjoint de faire vite !

En dévalant Santala Road vers le motel Pentney au bout de la route, nous avons entendu le calibre 12 de Bernie. Il était à nos trousses ! Dieu merci, nous sommes arrivés sains et saufs, et Bernie ne parvint pas à nous localiser.

Maman prit deux chambres. Le premier soir, je dormis dans la baignoire, ce qui s'avéra beaucoup plus apaisant que toutes ces nuits passées dans mon lit à la maison. Nous dormions çà et là, comme nous le pouvions ; certains dormant sur de simples couvertures, d'autres étant éparpillés directement sur le tapis.

Ma mère déposa des accusations contre Bernie pour abus sexuels et voie de fait. Lorsqu'on m'interrogea à propos des supposées accusations sexuelles à mon endroit, je répondis sans hésiter par la négative. À ma grande surprise, je venais de m'opposer à quelque chose. Une véritable première pour moi!

J'étais en proie à une grande nervosité. Je tremblais comme une feuille, assise sur la banquette arrière de la voiture de police stationnée dans le stationnement du motel. Toutes les menaces proférées par Bernie à mon endroit refaisaient surface. J'étais terrifiée et nia systématiquement toutes ses inconduites à mon égard.

Je peux encore apercevoir Laura s'engouffrer dans la voiture de police. Elle n'hésita pas à tout dévoiler. Bernie avait été complètement exposé. J.B. prolongea légèrement son séjour chez nous, le temps que Maman récupère un peu.

Quel soulagement de pouvoir enfin respirer un peu dans ce motel. Personne ne nous surveillait constamment, et nous n'étions plus forcés d'être sur un pied d'alerte. Je pus enfin organiser une visite chez mon amie Arlene qui habitait derrière le motel. Je montai même à bord de l'autobus de mon amie Brenda à quelques reprises pour aller passer un peu de temps chez elle. Brenda était une de mes amies les plus chères. Quel bonheur de mener une existence quasi normale!

Avec le recul, je suis désormais à même de constater que j'aurais peut-être eu le courage de briser le silence si on m'avait interrogée ailleurs que dans le stationnement du motel. De plus, le fait d'être interrogée dans un endroit plus approprié en compagnie de constables de sexe féminin sans la présence de ma mère dans le siège du passager aurait été préférable. Le simple fait de savoir ma mère suspendue à mes lèvres alors que je révélais les détails sordides de ma cohabitation avec la figure paternelle à laquelle elle avait choisi d'exposer ses enfants était inconcevable.

À l'école, la police organisait parfois des cliniques de sensibilisation contre l'abus sexuel. On y voyait de petits courts-métrages qui étaient suivis de discussion sur le sujet. C'en était trop! J'étais sidérée. Je me souviens avoir pleuré abondamment et avoir espéré que personne ne remarque ma détresse. J'étais forcément chamboulée, ce qui aurait dû être suffisant pour trahir un traumatisme grave chez moi. Cela dit, à l'époque, je tenais mordicus à dissimuler tous mes secrets. On s'est éventuellement enquis de mon état, mais, fidèle à mes habitudes, je répondis que je me portais bien. On aurait tout de même pu faire un certain suivi, histoire de s'assurer que je disais bel et bien la vérité.

Laura se souvient clairement de s'être confiée à certains enseignants des abus de Bernie à son endroit ainsi que de nos conditions de vie précaires. Sans grande surprise, personne ne donna suite à ses confidences!

Ma mère laissa tomber les accusations de voie de fait et maintint celles d'abus sexuels. Une fois de plus, ces accusations furent sans lendemain. Hélas, notre nouvelle vie loin de l'emprise de Bernie fut de courte durée ; il revint à la maison après quelques semaines.

Mon interrogatoire improvisé dans la voiture de police étant, semble-t-il, insuffisant, Paul et moi avons dû comparaître devant un juge à qui nous avons tout nié.

Je conçois mal à quel point les adultes peuvent ignorer le fait que les circonstances de ces interrogatoires peuvent être intimidantes pour certains enfants en bas âge qui craignent de partager leurs émotions concernant une situation traumatisante donnée. Vu le nombre élevé de rapports d'abus sexuel, les autorités concernées peuvent soit parvenir à déjouer un agresseur qui se croyait ruser ou se faire berner eux-mêmes.

Ma mère invita le Père Delaney, le prêtre de la paroisse, à la maison dans le but d'entamer une discussion à propos de la situation abusive que nous vivions à la maison. Bernie fit la promesse de bien se comporter. Quelle ironie pour quelqu'un qui se croyait innocent! On exigea que Bernie installe une barrure sur la porte de chambre des filles, ce qu'il finit par faire éventuellement. Seule ombre au tableau : nous n'avions pas le droit de barrer la porte.

La police exigea que je sois examinée par un gynécologue. Le spécialiste a confirmé qui observa chez moi un traumatisme génital. Laura se souvient d'avoir entendu ma mère discuter des résultats avec ses amies.

Il va sans dire que le fait d'avoir un étranger examiner mes parties génitales était plus qu'inconfortable pour une enfant de dix ans. Je revivais ni plus ni moins les agressions sexuelles perpétrées par Bernie. Je peux encore sentir les larmes couler abondement le long de mon visage. Si seulement j'avais pu m'asphyxier avec l'oreiller. Le sentiment de gêne étant à son comble, à quoi bon endurer cet examen intime si personne n'allait y donner suite?

J'étais de nouveau la laissé-pour-compte. C'était d'une absurdité! Si le médecin s'était au moins donné la peine de partager ses observations aux autorités, les accusations d'agression sexuelle auraient pu être confirmées. Ils s'en lavaient tous les mains!

S'il avait été question d'un de mes enfants, ces crimes ne seraient jamais restés impunis, et j'en aurais fait mon devoir de faire en sorte que Bernie écope d'une peine d'emprisonnement! Personne ne devrait s'en prendre à des enfants. Personne! Ceux-ci n'ont pas demandé à être mis au monde ; ils sont innocents et sans défense! La protection des enfants devraient entièrement incomber aux parents.

Je n'oublierai jamais l'horrible sensation de brûlure que je ressentais lorsque Bernie tentait d'avoir des relations sexuelles avec moi. Il en était obsédé! Puis, après d'innombrables tentatives, Bernie réussit! Il venait de me VIOLER pour la toute première fois! Cette fois-ci, par contre, je demeurai impassible. Mon corps s'engourdit, et aucune larme ne coula. Je crois que mon absence de réaction traduisait mon état de choc dû au traumatisme que mon corps venait d'endurer. Je n'étais même pas certaine d'avoir compris la portée de ce qu'il venait de se passer. L'agression avait été si rapide, comme si on m'avait éviscérée. Je me sentis mourir à l'intérieur! J'étais si faible que j'aurais pu me laisser choir sur le plancher telle une vulgaire poupée de chiffon!

Je n'étais plus que l'ombre de moi-même ; une petite fille vide dépourvue de tout désir de vivre. Bernie avait désormais des relations sexuelles complètes avec moi qui n'avais à l'époque que dix ans. Il se retirait parfois suffisamment pour enduire son pénis et ma vulve d'un peu de salive. C'était dégoûtant. Je compris plus tard que c'était sa façon rapide et facile de me lubrifier afin de pouvoir éjaculer à l'intérieur de moi. Je pleurais souvent de façon incontrôlable au terme de la relation sexuelle, après quoi il essuyait mes larmes de sa main pour ensuite la passer dans mes cheveux. Je détestais profondément chacun de ses gestes. Je *le* détestais et je souhaitai sa mort à maintes reprises. Je me demandais souvent à quel moment Dieu allait enfin se décider à entendre mes prières et à le foudroyer d'une mort subite...

À onze ans, je me confiai à ma mère en lui disant que je croyais être en train de mourir. Je saignais abondamment et éprouvais des douleurs atroces. J'étais persuadée que Bernie avait complètement déchiré mes entrailles. Je n'étais toutefois pas prête à tout divulguer à ma mère.

Ma mère me fit asseoir sur son lit et m'annonça que j'étais en train de devenir une femme, et que tout cela était tout à fait normal. Je criai! Je ne voulais pas avoir mes règles pas plus que je ne voulais devenir une femme!

Après coup, j'entendis ma mère dire à Bernie de s'assurer de ne pas me faire tomber enceinte. De quel droit n'intervenait-elle pas? Où était donc ma mère?

Bernie reprit ses bonnes vieilles habitudes d'éjaculer sur mes fesses et sur mon dos. C'était ensuite à moi d'essuyer ses cochonneries. J'imagine qu'il est vrai qu'on ne peut apprendre à un vieux singe à faire des grimaces. Bernie réclamait son dû sur une base hebdomadaire. Lorsque je réalisai que Bernie me laissait tranquille durant mes menstruations, je commençai à porter une serviette sanitaire de façon prolongée, voire jusqu'à ce que ma peau devienne irritée et sensible. Mais Bernie vérifiait régulièrement mon état vaginal en tâtant ma vulve et ainsi savoir si je portais une serviette sanitaire ou non. Je compris dorénavant la cause de mes nombreuses infections urinaires.

Chapitre 5

Bernie et ma mère réussirent à acheter deux motoneiges en effectuant des paiements différés. Soudainement, les moments passés en famille devenaient moins angoissants. L'achat des motoneiges contribua même à créer quelques beaux souvenirs familiaux. Ils achetèrent ensuite un petit traîneau semblable à celui du Père Noël que Laura peintura à l'effigie des Pierrafeu.

La peinture et le dessin constituaient une grande source de réconfort pour Laura. Il fut à la fois dommage et prévisible qu'elle ne soit pas encouragée dans ses efforts artistiques. Laura était une artiste très douée, et son travail était apprécié de tous.

Les moments passés à faire de la motoneige nous permirent de penser à des choses plus constructives et d'avoir un peu de plaisir, bien que ce soit de façon temporaire.

La tension était toujours palpable lors des repas. Nous n'échangions que très peu autour de notre petite table dont le dessus était recouvert de tuiles blanches et noires. Nous arrivions certes à tous prendre place à table, mais nous n'avions aucune liberté de mouvement.

Bernie s'assoyait au bout de la table et, par sa seule présence, dictait l'ambiance du repas en entier. S'il advenait que ma mère nous serve des restants de la veille ou que nous oubliions de nous acquitter de l'une de nos tâches correctement, Bernie explosait de rage.

Malgré le fait que nous devenions complètement impuissants face à ses excès de rage, nous connaissions tout de même ses habitudes par cœur. Il renversait la table, et, transis par la peur, nous nous empressions de ramasser les débris du repas et de continuer de manger comme si de rien n'était. Nous n'aurions jamais osé démontrer quelque émotion que ce soit au risque de le provoquer de nouveau.

Un soir, il s'emporta si fort contre Maman qu'il s'empara du couteau à découper au manche d'ivoire et lui plaça la lame contre le poignet. Nous avons évidemment éclaté en sanglots, après quoi il menaça de lui trancher le poignet si nous ne cessions pas de pleurer immédiatement.

Maman pleurait en silence. Elle était terrorisée. Bernie serait-il passé à l'acte? Qui sait? Il valait mieux ne pas tenter le diable. Nous nous contentions de pleurer en tremblant, tentant, tant bien que mal, de reprendre notre contenance pour éviter que ce porc s'en prenne à notre mère.

Bernie finit par relâcher son emprise, Maman détala vers la porte, et Bernie lança le couteau en sa direction!

Bernie nous dévisagea, frappe la table de ses poings en se levant et cria :
-«Je suis Dieu!»

À ce moment précis, nous n'étions pas en mesure d'en douter et, puisque nous n'avions pas été exposés à la présence d'un autre dieu, il était difficile pour nous de le contredire. La peur qu'il avait fait naître en nous était palpable. Bernie exerçait un contrôle absolu sur nous et, à ses yeux, nous n'étions que des bâtards inutiles qui n'accomplirions rien de bon sur cette terre.

M. Locke, un ami de la famille et voisin lointain, habitait tout au bout de Niemi Road, au coin de Santala Road. Un jour, il nous demanda, Jackie, Laura, Lila et moi, si nous étions intéressées à gagner un peu d'argent en nettoyant sa maison de façon sporadique. Notre *oui* fut instantané ; n'importe quoi pour nous faire sortir de notre enfer familial.

Malgré le fait que nous devions toujours marcher environ 1600 mètres pour nous rendre chez M. Locke, celui-ci nous ramenait en voiture en toute sécurité au terme de notre dure journée de travail. Nous étions respectivement âgées de neuf, dix et onze ans. Difficile d'imagine de quoi aurait l'air cette maison une fois repeinte en entier!

Un jour, M. Locke vint prendre quelques verres avec Bernie à la maison. J'entendis toute leur conversation tellement ils parlaient fort. Je me trouvais à quelques mètres d'eux dans le salon, alors qu'ils s'engueulaient dans la cuisine. Les pièces de la maison étaient séparées de simples panneaux muraux. Les deux hommes étaient en train de négocier une vente m'impliquant directement, comme si j'étais un quartier de bœuf!

Ils s'entendirent sur la modique somme de 1000 $. Terrifiée, j'accourus vers ma mère en pleurant. Elle me prit à l'écart en me reprochant mes enfantillages. Je ne parvins pas à tirer davantage de soutien et de réconfort de sa part.

Malgré le fait que la vente n'ait jamais eu lieu, cette tentative de Bernie démontre toute l'ampleur du contrôle qu'il pouvait exercer sur nous et l'angoisse que cela pouvait nous causer.

Nous avons continué à faire le ménage chez M. Locke sur une base régulière. C'était un homme célibataire qui s'est toujours conduit de façon irréprochable envers nous. Néanmoins, je me souviens avoir mentionné aux autres d'éviter de se retrouver seules avec lui. Il avait marchandé avec Bernie après tout, et c'était une raison suffisante pour ne pas baisser la garde!

Étant donné que Bernie était à l'origine de cette entente nous impliquant, il était tout à fait normal que je m'attende à ce que M. Locke finisse par exiger des faveurs sexuelles de notre part. J'étais horrifiée à l'idée de qu'il puisse vouloir m'imposer les mêmes actes sexuels que le faisait Bernie depuis tant d'années! Les filles et moi nous étions donc entendues de toujours rester près l'une de l'autre et de demeurer alertes.

Après un certain temps, nous nous sentions suffisamment à l'aise pour rire et avoir du plaisir. M. Locke était un homme foncièrement bon et respectueux.

Puisqu'à l'époque les climatiseurs étaient une denrée rare, par temps chauds, nous enfilions notre costume de bain pour aller nous baigner dans l'étang situé sur la propriété. Nous y trouvions des grenouilles, des nénuphars et, bien sûr, des araignées d'eau.

Nos célébrations

L'anniversaire de Paul étant le 18 juillet et celui de Mary le 20, je ne célébrais jamais mon anniversaire du 15 juillet seule. Il n'y avait qu'un seul gâteau à séparer entre trois enfants.

Je ne me souviens pas non plus avoir reçu de nombreux cadeaux de la part de ma mère. Ceci dit, j'adorais lorsqu'elle emballait des pièces de monnaie dans du papier ciré qu'elle glissait entre les deux étages du gâteau avant de le glacer. C'était une petite touche forte appréciée qui contribuait à enjoliver ma journée d'anniversaire.

Dépendamment de l'atmosphère de la journée, on nous permettait parfois d'inviter un ami pour dîner. Puisque notre anniversaire avait lieu l'été, nous invitions toujours Lila. C'était l'invitée d'honneur par excellence.

Mon anniversaire n'aurait cependant pas été complet sans l'attention que me portait Gram. J'avais si hâte de pouvoir célébrer en sa compagnie. Elle seule arrivait à me faire sentir toute spéciale. Je n'étais jamais seule pour mon anniversaire, certes, mais j'aurais déplacé mer et monde pour lui plaire. Je ne connaissais que très peu de gens aimants. Gram faisait assurément partie de ceux-ci, elle qui m'aimait de façon inconditionnelle et qui s'efforçait systématiquement de me faire plaisir, surtout lors de mon anniversaire. J'étais sa petite Annikki!

Notre Action de grâce

L'Action de grâce se veut habituellement une célébration lors de laquelle nous devons démontrer notre appréciation et notre gratitude envers l'ensemble de nos privilèges. À l'école, on nous demandait d'énumérer ce qui nous rendait reconnaissants. Je n'avais d'autre choix que de mentir.

Nous avions l'habitude de rendre grâce avant nos repas quotidiens. Nous devions également remercier Dieu de nous maintenir en vie, bien que j'aie été morte de l'intérieur depuis des années. Je priais souvent Dieu de venir me sauver et de nous sortir de cette maison infernale.

Pour Bernie, le temps des Fêtes ne s'avérait qu'une excuse supplémentaire pour boire davantage. Pour la plupart, cependant, l'Action de grâce ne représentait qu'une journée fériée payée passée loin de l'école et du travail. Par ses agissements, Bernie portait ombrage à chacune de ses célébrations que nous passions dans la plus grande appréhension. L'Action de grâce n'avait rien d'une fête pour nous!

Notre fête de Noël

Noël représentait une toute autre histoire. Tentant, tant bien que mal, de croire en la magie de Noël, je prenais un plaisir fou à décorer notre sapin fraîchement coupé par Paul et John. Le souvenir des guirlandes de maïs soufflé confectionnées par mes frères et sœurs et ma mère, les cantiques de

Noël et le plaisir festif passé en famille semble encore tout frais dans ma mémoire. Je chérirai à jamais ces rares tendres moments familiaux.

La fête de Noël aurait cependant dû signifier le fait de poser de beaux gestes témoignant l'espoir, l'amour et le positivisme, tout en passant du bon temps en famille et entre amis.

À l'école, il aurait été agréable de pouvoir se laisser enivrer par la fébrilité de Noël avec nos camarades de classe, mais je ne pouvais m'empêcher d'appréhender la triste réalité qui m'attendait à la maison. Aucun cantique de Noël n'aurait pu arriver à chasser mes pensées obscures. Dieu merci, Maman arrivait toujours à cuisiner un merveilleux festin de Noël, en dépit du fait que nous devions ramasser nos aliments sur le plancher.

Il nous arrivait parfois de recevoir des dons, incluant de la nourriture, une dinde, des jouets et des vêtements provenant d'un organisme de Sudbury. Nous appréciions énormément ces dons dont la réception ne manquait pas de nous exciter.

La journée de Noël représentait pour moi le pire des cauchemars alors que Bernie buvait du matin jusqu'au soir. Le matin de Noël, il se réveillait encore soûl de la veille pour continuer à boire jusqu'à ce qu'il s'endorme et qu'il se relève pour nous empester de sa fumée de cigarette et boire du whiskey, du scotch, de la bière et du vin. Ce n'était pas le choix qui manquait.

Les excès de boisson et de rage de Bernie étaient sans limite. Nous devions marcher sur des œufs et garder nos distances, ce qui n'était pas de la tarte, comme disent certains. Nous voulions à tout prix éviter de déclencher ses foudres. La rage de Bernie était particulièrement angoissante le jour de Noël en ce qu'elle nous donnait la frousse et faisait naître en nous un sentiment de solitude.

Nous n'avions personne à qui parler et personne pour nous venir en aide. J'avais beau composer des chansons pour mettre un baume sur mon cœur meurtri, je n'ai jamais osé les chanter à voix haute. Nous vivions dans une maison de l'horreur. De nombreuses personnes connaissaient l'étendue de nos malheurs, mais elles s'en lavaient toutes les mains. Nous étions condamnés à tomber entre les mailles du filet. Nous étions foutus!

Je ne pouvais même pas me comparer aux autres enfants, moi qui grandissais en proie à un constant sentiment de honte, de culpabilité et de vide. J'étais une enfant terrorisée laissée à elle-même dans un monde dangereux sans même avoir la conviction de pouvoir me mesurer à un ver de terre. Où était donc cet amour que j'attendais tant? Où était donc cette mère qui aurait dû se battre bec et ongles pour sa fille?

Chaque petite fille mérite d'avoir un père qui la guidera et la protègera. Dieu que les choses ont mal tourné! Il semble que la Vierge Marie ait fait la sourde oreille, négligeant d'entendre les pleurs d'une orpheline perdue et malaimée. Quelle était ma raison de vivre? À l'époque, rien n'aurait pu éclaircir les nuages obscurs de mes émotions. Nous étions tous en mode survie, en attente de l'apocalypse!

Il semble que la plupart de mes souvenirs d'enfance aient été associés à l'alcool et au sexe. Enfant, je n'aurais même jamais pu fredonner *I feel good*, de James Brown, tellement Bernie me réduisait à une existence baignée de larmes. Je n'aurais pas plus dansé le *twist*, ni aucune autre danse. J'étais complètement anéantie. Comme le chantait Aretha Franklin, mon existence était complètement dépourvue de *Respect*.

J'avais besoin d'autre chose. Ma mère ne me ramènerait jamais dans un foyer douillet. Nous étions une famille disjointe dans laquelle rien n'avait de sens. Même la musique que j'entendais à la radio ne m'était d'aucun réconfort. Elle ne faisait qu'empirer le profond sentiment de perturbation qui m'oppressait. J'étais engagée sur une pente glissante qui me menait tout droit vers le gouffre.

Je n'avais d'autre choix que d'accepter cette vie misérable qui m'avait été léguée. Les années se suivaient et se ressemblaient. Aucun changement à l'horizon, mis à part l'augmentation de la fréquence des excès de rage et de la consommation d'alcool de Bernie.

On m'avait appris que Noël était une fête paisible que l'on devait célébrer avec amour. On avait toutefois omis de mentionner que la fête de Noël n'avait pas été pensée pour les membres de ma famille. Noël ne venait jamais à nous ; le Père Noël ne connaissait pas notre adresse.

Bernie avait décroché un excellent emploi en tant que camionneur pour *Loeb IGA*. Il lui arrivait même de s'absenter pendant deux nuits consécutives, ce que j'appréciais énormément. Un jour, il informa Maman qu'il souhaitait nous amener, Laura et moi, pour un petit séjour à Toronto à bord de son camion.

Nous avons accepté pour la simple et bonne raison que nous croyions pourvoir rester ensemble. Nous avons rapidement changé d'avis après avoir été informées que nous allions nous y rendre séparément. Il n'était plus question d'être du voyage! Mais Maman insista.

Laura fut la première à faire le voyage. Dès son retour, elle dit qu'il n'était plus question qu'elle accompagne Bernie en camion. Les traits de son visage trahissaient sa colère et sa déception lorsque son regard croisa le mien. Elle était furieuse ; ses lèvres pincées et ses yeux presque révulsés disaient tout!

Adulte, elle m'avoua que sa terreur était telle qu'elle s'était urinée dessus!

C'était mon tour! Je courus vers Maman en pleurant.

«Tu voulais y aller? Eh bien vas-y maintenant. Un point c'est tout!»

En route vers Toronto et de retour vers la maison, Bernie s'arrêta à quatre reprises, prétextant avoir besoin de repos. Il faisait déjà certes presque nuit, mais Bernie avait menti! Il s'agissait d'une excuse pour que je lui fasse une fellation. De sa main il maintenait ma tête sur son pénis puis, lorsqu'il s'apprêtait à avoir un orgasme, il relevait ma tête pour éjaculer dans sa main. Ce fut le plus long voyage que je fis en sa compagnie.

Nos parents avaient acheté une tente-roulotte, un bateau et un moteur. L'idée de pouvoir enfin échapper à mon enfer familial quotidien était une grande source d'excitation.

Croyez-moi, il ne s'agissait pas d'un terrain de camping standard. Avant chacune des entrées sur le site, chaque adulte devait informer un employé du parc du nombre de personnes et d'animaux s'apprêtant à entrer dans la forêt. Idem pour les sorties du site durant lesquelles il importait d'informer l'employé présent du nombre d'individus quittant le site.

Nous roulions pendant des heures sur un chemin d'exploitation forestière appartenant à une compagnie forestière de la ville de Massy. Cette route serpentait les abords de la Rivière-aux-Sables jusqu'au Bouclier canadien s'enfonçant ensuite encore plus loin dans la forêt.

Il nous arrivait de nous arrêter dans des campements routiers fréquentés par les camionneurs. On y trouvait de l'eau potable pour cuisiner et laver la vaisselle et des cours d'eau pour y pêcher et nous baigner. C'était la belle vie!

Nous nous endormions au doux sonde la nature, mais surtout, nous vivions de paisibles moments de liberté. Nous allions hélas finir par payer cher cette liberté!

Le garde forestier nous rendait parfois de courtes visites afin de s'assurer de notre sécurité. Il faisait bon devoir que quelqu'un se souciait de notre bien-être, nous qui étions les seuls êtres humains à mille lieux à la ronde.

La nuit venue, c'est à Bernie que revenait le droit de décider à quel endroit chacun allait dormir. Les trois garçons dormaient sur un matelas de mousse dans la boîte de la camionnette.

Un soir, il me demanda de m'étendre au pied de son lit. Je n'y vis aucune objection, car nous étions plusieurs à dormir au même endroit. Je me réveillai en sentant Bernie tirer ma couverture avec ses pieds. Je resserrai ma poigne sur la couverture et retomba endormie. Bernie recommença avec, cette fois-ci, son pied entre mes jambes. Je poussai un petit cri de douleur suffisamment fort pour qu'il s'arrête. Il était en train de m'égratigner de ses ongles d'orteil.

Profitant du fait que nous étions en forêt, Bernie crut bon m'apprendre à conduire. J'aurais préféré que quelqu'un nous accompagne. Il refusa, prétextant que les autres avaient prévu jouer ou s'acquitter de quelques tâches. Il avait tout prévu et avait réponse à tout. Je serais de nouvelles seules avec lui! Quoique j'aie trouvé étrange qu'il n'offre pas à Paul de lui apprendre à conduire, je n'étais pas surprise. Bernie exigea donc que je l'accompagne, laissant les autres au campement, ma mère y compris, il va sans dire. Elle ne semblait pas pouvoir s'empêcher de m'envoyer avec lui, peu importe ce qu'il allait exiger de moi. Je la fustigeai du regard, les lèvres pincées, faisant non de la tête. Maman resta de glace, ignorant tous mes signaux de détresse et de refus.

C'était un rappel douloureux du fait que j'étais complètement seule au monde, ne pouvant bénéficier de la protection de qui que ce soit. Comme par magie, j'espérais sans cesse que Maman trouve suffisamment d'amour et de compassion dans son cœur pour me sauver de mes sempiternels tourments.

Bernie insista pour que je m'asseye si près de lui que j'étais pratiquement assise sur lui. Il inclina le siège et me rapprocha davantage glissant une main sur un de mes seins et l'autre à l'intérieur de mes sous-vêtements.

Il appuya sur la pédale à essence, pendant que j'agrippai le volant. Je faillis sortir de la route à quelques reprises. J'avais perdu toutes mes capacités. Puis, Bernie freina de façon instantanée après quoi il stationna la camionnette dans une fosse de sable. Il baissa alors ses pantalons pour que je lui tienne le pénis, tenant sa main sur la mienne pour l'aider à éjaculer. Nous sommes ensuite retournés au campement comme si de rien n'était. Je descendis sur la berge pour m'apaiser un peu et remettre de l'ordre dans mes pensées.

Dieu merci, les leçons de conduite ne durèrent que très peu de temps. Quoi qu'il en soit, je n'avais aucune envie d'apprendre à conduire en sa présence. Cela dit, je savais trop bien que le *non* ne faisait pas partie de mon vocabulaire. Maman m'aurait forcée à obtempérer, de toute façon. Je n'avais que douze ans, et pas la moindre envie d'obtenir mon permis de conduire.

De retour à la maison, Bernie me demanda de placer une couverture sur lui alors qu'il était étendu sur le divan. Il exigea que je m'asseye à ses pieds. Avec ses orteils, il s'amusa à frotter ma vulve par-dessus mon pyjama. J'aurais pu crier! La pensée de lui frapper les jambes me traversa l'esprit, mais, fidèle à mon habitude, je n'en fis rien.

J'étais une lanterne complètement éteinte. J'avais même perdu la parole. Bernie m'avait volé la parole, me laissant qu'avec des pensées qui m'anéantissaient petit à petit faute de pouvoir les verbaliser.

Il m'arrivait souvent de m'assoir sur le plancher pour me caresser en ressentant toute l'ampleur du vide qui m'envahissait. Bernie s'égosillait à m'appeler, mais je faisais la sourde oreille. Maman ne manquait pas de me rappeler à l'ordre pour que j'aille lui frotter les pieds.

> Maman! Si tu savais…
> Ta petite fille n'était plus vierge.
> Réveille-toi, Maman! Maman!
> Où es-tu?

Le savait-elle? Ou négligeait-elle tout simplement de voir ma détresse? Pourquoi toujours me pousser vers lui?

Chapitre 6

Je menais une existence corrompue et chaotique depuis maintenant 13 ans, existence à laquelle je devais ma survie à ma facilité à jouer ce rôle qui ne m'était clairement pas destiné. Ma mère obtint alors un poste à temps partiel d'assistante-bouchère au *IGA* de Creighton Mine et, en raison de ses absences désormais plus fréquentes, l'harmonie de notre fratrie de huit était sur le point de se compromettre davantage, donnant lieu à des prises de bec régulières. De son côté, lorsqu'il était à la maison, Bernie avait l'habitude de chasser mes frères et sœurs à l'extérieur avant le souper. Il les envoyait jouer, me disait-il, en me demandant souvent d'aller jusqu'à barrer la porte de la maison derrière eux.

-«Et Anne-Marie, s'écriaient-ils? Elle ne vient pas?

-Non, hochait-il de la tête, elle doit m'aider à faire le souper.»

Sur ce, alors que je m'affairais à me mettre au travail dans la cuisine, Bernie m'appela à sa chambre. Mais quand allait-il enfin me foutre la paix, m'écriai-je à mots couverts, étouffée par l'anticipation douloureuse des moments à venir.

C'est lors des absences de ma mère que Bernie me forçait à avoir des rapports sexuels avec lui sur le lit conjugal. L'état de mon existence s'aggrava rapidement. Quelques temps plus tard, alors que les enfants avaient été embarrés à l'extérieur, il me demanda de lui amener une tasse de thé.

Lorsque j'entrai dans la chambre, il était allongé sur le lit, les jambes écartées, un coin de la couverture recouvrant à peine ses parties génitales. Je déposai la tasse sur la table de chevet puis, me hâtant vers la porte, il insista pour que je reste encore quelques instants. Ce que je fus contrainte de faire.

Il s'empressa de retirer la couverture qui recouvrait ses parties génitales que j'apercevais maintenant pour la toute première fois. Je n'avais jamais rien vu de tel, pensais-je avec le plus grand dégoût et le plus grand étonnement.

Bernie prit ma main et la plaça sur ses testicules qui, ma foi, devaient bien avoir la taille d'une balle de baseball. Il mit sa main sur la mienne et m'avoua qu'il ne possédait qu'un seul testicule. Il disait s'être blessé en grimpant une clôture alors qu'il était enfant. Il retira sa main de la mienne, ce qui me permit d'aussitôt déplacer la mienne.

Je tentai de m'enfuir, mais il m'en empêcha en retenant mon poignet.

-«Assied-toi. Je n'ai pas terminé!, s'écria-t-il, visiblement courroucé.»

Il m'ordonna alors de tenir son pénis et de l'embrasser. Je n'en avais foutument pas envie! J'aurais voulu mourir à l'instant. J'étais transie ; je n'arrivais plus à bouger et encore moins à parler!

Il me tira plus près afin de lui permettre de garder une main sur ma tête et l'autre sur son pénis. Il continua de maintenir ma tête vers le bas me forçant à mettre son pénis dans ma bouche. Je résistai ; il n'était pas question que je fasse ce qu'il voulait! Le va-et-vient de son pénis dans ma bouche me donnait envie de m'étouffer. J'aurais pu vomir. J'aurais dû le faire, à bien y penser. Je tentai de remonter ma tête, mais il ne faisait que la repousser de plus belle. Quel porc égoïste! Il finit par éjaculer et m'ordonna de tout avaler, ce que je fis! Je voulais en finir pour enfin pouvoir retirer maudite cochonnerie de ma bouche!

Pour autant que je me souvienne, la dernière fois que je lui avais fait une fellation, nous étions dans son camion en route vers Toronto, il y a de cela quelques années. Au moins, à ce moment, il avait éjaculé dans sa main.

Bernie resta allongé dans son lit et m'ordonna de continuer à faire le souper. J'étais encore sous le choc! Je m'enfermai dans la salle de bain, brossai mes dents, m'assis sur la toilette et éclatai en sanglots, la tête déposée entre mes genoux.

Je repris ma contenance du mieux que je pus et m'attelai à la tâche. J'enfilai mon masque imaginaire et compléta la préparation du souper. Je ne fus pas très loquace ce soir-là. J'avais besoin de décompresser afin de gérer ce qu'il venait de se passer sur le lit. Bernie me disait parfois d'aller cracher son sperme dans la toilette. Décidément, j'aurais dû mordre cette affreuse chose, mais encore une fois, je m'en abstins et ne le fis que dans mes pensées.

Un soir, alors que Laura et moi étions en train de faire la vaisselle, Bernie entra dans la cuisine et me demanda de le suivre au sous-sol.

Laura n'était pas dupe and ne retint pas ses paroles.

-«Je sais ce que tu comptes faire avec Anne-Marie, dit-elle avec cran.»

Bernie fit volte-face et la prit en chasse. Il était à un cheveu de l'attraper, balançant ses bras à quelques centimètres de son dos. J'étais paralysée! Je n'osais même pas m'imaginer ce que pouvait ressentir ma pauvre sœur. Je savais, par contre, que s'il avait le malheur de l'attraper, elle n'était pas mieux que morte. Il ne fallait toutefois pas s'inquiéter ; un jour nous allions lui redonner la monnaie de sa pièce! J'ignorais de quelle façon, mais il fallait que les actions de ce père abusif éclatent au grand jour.

C'était son jour de chance ; Laura réussit à échapper aux griffes de Bernie!

Bernie descendit au sous-sol, et je le suivis. L'intervention de Laura n'ayant pas refroidi ses ardeurs sexuelles obsessives, il s'affaira à abuser de moi comme à l'habitude. L'incident qui venait de se dérouler dans la cuisine n'avait rien changé à son comportement. Il ne fut jamais plus question de cet épisode.

Blague à part, un jour, Laura et moi avons trouvé une tortue dans une crique environnante. Laura appela Maman au travail pour lui demander si nous pouvions la garder. Étonnamment, Maman accepta. Bernie était, lui aussi, absent et ne put influencer la décision de Maman qui nous dit tout simplement de déposer la tortue dans un contenant.

Puisque Laura était d'avis que la tortue serait trop grosse pour rentrer dans le contenant, Maman lui proposa plutôt de trouver un seau. Laura n'étant toujours pas satisfaite, Maman l'incita à aller chercher l'ancien bassin de métal que nous utilisions pour prendre notre bain.

-«Nous avons déjà essayé, lui répondit Laura.»

Maman arrivait mal à s'expliquer qu'une tortue puisse être aussi grosse! Elle était incrédule.

La tortue demeura inclinée dans le bassin. Lorsque Maman rentra, elle fut étonnée de constater que nous avions attrapé une tortue serpentine! J'aurais payé cher pour pouvoir prendre une photo de son visage lorsqu'elle vit la bête!

Elle nous dit que nous avions eu de la chance, et que la tortue aurait pu nous arracher les mains ou même les bras. Le lendemain, elle contacta quelques membres de l'université *Laurentian* de Sudbury qui furent très intéressés par notre découverte qu'ils ramenèrent aussitôt dans leurs labos. Ils s'étonnèrent de l'identité de la créature que nous avions trouvée, mentionnant qu'elle s'était probablement échappée d'un cours d'eau plus important. Telles deux petites héroïnes, Laura et moi furent fort honorées d'avoir pu participer à l'avancement de la science.

Bordées par des champs, les quatre maisons nous séparant de chez Gram étaient toutes à une distance considérable l'une de l'autre. De plus, une forêt très dense se dressait entre la maison de Gram et celle d'Emil Basto. Nous voyions régulièrement des ours aller et venir sur ce terrain boisé. Cette fois-ci, il s'agissait de deux oursons noirs.

Vu notre intérêt marqué pour ses jolies petites boules de fourrure qui semblaient déambuler librement autour de la maison, nous avions décidé de les suivre tranquillement. Nous n'étions pas prêtes d'abandonner et tenions absolument à prouver à Maman qu'il était possible d'en attraper un car elle commentait souvent leur belle apparence et semblait même envier leur liberté. Bien que nous ayons de nouveau fait fi des avertissements de Maman, notre tentative se solda par un autre échec. Elle explosa instantanément de rage nous répétant de ne jamais plus nous approcher d'un ourson!

–«Vous n'écoutez donc rien, s'écria-t-elle, furieuse.»

Après l'incident, Laura et moi avons décidé de nous contenter de les admirer à distance, faisant même du bruit pour qu'ils s'éloignent de nous. Il arrivait parfois que notre chauffeur d'autobus doive stopper l'autobus pour laisser aux oursons et à leur mère suffisamment de temps pour traverser la route.

Avec le recul, il faut admettre que nous étions des enfants plutôt braves qui aimons l'aventure. John et Paul devaient marcher plus d'un kilomètre et demi pour se rendre à leur cours de judo dans la ville de Lively. À vrai dire, nous étions tous des experts de la marche, car nous devions marcher partout et tout le temps!

Bernie insistait souvent pour que John et Paul s'affrontent à la maison, histoire de démontrer leurs nouveaux acquis. Il prenait un malin plaisir à voir Paul se faire humilier devant ses frères et sœurs. Bernie aimait bien nous voir nous mesurer l'un à l'autre et aimait tout particulièrement former des équipes mixtes, comme Paul et moi, par exemple. Si c'était la fille qui sortait vainqueur, comme ce fut mon cas à une occasion, Bernie s'assurait de profondément humilier le perdant.

Il s'amusait à malmener le perdant, à le traiter de tous les noms et à l'affronter à son tour, le narguant qu'il ne serait jamais en mesure de vaincre son propre père.

-«Je serai toujours plus fort que toi, même lorsque tu seras un homme, raillait-il.»

Ces scènes étaient une véritable torture!

À voir la façon dont je projetais toute ma rage et ma colère contre Paul, il était clair qu'il s'agissait de sentiments refoulés qui sortaient à la volée sur un pauvre innocent. Je me vois encore m'emporter de façon déchaînée en l'attaquant tout à fait aveuglément. Je prenais littéralement Paul pour un sac de frappe. Ironie du sort, Bernie avait appris aux garçons à ne jamais s'en prendre aux filles. Paul avait probablement battu en retraite craignant des représailles de la part de Bernie. En échange de cet élan de gentillesse à mon égard, le pauvre écopait d'une punition de la part de Bernie qui, encore une fois, se réjouissait à l'idée d'écraser psychologiquement un des garçons.

Laura et moi avions été inscrites à un cours de couture. Le soir venu, nous étions contraintes de rentrer à la maison à pied car nous habitions dans les bois, loin de la ville, là où il n'y avait aucun lampadaire. Nous avions certes une petite lampe de poche, mais avions rarement des piles pour l'alimenter. Ces promenades nocturnes étaient terrifiantes, c'est le moins qu'on puisse dire! La simple vue de la lune, surtout par temps brumeux, était des plus bienvenues. Un rien nous aurait effrayées.

C'est bien connu, les enfants ont l'imagination bien développée. Le fait d'entendre des bruits variés provenant des bois, comme le hurlement des loups et le craquement des arbres, contribuait parfois à nous faire accourir à la maison en un temps record. Ceci dit, nous ne nous laissions pas envahir par la peur. Nous faisions généralement preuve de courage, et puis, de toute façon, nous étions ensemble et pouvions conquérir le monde!

Il nous arrivait de cogner à la porte de la station de police afin de demander à un agent s'il pouvait nous ramener à la maison. Cette tactique fonctionna plusieurs fois. Les policiers ne manquaient par contre pas de nous demander ce que nous faisions dehors à cette heure. Ils nous faisaient même quelques remontrances à l'effet qu'il était très dangereux d'errer dans les rues à une heure si tardive. Cela dit, nous étions toujours très reconnaissantes de pouvoir monter à bord du véhicule de police. Il arrivait parfois que personne ne nous réponde à la station. Nous avions beau sonner à répétitions, il n'y avait pas de réponse. Nous étions donc forcées de marcher. Quelle déception après une si longue journée!

Une fois le cours de couture terminé, nous nous sommes inscrites chez les *Brownies* et ensuite chez les guides. Nous quittions la maison après le souper, au crépuscule. Nous avions pris l'habitude de chanter, de taper des mains et de siffler pour chasser les animaux.

Lorsque Jackie s'est jointe à nous, nous sommes devenues un trio! Nous devions marcher environ 1600 mètres jusqu'à Waters Township. Malgré le fait que les guides nous permettaient de rebâtir notre estime et notre confiance, Bernie ne manquait pas de nous écraser à chaque occasion se présentant à lui.

Laura et moi nous souvenons avoir été brûlées sur le bras et les mains par Bernie à l'aide de cuillères bouillantes qu'il venait tout juste de sortir de sa tasse de thé ou de café, d'allumettes fraîchement éteintes ou du bout de sa cigarette. Il s'agissait d'un châtiment que Bernie avait pris l'habitude de nous infliger à table. Nous retirions rapidement notre bras en riant, histoire de lui montrer que nous étions indifférentes à ces manies. Mais en vérité, nous souffrions le martyre! Bernie disait vouloir attirer notre attention afin de nous empêcher d'être distraites et de plutôt se concentrer en silence sur notre assiettée. Nous n'avions pas le droit de parler à table à moins de répondre à un de nos parents. Si nous avions le malheur de nous plaindre, Bernie nous humiliait ou, pire, nous chassait de table.

Bernie nous tirait alors si fort par les oreilles que leur cartilage craquait. Je tentais de retenir ma tête à deux mains afin d'empêcher Bernie de m'arracher les oreilles.

Un jour, alors que Bernie travaillait, nous avons décidé de confectionner des échasses avec des planches de bois dont personne ne semblait se servir. Paul coupa des blocs de bois qu'il cloua ensuite aux poutres en guise de marchepied. Nous nous amusions follement jusqu'à temps que Bernie rentre à la maison et nous annonce que nous avions utilisé *son* bois. Il explosa de rage, nous ordonnant, les cinq petits bâtards, de s'agenouiller dans la cuisine.

Il nous ordonna de nous agenouiller face au mur avec le dos bien droit, jusqu'à temps que nous identifions le coupable, celui qui avait confectionné les échasses. Bernie nous assigna chacun un endroit où nous agenouiller. L'interrogatoire dura si longtemps que les lattes de métal de la ventilation de la fournaise s'imprimèrent sur mes genoux. La douleur était atroce.

Nous avons menacé la pauvre Jackie de confesser faute de quoi nous allions nous en prendre à elle ; ce qu'elle fit. Mais Bernie n'était pas dupe : elle était la quatrième de la fratrie, et, selon lui, elle n'avait certainement pas agi seule. Il nous envoya tous dans notre chambre, puis, avant même d'y entrer, il fit claquer sa ceinture. Il nous fouetta l'un après l'autre, alors que nous le suppliions tous d'arrêter. Je tentai de gigoter dans l'espoir qu'il rate son coup, recouvrant mes fesses et mon dos de mes mains pour minimiser la douleur. Résultat : il fouetta également mes mains. Il cessa ses sévices lorsqu'il crut que nous en avions suffisamment enduré.

Maman n'exigea jamais qu'il cesse ses agressions.

Un jour, Maman se leva de son fauteuil inclinable sur lequel je m'empressai de m'asseoir à sa place. À son retour, elle me demanda de lui céder ma place.

-«Assieds-toi plutôt sur le plancher, grenouille que tu es, lui répondis-je.»

Elle se mit à blasphémer et à me fusiller du regard, un sourcil plus haut que l'autre, ce qui signifiait qu'elle n'entendait plus à rire. Je sursautai du fauteuil et courus jusqu'au bout de notre entrée. Je me retournai ; Maman se tenait au centre de l'entrée.

-«Tu es trop grosse pour m'attraper, la narguai-je.»"

J'avais du mal à croire que je venais de m'adresser à ma mère sur ce ton, moi qui avais toujours été une petite fille si silencieuse et réservée. J'avais forcément été poussée au-delà de mes limites dû au fait que ma mère n'avait jamais été foutue de me défendre contre qui que ce soit. Qu'à cela ne tienne, elle n'avait pas plus défendu mes frères et mes sœurs. Pour tout dire, je m'étais plu à ridiculiser les origines francophones de ma mère.

Maman m'ordonna de rentrer.

-«Tu ne perds rien pour attendre, dit-elle, attends que ton père rentre à la maison.»

Ma mère avait l'habitude de me menacer de la sorte. Bien sûr, nous la suppliions de s'en abstenir car nous étions souvent punis injustement.

Puisque Bernie aimait nous infliger des châtiments corporels d'une grande violence, nous tentions de ne pas le provoquer.

Il se trouve que Maman avait recours à cette stratégie qui lui permettait de se soustraire à ses responsabilités maternelles. Cette loi du moindre effort lui allait comme un gant. Quelle mère fiable et affectueuse elle était! Je me demande parfois si elle ne venait pas d'une autre planète. Chose certaine, il était impossible qu'elle vienne de la nôtre.

Maman ne nous violenta jamais. Tout au plus, elle criait et blasphémait. Lorsque je rentrai dans la maison, elle m'envoya dans ma chambre pour la nuit.

Je lui mentionnai un jour à quel point j'avais envie de quitter la maison et que je songeais à m'enfuir. Ma mère me dépondit tout simplement de passer à l'acte, que personne ne me retenait. Je la pris au mot et quittai après le souper. Je voulais éviter de partir l'estomac vide. Je commençai à marcher, prétendant que je prenais littéralement la poudre d'escampette. Personne ne courut à mes trousses, personne ne cria mon nom. Ils s'en balançaient tous! Je passai la nuit avec Chuck dans la niche à chien. Le lendemain, je retournai dans la maison et continuai mon petit train-train comme si de rien n'était. Personne ne mentionna même ma petite escapade de la veille.

Lorsque nous étions chez Lila et que nous souhaitions prolonger notre visite, nous appelions à la maison dans l'espoir de se voir assigner une nouvelle heure d'arrivée plus tardive. Nous avions intérêt à être ponctuels faute de quoi nous étions envoyés au lit sans souper.

Dans les rares cas où nous étions légèrement retardés (parfois aussi peu que cinq minutes), Gram nous donnait à manger, car elle savait que nous risquions de devoir jeuner jusqu'au lendemain matin. Cette femme était une véritable sauveuse! Quoi qu'il en soit, il nous arrivait souvent d'aller au lit sans même avoir une collation à se mettre sous la dent.

Parlons gastronomie, justement. On nous forçait à manger la graisse, la peau et même parfois les poils hirsutes recouvrant le pied des porcs. Parmi ces fabuleux mets on comptait également le ragoût irlandais de Bernie dont l'odeur était absolument inclassable. Je le vois encore se tenant devant la cuisinière, crachant dans la casserole. Je n'avais pas manqué de rire devant cette scène grotesque, croyant qu'il s'était mépris en pensant cracher dans son crachoir. Il ne daigna néanmoins même pas retirer les morceaux de tabac baignant désormais dans le ragoût et se contenta seulement de continuer à brasser. Lorsqu'on nous présentait un nouveau met, il était de coutume de complimenter le ou la cuisinière en lui témoignant à quel point sa prouesse culinaire relevait du pur délice.

Après ce qui sembla être une éternité, nous avons finalement eu l'eau courante grâce à un système de plomberie fonctionnel. Laura et moi furent désignées pour donner le bain aux plus petits.

Un soir, Laura et moi avons constaté que le cou de John était sale, soit dû au fait que nous l'avions mal lavé ou soit parce qu'il avait passé toute la journée à jouer dans le sable. Pour remédier à la situation, je décidai de me munir de la brosse à plancher pour lui nettoyer le cou. Bien que j'aie cru que ce geste soit nécessaire, le pauvre enfant se mit à hurler de douleur. Il avait le cou rouge et irrité par l'abrasion des rudes soies de la brosse. Nous avions tout de même gagné notre pari : John était propre! Après tout, nous aurions été punies si nous ne nous étions pas acquittées de notre tâche correctement. Bernie inspecta scrupuleusement le cou de John. Nous avons assurément gagné en vigilance hygiénique après cet épisode.

Mes parents et mes trois frères eurent la chance de faire un petit séjour à Red Rock, en Ontario, pour visiter notre grand-père. Un peu envieuses de ne pas faire partie du voyage, les cinq filles ont vite réalisé qu'elles avaient bien de la chance d'être laissées seules à la maison, sans Bernie!

Sheila Husson, notre gardienne, était absolument merveilleuse. Concours de circonstances, plusieurs années plus tard, je remarquai son nom sur la page d'un groupe sur les médias sociaux. Je lui écris pour lui demander s'il s'agissait bien de la même Sheila Husson qui avait gardé les enfants Mac Donald sur Santala Road. Surprise, il s'agissait bien d'elle! Nous étions fort surprises de nous retrouver ainsi quelques cinquante années plus tard.

Sheila me partagea la façon dont nous prenions les lapins en chasse après leurs escapades régulières de leur enclos, soit environ deux fois par semaine. Elle n'était pas non plus prête d'oublier la naissance des chatons dans le lit de Jackie.

Et comment oublier ces réveils terrifiants lorsque nous surprenions les ours noirs à grogner et à gratter le mur extérieur non fini de la chambre des filles. Ils tentaient de mettre la patte sur les peaux de lapin que nous faisions sécher.

Sheila accepta de garder les cinq filles pendant une semaine qui s'écoula sans que nous ne recevions de nouvelle du restant de la famille. Même les parents de Sheila se mirent à s'inquiéter, envisageant le pire scenario. Mes parents auraient dû être rentrés il y a au moins quatre jours, après tout! Sheila finit par recevoir un coup de téléphone de ma mère lui disant qu'ils n'étaient pas prêts de rentrer. Maman n'en rajouta pas davantage ; aucune explication, aucune date ou quelconque indice trahissant leur retour éventuel. Ce fut le seul appel que Sheila reçut de la part de ma mère. En bout de ligne, mes parents et mes frères revinrent deux semaines plus tard. Je comprends mieux maintenant la raison qui poussa Sheila à se plaindre du montant final de sa maigre paye. Elle aurait dû recevoir beaucoup plus.

Nous étions étonnées de constater l'étendue de la tâche que Sheila pouvait accomplir à l'âge de douze ans!

Je fus soulagée d'apprendre que Bernie n'avait jamais abusé d'elle. Il n'en demeure pas moins que Sheila dit avoir eu de mauvais pressentiments en sa présence.

À l'époque, nous faisions l'élevage de lapins pour la consommation. Nous devions en avoir plus de 200. Les lapins avaient parfois l'habitude de mordiller la broche à poule de leur enclos et de s'enfuir. Il nous incombait alors de les rattraper en urgence. Lady Bear, notre petit caniche miniature, nous aidait à les rassembler. Des heures de plaisir! Et puis, lorsqu'ils étaient suffisamment gras, nous les abattions. Nous n'avions pas d'autre choix, en ce que l'on nous avait enseigné à les tuer, les écorcher et les éviscérer.

D'un violent coup de massue de bois Bernie frappait le lapin derrière les oreilles pour ensuite le suspendre par une patte sur une branche d'arbre. Puis, il se munissait d'un couteau très coupant, lui tranchait la gorge et le laissait se vider de son sang.

Une fois le lapin vidé de son sang, Bernie lui effectuait une entaille autour des deux jambes et tirait la fourrure vers le bas jusqu'à la tête après quoi il lui ouvrait l'abdomen pour l'éviscérer. Un des lapins que Bernie venait de suspendre et dont il venait de trancher la gorge se mit un jour à crier et à se débattre, tentant de s'échapper. Le pauvre animal n'était pas mort. Bernie avait eu beau tenter de l'assommer, mais sans succès. Bernie me permit alors de quitter pour éviter d'avoir à être témoin de cette horrible scène.

Un jour, alors que Paul faisait une commission, il constata que notre chien Sam l'avait suivi. Il cria et lui lança des roches pour tenter de l'effrayer et de le chasser vers la maison.

Bien que cette tactique ait fonctionné dans le passé, elle ne fonctionna pas cette fois-ci, et Sam se fit heurter par une familiale. Le conducteur sortit de la voiture et fut suffisamment aimable pour ramener Paul à la maison. Il nous annonça le terrible accident et s'excusa à la famille toute entière. Le pauvre homme semblait très attristé par l'incident!

Bernie ordonna à Paul de retourner sur les lieux de l'accident pour assommer Sam à mort au moyen d'une roche. Nous avons tous abondamment pleuré. Se sentant contraint d'obéir à Bernie, Paul obtempéra et abrégea les souffrances de Sam. Le geste de Bernie d'envoyer un enfant de onze ou douze ans abattre son chien adoré témoignait d'une atroce cruauté.

Maman avait l'habitude de lire chaque soir, surtout en l'absence de Bernie. Le lendemain, elle se réveillait partiellement au son de son réveille-matin qu'elle éteignait à répétitions ou qu'elle laissait sonner jusqu'à ce qu'il cesse par lui-même (il s'agissait d'un réveille à manivelle).

Elle demeurait au lit, somnolente, nous criant d'habiller les plus jeunes en vitesse. Un de nous s'occupait des goûters, tandis qu'un autre habillait les petits. Il nous arrivait souvent de manquer de temps et de ne pas pouvoir faire à déjeuner. Le peu de fois où Maman daignait bien se lever, elle nous aidait à faire à déjeuner.

Lorsque nous accusions un léger retard, nous faisions signe à la chauffeuse d'autobus de nous attendre un instant. La chauffeuse avait beau être très patiente, il ne lui était pas toujours possible de s'arrêter. Le cas échéant, nous lui faisions signe de continuer sa route. Nous avons manqué l'autobus d'innombrable fois. Dans des cas extrêmes, je m'habillais par-dessus mon pyjama ou sautais dans mes souliers de course sans même y mettre de bas. Quelle humiliation! Enfin, nous quittions souvent la maison l'estomac vide.

L'école se trouvait à environ cinq kilomètres. Ainsi, lorsque nous rations l'autobus, nous arrêtions généralement chez Gram qui demandait à son mari de nous conduire à l'école. Nous n'arrivions pas à comprendre ce que

Gram et Paappa se disaient entre eux car ils parlaient finnois. Gram finissait habituellement par nous souhaiter bonne journée et nous laissait partir avec Paappa. Les quelques rares fois où Paappa refusait de nous conduire à l'école, Gram demandait à son fils Jack de le faire. Le jeune homme se plaisait parfois à nous inviter à monter à bord sans même que sa mère n'ait à le lui demander. Il arrivait forcément que nous soyons forcés de marcher ; le cas échéant, nous arrivions à l'école à l'heure du dîner. Nous en profitions pour marcher tranquillement le long des chemins de fer et des autoroutes achalandées, faisant parfois signe aux camionneurs de klaxonner.

Un jour, Laura et moi avons eu l'audace de demander à un camionneur étranger de nous conduire à l'école. Nous sommes montées à bord, sans craindre le danger potentiel. Dieu merci, l'homme était courtois et nous déposa à l'école sans encombre. Il s'agissait d'un événement isolé. Lorsque laissées à nous-mêmes, Laura et moi nous sentions souvent invincibles.

Nous appréciions énormément ces élans de générosité automobile, surtout en hiver. En dépit du fait que les températures glaciales de -40° Celsius étaient plus fréquentes à l'époque, nous ne nous laissions pas décourager. Nous enfilions davantage de vêtements et nous assurions de ne pas manquer l'autobus une fois la journée terminée. Laura et moi demeurions parfois à bord de l'autobus afin d'assister à la messe de 17 h dans la ville de Lively!

Blague à part, difficile d'oublier le fait que pendant un certain temps, Bernie avait été engagé comme chauffeur d'autobus pour une commission scolaire protestante. Je me demande s'il avait agressé sexuellement certains des enfants.

Il nous était rarement permis de franchir les limites de notre terrain lors des soirées d'école, à l'exception des occasions où nous allions à la messe et où nous nous étions inscrites à des activités. Un soir, Maman me fit l'immense plaisir de m'envoyer jouer au baseball avec quelques camarades de classe au bout du chemin. Elle me dispensa même de faire la vaisselle. Le baseball était sans contredit mon sport préféré. Nous jouions jusqu'à ce la noirceur tombe.

Chapitre 7

En approchant de la maison, je fus accueillie par mes trois frères qui se tenaient dans l'entrée d'auto en état d'hyperventilation. Respectivement âgés de six ans (David), dix ans (John) et quinze ans (Paul), ils m'annoncèrent en pleurant de façon hystérique que notre mère s'était enfuie avec les quatre filles et qu'ils n'avaient aucune idée de l'endroit où elle était.

Je fis irruption dans la maison pour vérifier l'état des choses. Je fouillai chaque pièce en panique pour constater que leurs vêtements avaient bel et bien disparu. La maison était dans un tel désordre que nous avons dû tout nettoyer. Ma mère avait, semble-t-il, quitté en urgence. Je peinais à croire qu'une mère puisse faire une telle chose à ses enfants. Et pour quelle raison était-elle partie sans moi?

Nous n'avions eu aucun indice de son départ imminent. Je ne l'avais pas surprise en train de faire ses valises, pas plus qu'elle avait manifesté l'intention de vouloir quitter la maison.

Quel choc! En l'absence de Bernie, il m'arrivait souvent de supplier Maman de partir, prétextant que j'en avais assez de la violence, des disputes et de l'alcoolisme. En dépit du fait qu'elle était forcément au courant de la situation, je n'admis jamais à ma mère que Bernie abusait de moi sexuellement. Je n'avais pas le courage de prendre ma vie en main.

Quoi qu'il en soit, je n'aurais jamais imaginé qu'elle puisse un jour nous abandonner. C'était inconcevable! Ce geste confirmait à quel point ma mère me détestait. En allant jusqu'à m'abandonner pour prouver sa haine envers moi, ma mère s'était réellement surpassée cette fois-ci. La haine peut être un sentiment d'une grande profondeur et d'une grande complexité. À l'origine, cette haine avait peut-être été déclenchée chez elle car elle avait elle-même été négligée, mal traitée ou abusée. Mais pour quelle raison avoir projeté ce sentiment sur moi? Comment avait-elle pu laisser cette haine prendre tant d'ampleur?

Chère mère, tu n'es sûrement pas sans savoir que la haine ne se guérit pas d'elle-même. Je tenais cette vie en horreur autant que toi! Mon Dieu, montrez-moi le chemin de la justice. J'étais complètement anéantie et connaissais désormais le dénouement des prochains mois, des prochaines années. Dieu m'en garde!

Ma vie s'était écroulée, et il m'incombait de tout remettre en place. Comment pouvais-je encaisser le choc? Comment arriverais-je à survivre? Je refusais d'incarner l'origine de mes peurs. Je devins une enfant au cœur d'acier qui ne laissait aucune place à la vulnérabilité. Mon passé avait de nouveau pris le dessus.

Je veillai aux besoins immédiats des garçons après avoir chaudement pleuré avec eux. John et David me suivaient partout. C'était le désastre. Notre cœur avait éclaté en se vidant de toutes ses larmes. Je tentai tout de même de les rassurer en leur promettant de bien m'occuper d'eux et de ne laisser personne leur faire du mal.

Au retour de Bernie, il fut à même de constater notre état lamentable. Sa colère était palpable. Lui non plus, je crois, n'avait pas anticipé la situation. Cela dit, le fait que Maman se soit enfuit avec sa guitare *Martin* l'exacerbait au possible!

Il tenta de nous rassurer en nous disant qu'il ferait tout en son possible pour nous rendre heureux et nous mit en garde de ne pas entrer en contact avec nos autres frères et sœurs à l'école, faute de quoi nous serions punis.

Bernie avait l'habitude de nous dire qu'il connaissait des gens partout et qu'il n'hésiterait pas à leur demander de lui venir en aide s'il devait un jour découvrir la vérité à propos de certaines choses nous concernant. Nous n'avions d'autre choix que de continuer à le croire.

À l'école, Laura s'approcha de moi car elle voulait me parler. Je lui répondis que je n'avais pas droit de lui adresser la parole et fis demi-tour. Malgré le fait que la situation ait été difficile et douloureuse, j'étais en colère contre Laura qui m'avait également abandonnée, ce qui me permit de couper les ponts plus facilement. John cracha même au visage de Laura lorsqu'elle s'approcha de lui à l'école.

Ma vie venait de s'écrouler de nouveau. J'étais passée d'une adolescente de quatorze ans, passionnée de baseball, à une mère de trois garçons à temps plein, une femme de ménage, une cuisinière, une protectrice et sans oublier la *femme* de Bernie. Ma mère n'aurait pas pu agir de façon plus cruelle à mon égard. Puisque je veillais désormais sur mes frères, tout en assumant mon rôle sexuel auprès de Bernie, ma mère était enfin libre! Non seulement mon pire cauchemar continuait, il s'empirait. Les besoins et désirs de Bernie n'avaient plus de limite et encore moins d'horaire. Je n'y comprenais plus rien, et mes émotions s'engourdissaient.

Au fil des ans, je fournis à Bernie divers signes traduisant ma douleur et mon inconfort sexuel. Il s'en foutait éperdument ; il était foncière-ment égocentrique.

Je n'avais que quatorze ans et, puisque je lui appartenais désormais, il n'hésita pas à m'insulter et à exprimer le fait qu'il souffrait lui aussi d'inconfort sexuel. Il se plaignait constamment du fait que je n'étais pas lubrifiée lors de la pénétration. Pour remédier à la situation il continuait d'utiliser sa salive comme lubrifiant. La pénétration était toujours doulou-reuse, me causant systématiquement de petits chocs électriques. J'aurais pu vomir!

Je voulais m'enfuir, mais personne n'aurait pu m'accueillir. J'étais incar-cérée et je repayais tranquillement mes dettes.

Ces souvenirs continuent de me hanter aujourd'hui, et je prie le Seigneur pour qu'il me permette d'utiliser ma souffrance pour aider d'autres femmes dans une situation similaire.

C'était à Laura de s'occuper des plus petites lorsque Maman quittait la maison avec des hommes. Il incombait alors à Laura de veiller aux devoirs, aux repas et surtout à la sécurité des petites. Maman se mit à faire régu-lièrement la fête après avoir quitté Bernie. C'était une croqueuse d'hommes invétérée qui ramenait souvent des étrangers à la maison pour avoir des relations sexuelles avec eux. Laura dormait dans la chambre adjacente à celle de ma mère et entendait forcément tout ce qu'il s'y passait. Maman n'en avait probablement aucune idée.

Chapitre 8

À cette époque, je découvris mon sauveur en la personne de David, le frère aîné de Lila. Il était mon chéri, mon amoureux, et c'est avec lui que je partageai mon premier baiser. Je pensais toujours à lui!

D'aussi loin que je me souvienne, Dave avait toujours été dans ma vie. Je crois l'avoir rencontré lorsque je n'avais que six ans. C'était un ami et le frère aîné de Lila. En grandissant, il entreprit différents projets chez ses grands-parents qu'il visitait de façon de plus en plus régulière. Gram et Paappa jouaient un rôle actif dans la vie de leurs petits-enfants. Paappa avait même aidé Dave et son frère cadet, Tom, à construire un canot ainsi qu'un impressionnant avion motorisé entièrement fonctionnel.

Dave était toujours affairé à travailler sur des motocyclettes et des moto-neiges dans le sous-sol de son grand-père. Au moment de la récolte des foins, les garçons empilaient les balles de foin sur une immense remorque tirée par le tracteur de Paappa. Je prenais plaisir à les regarder travailler dans les champs par la fenêtre. À l'époque, je ressentais un grand besoin de rêvasser et de connaître un amour véritable!

Gram s'assurait toujours de m'informer des visites éventuelles du frère de Paappa, William, de son épouse et de leurs filles, Heather et Vicky, à Sudbury. Ainsi, je me sentais incluse dans la famille, dont il me semblait toujours avoir fait partie d'ailleurs. Je commençai à trouver Dave très séduisant. Ce que je ressentais pour lui allait bien au-delà d'une simple attraction enfantine. Mes hormones me jouaient des tours en me donnant des papillons dans l'estomac chaque fois que je le voyais ou lui parlais.

Dave se sentit de plus en plus à l'aise d'entamer des conversations avec moi. Il avait un de ces regards qui me faisait toujours sourire! Il avait l'habitude de hausser les sourcils en me faisant des clins d'œil. Lorsqu'il s'approchait de moi, il passait sa main le long de ma colonne me donnant des frissons à chaque fois! Il avait de longs cheveux brun foncé, des yeux noisette et mesurait 1, 75 mètres. Je pouvais me blottir parfaitement sous son bras. Tout était parfait, surtout lorsque nous nous s'enlacions. Le soir, il m'accompagnait souvent jusque chez moi.

Il avait seize ans, et moi quatorze. Il venait de me donner une nouvelle raison de vivre, et il n'était plus question que je vive sans les émotions qu'il faisait naître en moi. Nous étions tombés follement amoureux dès l'instant où j'avais réalisé qu'il s'intéressait également à moi!

Notre endroit de rencontre de prédilection étant chez Gram, nous descendions souvent au sous-sol où nous pouvions y être enfin seuls. Je le regardais travailler à ses multiples projets. Lorsqu'il lui arrivait de devoir se concentrer davantage, il me ramenait gentiment à la maison. J'endurais mal nos moments de séparation.

Il conduisait parfois sa motocyclette de style chopper tout près de chez moi, et je filais en douce pour aller le voir. Comme j'adorais ce sentiment de liberté, mes bras enlacés autour de sa taille.

Il va sans dire que nous nous fréquentions secrètement car je n'étais pas autorisée à avoir d'amoureux. Les seules personnes qui étaient au courant de notre idylle étaient bien sûr Gram, Paappa et Helen. Nous étions toujours ensemble, à chaque occasion qui se présentait. Nous avions des relations sexuelles dans les champs, sous les étoiles, sous le clair de lune et dans le bain de vapeur et le sous-sol de Gram. Pour tout dire, nous étions très épris l'un de l'autre et toutes les occasions étaient bonnes pour se retrouver ensemble!

Un soir, il était prévu que Dave couche à la maison. Les choses entre nous évoluaient rapidement, et notre désir s'accentuait dangereusement. Je lui fis un thé et enfilai une nuisette. Dave aurait plutôt dit que j'avais enfilé quelque chose de plus confortable. Bernie s'était absenté pour la nuit.

Nous avons soudainement entendu le bruit d'un camion dans l'entrée d'auto. Il n'y avait aucune porte à l'arrière de la maison pour s'enfuir. C'était la panique totale! Dave plongea immédiatement sous le lit. Je lui conseillai d'y demeurer jusqu'à ce que la voie soit libre. Dieu merci Dave s'était allongé contre le mur, car Bernie regarda effectivement sous le lit, mais son surpoids l'empêcha de regarder jusqu'au mur du fond. Il m'interrogea à propos de la présence des souliers de Dave dans le vestibule. Ma réponse fut sans équivoque :

-«C'est Helen qui les a donnés à Paul, répondis-je du tac au tac.»

Dave retourna chez lui lorsqu'il était plus prudent de le faire. Nous avions été agacés du retour fortuit de Bernie, certes, mais tout de même soulagés de ne pas avoir été pris la main dans le sac.

De son côté, Dave, avait eu la peur de sa vie, surtout après avoir entendu tant d'histoires d'horreur concernant Bernie.

Ce fâcheux incident ne nous empêcha toutefois pas de continuer notre relation. Dave jouait dans l'orchestre de l'école. Je l'y rencontrais parfois afin d'aller danser entre les chansons. La soirée terminée, nous rentrions à la maison sur sa motocyclette.

Que de péripéties! À quatorze ans, j'avais dû remplacer ma mère malgré moi après qu'elle nous ait abandonnés pour profiter de sa vie de célibataire. À la maison, je remplissais mon rôle de mère à *tous* les égards. Bien que j'aie déjà accumulé suffisamment d'expérience dans plusieurs domaines, Bernie s'attendait à ce que je sois disponible à toute heure du jour pour assouvir ses moindres désirs. J'étais le jouet sexuel de mon beau-père, et je n'y pouvais absolument rien. Il essaya de me donner des orgasmes digitaux, mais je me tortillai en me plaignant de la douleur. Il retira ses doigts, et continua la relation sexuelle.

Je me vois encore étendue sous lui alors qu'il s'affairait au va-et-vient lancinant de la pénétration.

-«Est-ce que tu pourrais m'amener magasiner, lui demandai-je à brûle pourpoint. J'aimerais que tu m'achètes une robe.»

-«Tais-toi, répliqua-t-il en s'attendant à ce que j'éprouve moi aussi du plaisir lors de nos rapports sexuels.»

Pour tout dire, je m'imaginais plutôt en train de vomir! Je savais désormais ce que signifiaient avoir des rapports sexuels avec l'être aimé. Je n'avais *jamais* éprouvé d'amour pour Bernie! Mes rapports avec Bernie étaient abusifs ; qu'on se le dise! Mais il s'en foutait éperdument. Il était infatigable.

Heureusement, Bernie était incapable de lire dans mes pensées. Quant à moi, j'arrivais à faire taire mes pensées et à m'imaginer être ailleurs. Autrement dit, j'étais à peine consciente des événements qui se passaient au lit. Dave et moi avions par contre réussi à avoir des relations sexuelles des plus plaisantes! Je n'ai jamais pu oublier ce que Dave et moi avions réussi à bâtir. Je conservai ces magnifiques souvenirs en vieillissant.

Avec le temps, Bernie manifesta un agacement grandissant envers moi dû au fait que je n'arrivais pas à éprouver de plaisir avec lui. Blessée, je tournai mon visage et pleurai. Je ne me donnai même pas la peine de lui demander une nouvelle robe pour le contrarier. Ma réaction s'expliquait facilement : je ne manifestais aucun intérêt pour ce qu'il faisait. Pire, j'étais complètement engourdie par ses gestes. Après tout, je n'étais qu'une adolescente typique avec un intérêt marqué pour le magasinage. Bref, Bernie et moi avions des intérêts très divergents!

Je finis pas apprendre à être silencieuse afin de maintenir un certain calme à la maison. Je compris que la relation sexuelle en serait d'autant plus raccourcie. En apparence, j'avais tout ce que je pouvais désirer, bien qu'il ait été rare que je fasse quelque requête que ce soit. J'avoue avoir vendu mon silence à Bernie.

Je pris l'habitude de faire face au mur et de laisser les larmes imbiber l'oreiller.

Bernie me tourna la tête en me forçant à l'embrasser et en enfonçant sa langue dans ma gorge.

-«Cesse de te comporter comme un cadavre! Mets ta langue dans ma bouche, toi aussi, me dit-il.»

J'obtempérai malgré moi. Quelle horreur! Il me demanda de faire tourner ma langue autour de la sienne. C'en était trop. Je ne pouvais continuer. J'étais transie. Je pouvais sentir sa salive chaude s'écouler le long de ma gorge. Il ne savait même pas comment embrasser correctement. J'en avais le haut-le-cœur!

J'étais forcément son esclave sexuelle! Il exigeait des rapports sexuels même lorsqu'il se réveillait aux petites heures. Nous avions des relations sexuelles jusqu'à ce que le réveille-matin sonne. Le matin enfin arrivé, je me projetais hors du lit, telle une nouvelle épouse, pour lui faire son café avec le sourire. Ce faisant, je souhaitais sa mort en m'imaginant saupoudrer son déjeuner de poison à rat. Ou pourquoi pas un accident mortel?

Adulte, Paul me confia que j'étais la seule à blâmer en ce qui attrait à mes mauvais traitements de la part de Bernie. Il nageait en plein délire. Selon Paul, puisque j'étais toujours dans la chambre de Bernie, je devais forcément y prendre un certain plaisir. Offusquée, je soulignai le fait qu'il aurait dû me venir en aide au lieu de s'en laver les mains, lui aussi.

Je réassurai Paul lui confirmant que je n'avais jamais éprouvé de plaisir. Le fait que Paul ait pu croire que j'avais des rapports sexuels consentants et agréables avec Bernie me rendait malade. Les pensées de Paul s'avérèrent d'une grande cruauté. J'étais furieuse que mon propre frère ait pu réagir ainsi! Moi qui m'étais toujours sentie menacée par Bernie comme l'avait d'ailleurs été tout le reste de la famille.

J'apprenais tranquillement à comprendre le fonctionnement du monde. Avec le temps, la victime devenait l'accusée. On juge les victimes en fonction de leurs actes antérieurs. Il est vrai que nous commettons tous des erreurs. Je mis du temps à apprendre des miennes. Ceci dit, je comprenais parfaitement que je n'avais jamais demandé à mener une telle existence! Jamais de la vie! Notre père avait abusé de nous à différents égards, point final!

Je pleurai des larmes d'effroi. Tous ces coups que j'avais dû encaisser... Les propos de mon frère étaient assourdissants. Ma propre sœur me força à m'immuniser contre les coups durs de la vie. La douleur s'estompa, certes, mais mon esprit s'affaiblit. À mesure que mon corps se développait, Bernie devenait complètement hypnotisé par celui-ci. J'étais sa créature. Il disait vouloir m'enseigner un tas de choses, mais lorsque je constatai que je ne le craignais plus, je voulu mourir.

Paul me fit comprendre que nous aurions dû être reconnaissants envers Bernie. Il nous avait logés et nourris après tout!

J'avais payé cher cette générosité empoisonnée!

Dans le but de nous aider à gérer le deuil causé par le départ de Maman, Bernie crut bon marchander notre tristesse avec des achats compulsifs comme un motocross 50cc, pour nous, et une motocyclette Kawasaki 500cc, pour lui. Et puis, quelques mois plus tard, il acheta une motocyclette Honda Gold Wing 350 cc pour Paul. Ces achats nous permirent tout de même d'avoir du plaisir à nouveau.

Lorsque Bernie découvrit que Paul avait reçu une contravention pour avoir grillé un feu rouge à Sudbury, il me donna la motocyclette. Paul m'en voulut énormément. Mais je n'y étais pour rien! C'était Bernie qui contrôlait nos moindres faits et gestes. La motocyclette de Paul fit ressortir mon côté téméraire. Je conduisais cette motocyclette partout.

Alors que j'accélérais sur la route de gravier de Santala Road, je sentis naître en moi un sentiment de haine rebelle contre mes parents et surtout contre le monde entier. Dieu merci je ne tuai personne (moi incluse) ce jour-là. Je conduisais même sur l'autoroute ; j'étais invincible. Je n'avais que quatorze ans et encore moins de permis de conduire!

À la fin de l'automne, Bernie m'acheta une motoneige *Snow-jet*. Bernie avait également une motoneige, et Paul avait hérité de celle de Maman. Nous faisions de notre mieux pour nous amuser avec ces engins, tentant de créer de beaux souvenirs et de nous sortir de notre marasme émotionnel.

Je conduisais la motocyclette de Dave et la motoneige aussi souvent que possible. Notre relation alla bon train jusqu'à ce que je tombe enceinte. À l'époque, j'attribuais mes nausées à une vulgaire grippe. Si j'avais su!

Bernie se moqua de moi allégrement.

-«Tu es enceinte, raillait-il. J'espère qu'il ne s'agit pas du petit de Koski!»

J'ignorais de quelle façon l'annoncer à Dave. À vrai dire, il n'existait que très peu de façons d'annoncer une telle nouvelle. Je le rejoignis donc chez Gram pour lui annoncer la nouvelle.

-«Marions-nous, s'écria-t-il d'emblée.»

Je lui répondis qu'il ne s'agissait pas de la raison idéale pour se marier, et que c'était ce que ma mère avait fait et qu'elle avait vécu l'enfer. Ce n'était pas le genre d'existence que je souhaitais mener. Pourtant, je savais que s'il avait insisté davantage, j'aurais accepté, et les choses se seraient déroulées autrement. À vrai dire, j'avais imaginé passer le restant de mes jours avec Dave dès les premiers instants de notre relation. Je l'aimais éperdument! Il représentait ce que j'avais de plus précieux!

Nous nous sommes enlacés et avons pleuré à chaudes larmes pendant de longs moments. Je me disais même que s'il souhaitait encore se marier avec moi, nous aurions pu le faire après la naissance du bébé. J'aurais assurément accepté!

Lorsque Bernie se moquait de mon état, je détournais l'attention en un simple rictus désintéressé. À vrai dire, je n'arrivais pas à y croire moi-même. Je finis par saisir toute l'ampleur de la situation après quelques mois de grossesse.

J'ignore à ce jour comment je trouvai la force et le courage de passer à l'acte, mais c'était inévitable : je devais quitter mes frères et surtout Bernie!

Je recommençai à communiquer avec Laura à l'école en lui disant que je souhaitais venir habiter avec eux. Je quittai finalement la maison enceinte de quatre mois. J'étais dévastée de devoir quitter mes frères qui dépendaient tant de moi. Paul avait désormais la chance de se racheter auprès de Bernie.

Cette situation des plus difficiles nous brisa tous le cœur. Notre famille allait être déchirée une fois de plus, et je n'avais d'autre choix que de quitter Santala Road.

Chapitre 9

Peu après mon arrivée à Creighton, je me réveillai avec des crampes aux pieds et aux jambes.

-«Tu es enceinte de Bernie, cracha ma mère sans perdre une seconde.»

-«Pas du tout, répliquai-je, je suis enceinte de Dave!»

J'étais furieuse. Quelle garce! Elle qui m'avait abandonnée connaissant mieux que quiconque les risques auxquels je m'exposais en continuant de me faire abuser sexuellement par Bernie.

Un affreux sourire s'était dessiné sur son visage. Mais qu'à cela ne tienne, Dave avait presque dix-huit ans lorsque je tombai enceinte. Ma mère ne pouvait donc pas porter des accusations de viol contre lui.

Je me souviens avoir interrompu son discours insensé durant lequel elle feignait se soucier de mon bien-être. Je lui répondis illico :

-«Tu es complètement folle, criai-je avec colère en lui lançant quelques sacres. Tu ne connais rien de moi. Je suis amoureuse de Dave, et personne ne m'en empêchera.»

J'étais dans tous mes états, j'en avais ras-le-bol et je devenais complètement hystérique.

-«Tu m'as abandonnée sachant exactement ce que Bernie me faisait endurer, criai-je en lui pointant mon index au visage.

-Tu m'as laissée avec lui! Tu es sérieusement dérangée, et je te détesterai pour toujours.»

Elle mit rapidement fin à notre conversation et, le lendemain, me conduisit à la clinique où l'on confirma ma grossesse.

-«Moi aussi, à quinze ans, j'étais enceinte, dit-elle en pleurant.»

Le médecin m'expliqua que j'avais de la chance que ma grossesse soit trop avancée pour permettre un avortement. Je perdis ma contenance et explosai : on n'aurait jamais pu me forcer à interrompre ma grossesse.

Après un certain temps, nous avions déménagé à Sudbury avec le nouveau copain de ma mère.

Il était de onze ans mon aîné, soit quatorze ans de plus jeune que ma mère. J'avais une vague impression de déjà-vu. Il va sans dire que j'avais du mal à accepter les récents bouleversements. J'interrompis mes études et m'isolai du reste du monde.

Maman se mit à reproduire ses habitudes antérieures en me jetant dans les bras de Richard Williams, son nouveau copain. Ce faisant, elle me fit sentir très coupable tout en m'envoyant faire des promenades avec lui. Quoi qu'il en soit, il s'avère que Richard était un des seuls qui prenait le temps de m'écouter et de me conférer une certaine importance. Pour tout dire, ces promenades contribuaient à dissiper mon anxiété et à m'éloigner de notre voisin du bas qui non seulement était trafiquant d'alcool, mais était également très bruyant. Pas génial comme premier appartement après notre départ de Creighton Mine.

Bien que ma mère ne brillât pas par ses qualités de mère de famille responsable de cinq jeunes filles, elle n'hésitait pas à se montrer embarrassée d'être vue en public à mes côtés. Idem pour moi qui aurais pu être tout aussi embarrassée. Je réalisai encore une fois à quel point ma mère me méprisait! Elle était rongée par la honte… Avait-elle honte d'elle-même ou honte de moi? Qui sait… Nous avions hélas très peu de choses en commun, sans compter le fait que nous nous détestions.

Ma quête infructueuse de réponses me rendait perplexe puisque je m'accrochais à un espoir que ma mère ne pourrait jamais combler. Il va sans dire que je voulais voir personne. Ma mère n'hésitait pas non plus à me faire sentir malpropre telle une petite bonne à rien.

Il me semblait être en manque d'amour parental depuis une éternité. Je me sentais comme une étrangère. J'avais beau m'accrocher à ma mère, mais elle aussi était étrangère, autant pour moi que pour elle-même. J'étais dépourvue de tout sentiment d'appartenance. Mais je devais malgré tout avoir un foyer. Mais à quoi pouvait bien ressembler un réel foyer?

Comment décrire le foyer parfait, lorsque pour moi foyer aura toujours rimé avec calvaire?

J'essayai de convaincre ma mère d'aller prendre des marches.

-«Peut-être demain, prétextait-elle, une autre fois, soupirait-elle, ou je suis fatiguée, baillait-elle.»

Ma mère ne travaillait pas à cette époque. Il lui arrivait également de se mettre à blasphémer, ce qui, ultimement, me faisait abandonner toute tentative. J'avais tant besoin de l'amour et de la compassion d'une mère. Le pouvoir d'une caresse maternelle n'a pas son pareil à ce qu'on dit.

Maman jouait de la guitare et chantait au bar du premier étage. Nous savions toujours où la trouver en cas de besoin. Il faut dire que nous n'étions pas très exigeants. Ma mère chantait-elle pour moi? Probablement pas. Elle et son copain, Richard, passaient davantage de temps à boire au premier qu'avec nous. Maman se surpassait les vendredis et les samedis matin en daignant monter à l'appartement entre 4 h et 6 h.

Avant Richard, force est d'admettre que je n'avais jamais vu Maman boire. Elle avait plutôt toujours été bruyante et grossière, me disant que je n'avais pas besoin d'elle comme confidente et que je pouvais très bien me débrouiller sans elle. À mon sens, ma mère nous utilisait comme ses petits serviteurs. Je la vois encore avachie dans son fauteuil à nous donner des ordres. Du *Pepsi*, des cigarettes, des croustilles, ce genre de choses.

Après de nombreuses promenades en soirée, Richard me déclara son amour! Je ne réagis point. Ses mots entrèrent d'une oreille et sortirent de l'autre.

Nous avons continué nos promenades et avons discuté de la précarité de ma situation. Richard était convaincu que j'allais faire une mère formidable. Il ajouta même qu'il allait soutenir toutes mes décisions, quelles qu'elles soient. Enfin, il promit de divulguer à ma mère ce qu'il se passait entre nous et que je pouvais avoir entièrement confiance en lui.

Nous avons marché un peu plus loin qu'à l'habitude, soit jusqu'à ce que j'insiste pour arrêter. J'étais éreintée et j'avais froid. Richard m'enlaça tendrement. Cette tendresse me fit un bien énorme. Ceci dit, je préférais grandement les caresses de Dave, probablement par ce que j'étais éperdument amoureuse de lui. Aucun autre homme ne réussit jamais à me faire sentir en sécurité autant que Dave.

Richard réitéra ses intentions envers moi le lendemain soir après quoi il m'embrassa et m'enlaça. J'ignorais comment réagir à l'époque ; Richard semblait être de bonne foi et m'adressait de nombreux compliments. Il n'en demeurait pas moins qu'il était le conjoint de fait de ma mère. Je devais agir en adulte responsable et mettre un terme à ses agissements!

Nous sommes retournés à l'appartement. Je restai en retrait durant les prochains jours dans l'espoir que mon invisibilité pousse Richard à m'oublier. Il était âgé de vingt-six ans, et moi de quinze, après tout.

Maman m'appela dans sa chambre dans laquelle elle passait le plus clair de son temps à lire ou à écouter la télévision.

-«Qu'est-ce qu'il se passe avec toi, s'enquit-elle. Tu sembles plutôt effacée ces temps-ci.»

J'arrivais mal à m'expliquer le fait qu'elle se soucie soudainement de moi.

-«Rien de spécial, je ne fais qu'écouter la radio et lire, lui répondis-je plutôt.

-Pourquoi ne vas-tu plus marcher avec Richard, enchaîna-t-elle. Ça te fera du bien, d'autant plus que tu n'as pas quitté l'appartement depuis un certain temps.»

Nous avons donc repris nos promenades!

Richard pouvait se montrer plutôt charmant. Je cherchais désespérément quelqu'un à qui me confier et quelqu'un qui me considérerait comme un être humain. Qui plus est, j'étais enceinte, désorientée et en proie à une grande solitude. J'avais grandement besoin d'écoute et de conseils. La peur faisait partie intégrante de mon quotidien, et le silence était mon cri le plus strident. Enfin, je craignais devoir affronter seule l'inconnu de ma grossesse.

Maman prit la décision de s'impliquer davantage dans ma vie en faisant appel à une travailleuse sociale de la Société de l'aide à l'enfance. Il était entendu que cette femme fasse quelques visites à domicile pour discuter avec moi de ma grossesse. À son tour, la travailleuse sociale me référa à une infirmière qui devait me dispenser quelques cours prénataux. Ainsi, j'appris les rudiments de l'accouchement par voie naturelle. Il s'agissait d'une excellente occasion de me familiariser avec la grossesse en général ainsi que la petite enfance. Mon jeune âge oblige, j'étais en proie à une anxiété qui réduisait ma capacité de rétention de l'information apprise. On me transmit toutefois une variété d'informations afférentes au développement infantile, au travail prématuré, aux techniques de relaxation, aux différentes sortes de travail, à la lactation, à la sécurité infantile, etc. Cependant, personne ne me prépara pour la réalité de jeune mère à proprement dite.

Une semaine plus tard, la travailleuse sociale revint pour m'amener avec elle dans une maison pour jeunes mères célibataires à Kitchener-Waterloo, en Ontario. Il se trouve que ma mère et elle avaient comploté à mon insu pour y organiser mon entrée. C'était de la folie! J'étais contrainte d'y rester en raison de mon statut de mineure. Encore une manigance de ma mère qui eut l'effet d'une bombe. Je me sentais comme un vulgaire chien que l'on abandonne en lui souhaitant *bonne chance* du bout des lèvres.

Lorsque j'appelais à la maison, ma mère ne bredouillait que quelques mots pour rapidement passer le combiné à Richard. Maman et moi n'avions jamais rien eu à se dire d'intéressant de toute manière. Richard disait s'ennuyer de moi, ce que ma mère n'avait jamais daigné m'avouer. Pour tout dire, je commençais à m'ennuyer de nos promenades et de la gentillesse qu'il me témoignait toujours si candidement.

On me permettait d'appellera la maison à frais virés une fois par mois. J'étais une âme perdue à l'autre bout du monde, dans une ville inconnue, sans famille, ni amis. Personne ne se souciait de moi, à part certaines personnes qui ne connaissaient rien de ma situation.

À l'époque, les interurbains étaient très dispendieux, et Maman n'avait pas un sous à dépenser pour ma cause. Gram, par contre, m'appelait souvent sans jamais se plaindre des dépenses encourues. Nous nous envoyions des lettres, et elle me surprenait même parfois avec un billet de cinq ou dix dollars. Elle était toujours là pour moi.

Beaucoup plus tard, Dave m'avoua n'avoir reçu que très peu de nouvelles de moi pendant ma grossesse. Il gardait toutefois espoir. J'imagine que Gram et Helen avaient cru bon le protéger en ne lui transmettant pas d'information à mon sujet. Dave souffrait terriblement de mon départ. Gram et Helen espéraient probablement qu'il finesse par m'oublier et continuer à vivre sa vie. Dave dut endurer la honte et la culpabilité d'avoir fait ombrage à sa famille. Avec le recul, je conçois maintenant que la famille de Dave avait probablement été influencée par les concepts et croyances véhiculés par la société lors de l'époque de la rafle des bébés!

Je portai mon bébé avec amour et affection, lui parlant régulièrement et me caressant le ventre sans cesse. Je me souviens de la merveilleuse sensation que me procurait ma grossesse et prenais plaisir à répéter à mon bébé qu'il avait été conçu avec amour, un amour qui était si spécial. Cependant, bien que je sois convaincue d'être tombée enceinte de Dave, le doute d'être tombée enceinte de Bernie était tout de même présent. Je fis de mon mieux pourchasser ces mauvaises pensées de mon esprit.

Avec l'aide d'une travailleuse sociale de la maison pour jeunes mères célibataires, j'appris à lentement baisser ma garde et à interagir avec certaines des autres pensionnaires. Ce processus, bien que bénéfique, fut très ardu pour moi. Autrement, je restai dans ma petite bulle à tenter de gérer mes pensées. Heureusement, le jugement était très mal vu dans cet établissement, et chacune des pensionnaires était appelée à assumer la pleine responsabilité de ses actes. L'encouragement et le positivisme, par contre, étaient très répandus. Enfin, nous étions incitées à respecter les choix personnels de chacune.

Nous continuions à suivre notre programme scolaire respectif et pouvions profiter de soutien psychologique et de l'aide des travailleuses sociales. L'ensemble de ces ressources étaient mises à la disposition libre de chacune et étaient également offertes de façon imposée dans des cas particuliers. Lors d'une brève conversation, Maman mentionna qu'il serait sage de tenter de retrouver mes oncles Courtemanche dans le bottin téléphonique. En dépit du fait que leurs visites aient été gênantes et somme toute étranges au début, ceux-ci m'accueillirent à bras ouverts. À tout le moins, ces visites me permettaient de sortir de la maison pendant quelques heures.

J'habitais la maison pour jeunes mères depuis près de cinq mois lorsqu'en début d'après-midi, on me convoqua à l'accueil par l'interphone. Je fus estomaquée de voir Bernie qui se tenait dans l'entrée! Bien que j'aie été habituée à masquer mes émotions, je sentis tout de même ma pression monter d'un cran. Nous nous sommes assis dans le parloir tout près de l'accueil pendant un court moment. Il mentionna ensuite que John et David l'attendaient dans la voiture et qu'il devait quitter.

Je ne me souviens que de quelques détails vagues de notre conversation. J'ignore même s'il est revenu me voir. Adulte, John, lui, se souvient être venu à Kitchener et avoir reçu l'ordre de demeurer dans la voiture.

Il apprit donc sur le tard le but de la visite de Bernie qui ne leur avait rien dit à l'époque. Mes frères et moi aurions tant aimé pouvoir nous voir cette fois-ci.

En ce qui concerne la naissance de mon bébé, ce n'était ni excitant, ni plaisant. Je reçus une épidurale de sorte que je ne puisse pas ressentir mes contractions. L'infirmière n'a fait que me répéter de pousser.

J'explosai!

-«Mais c'est exactement ce que je fais, criai-je.»

Je ne poussais forcément pas suffisamment à leur goût.

L'infirmière se tenait directement au-dessus de moi maintenant son bras sur mon ventre en poussant le bébé vers le bas. Le bébé finit par sortir! Je donnai naissance à une jolie petite fille de 6 livres et demie le 29 juillet 1973. Je l'appelai Christine Lynn.

J'avais fêté mes seize ans deux semaines auparavant. L'infirmière me montra le bébé pendant quelques secondes en s'assurant, bien sûr, de le garder dans ses bras. Je n'avais pas le droit de tenir le bébé. On emmena la petite à ce moment précis, après quoi on me fit quelques points de suture et me ramena dans ma chambre.

J'avais le cœur brisé. Je n'avais même pas pu tenir mon bébé pendant deux minutes, moi qui rêvais de la serrer dans mes bras depuis neuf mois. L'infirmière refusa de m'accorder mes droits parentaux. Peu de temps après, je fus submergée par un sentiment de vide absolu et insistai pour voir ma fille! L'infirmière fut suffisamment aimable pour me la montrer à travers la baie vitrée de la pouponnière.

J'étais confuse et profondément blessée. Je ne pouvais, semblait-il, pas m'approcher d'elle davantage. Je rouspétai en expliquant à l'infirmière qu'il s'agissait de mon enfant et qu'ils ne pouvaient pas m'empêcher de m'en approcher! L'infirmière répliqua que si je continuais à me comporter de la sorte, je ne pourrais même plus la voir à travers la vitre. Je me calmai rapidement dans l'espoir de pouvoir la tenir éventuellement. Je n'obtins hélas pas ce privilège.

Afin d'accélérer le processus de guérison de mes points, on plaça une lampe chauffante entre mes jambes sous la couverture. Puis, pour réduire légèrement la douleur, on me fit asseoir sur un coussin de caoutchouc gonflable.

Les prochains jours furent quasi surréels. J'avais la fâcheuse impression d'être plongée dans un cauchemar persistant. Je me sentais humiliée et méprisée par certains membres du personnel hospitalier qui me donnaient l'impression de me juger sévèrement en raison de mon jeune âge! Ce fut, sans contredit, l'événement le plus traumatisant de ma vie.

Plusieurs souvenirs ont été effacés de ma mémoire. De bons, comme de mauvais, ce qui, dans ma situation, était presque souhaitable. Malheureusement, bons nombre de ces souvenirs oubliés m'étaient précieux.

Je m'étais souvent plu à imaginer le jour de mon accouchement, alors que je pourrais enfin tenir mon bébé dans mes bras. N'est-ce pas là le souhait le plus cher de toutes les mères? Cependant, les quelques rares aperçus que j'eus de ma fille ont vite été effacés de ma mémoire. Puisque mon haut niveau de stress supplanta ma capacité d'adaptation, je ne parvins jamais à dissiper le souvenir embué des quelques jours ayant suivi l'accouchement.

Je retournai à la maison pour jeunes mères célibataires quelques jours après la naissance de Christine. Je pleurais sans arrêt. Je ne passai qu'une nuit à la maison et fis mes bagages.

Comble de la tristesse, on me força à quitter les lieux sans mon précieux bébé! Je ne pourrai peut-être jamais plus me rappeler les chansons que mon cœur meurtri lui chantait, espérant que leurs notes l'atteignent d'une façon ou d'une autre, mais j'adorais cet enfant. On avait eu beau me retirer ma petite fille, dans mon cœur, elle m'appartenait!

On m'avait interdit de ramener mon bébé avec moi, précisant que des arrangements avaient été pris avec ma mère qui devait passer prendre le bébé à Sudbury peu de temps suivant mon retour à la maison. On me fit monter à bord d'un autobus *Greyhound* en direction de Sudbury. Je pris place à l'arrière de l'autobus ; je ne voulais voir personne. Assise sur mes points de suture à peine guéris, j'endurai la douleur causée par chaque petite imperfection de la route. Je pleurai de longs moments avant de finalement tomber endormie. J'étais à plus de 460 kilomètres de la maison. Étrangement, il me semblait être en train de traverser l'entrée lumineuse d'une caverne pour m'enfoncer jusqu'au fond où il faisait de plus en plus sombre.

Je m'imaginais même que Maman avait peut-être tenté de se venger de Bernie, qui ne l'avait pas aimée comme elle l'aurait souhaité, en me chassant de la maison alors que j'étais enceinte d'un enfant qui aurait très bien pu être le sien.

Je n'eus même pas la chance de souhaiter la bienvenue à mon bébé et de m'excuser du fait que son arrivée dans le monde n'ait pas été de tout repos. La vie est si éphémère ; profitez pleinement du temps qui vous est alloué!

Nous vivons tous des moments que nous souhaitons ne jamais voir s'effacer. Ces moments auront beau avoir tendance à s'effacer, efforcez-vous de les conserver en mémoire le plus longtemps possible et de tenter d'en créer des nouveaux chaque jour. Ne cessez jamais de rêver. Vous constaterez rapidement que votre vie s'avèrera votre plus rude épreuve. Néanmoins, le jeu en vaudra toujours la chandelle. Je vous souhaite la meilleure des chances et n'oubliez surtout pas de ne jamais laisser vos rêves vous dominer.

Chapitre 10

Pendant mon absence, Maman, Richard et mes sœurs déménagèrent dans une maison louée non loin de notre ancien appartement. À mon retour, Richard et moi avons immédiatement repris nos promenades quotidiennes. Je me sentais terriblement seule, sans compter le fait que j'étais devenue très confuse. J'étais toujours endeuillée de la perte de tous ceux que j'avais aimés, ce qui avait fait naître en moi un sentiment de vide aussi omniprésent qu'accablant. Qui plus est, j'étais désormais incapable de recevoir de l'amour.

Je m'étais coupée du monde et me foutais éperdument de tout et de tout le monde. Il est vrai que Richard et moi avons fini par avoir quelques relations sexuelles, mais ce ne fut que de courte durée.

Ma mère et Richard décidèrent éventuellement de se marier. Mes sœurs et moi étions complètement médusées et dégoûtées de la situation. De plus, nous n'avions aucune idée de ce qui se tramait ; ma mère avait toujours su s'entourer de beaucoup de mystère. Malgré ce que ma mère ait pu penser, nous comprenions beaucoup plus ce choses que notre jeune âge ne le laissait paraître. Nous n'étions pas des idiotes!

Selon nous, il était inconcevable que notre mère et Richard rentrent inopinément à la maison en nous annonçant leur récente union. Aucune des filles n'étaient au courant. Nous étions furieuses et nous sentions trahies et ridiculisées! C'est note voisine Mary qui nous a tout raconté en affirmant que leur mariage n'était que de la frime. Elle tenait cette information de source sûre, car son mari et elle avait agi en tant que témoins.

Nous ne savions jamais sur quel pied danser avec notre mère. J'en avais assez de ses mensonges et de ses petits drames quotidiens. Je quittai la maison peu de temps après sans aucun regret. Je trouvai une chambre au centre-ville où je restai quelques semaines. Je ne me sentais toutefois pas à l'aise de partager une cuisine avec des étrangers.

Je déménageai ensuite au YWCA pour une courte période temps. Là-bas, il était essentiel de s'inscrire avant une certaine heure pour s'assurer d'avoir un lit pour la nuit. Le YWCA fonctionne en vertu du principe du *premier arrivé, premier servi*. Le lendemain matin, nous devions par contre quitter les lieux avec tous nos biens. Je fus reconnaissante d'avoir pu passer quelques nuits à cet endroit ; je pouvais enfin dormir en toute sécurité.

Le 23 août 1973, ma mère m'annonça que nous irions enfin chercher le bébé à la Société de l'aide à l'enfance. Je ne me souviens pas lui avoir posé davantage de questions. J'étais surexcitée à l'idée de finalement pouvoir tenir ma petite fille dans mes bras! Je croyais que ce jour n'arriverait jamais.

Ma mère ne m'avait jamais dit ce qu'il s'était passé durant les trois semaines qui avaient suivi mon départ de l'hôpital. Je ne savais même pas où Christine était allée pendant cette longue période de temps. Ma mère était demeurée de glace et silencieuse, ce à quoi j'étais habituée de toute façon.

Mes sœurs et moi étions survoltées de pouvoir enfin voir Christine. Notre bonheur était palpable à son retour à la maison. Elle était notre petite princesse qui avait été réunie avec sa mère! Je pris plusieurs photos de mes sœurs la tenant dans leurs bras. Ce fut littéralement le coup de foudre. Nous la couvrions de baisers et la caressions sans cesse.

Il était maintenant temps d'aller rendre visite à Dave et sa famille! Je débordais de fierté. Eux aussi allaient adorer Christine! Gram m'avait offert une petite couverture de bébé en cadeau. Je pris plusieurs photos lors de notre brève visite. J'avais toutefois l'impression que Maman était tout le temps pressée de partir peu importe où nous allions.

Tout se passait si vite ; je n'avais même le temps d'apprécier mon petit bébé. Vite! Vite! Vite!

Ma mère tenait à ce qu'on aille visiter son amie Leona qui habitait à environ 45 minutes de chez Gram. Lorsque nous habitions avec Bernie, sur Santala Road, nous allions parfois jouer avec les enfants de Leona. C'était une amie de la famille.

Je pus au moins admirer ma précieuse petite fille pendant le trajet. Je plaçai son corps entre mes jambes et lui parlai doucement tout en caressant son visage et sa tête. Je découvris ses petits pieds et examinai ses longs orteils filiformes pendant qu'elle serrait mon auriculaire.

J'étais en admiration ; elle était parfaite. J'avais enfin fait quelque chose de tout à fait spécial! J'avais l'impression que l'on était en route vers la maison de Leona afin de lui présenter mon bébé et prendre un café. Je réalisai rapidement qu'il s'agissait d'un tout autre type de visite. Ce fut un réveil brutal. Je venais de comprendre la raison qui avait poussé ma mère à tant se dépêcher!

Leona nous attendait devant chez elle. Je pris une photo. Je voulais avoir plusieurs photos de la première journée de ma fille avec moi. Cependant, j'étais la personne qui comptait le plus pour ma petite fille, et personne n'avait pris la peine de prendre de photo d'elle et moi. J'en suis encore vexée aujourd'hui.

Je serai malgré tout toujours reconnaissante d'avoir pu passer du temps avec ma fille et d'avoir pu la faire parader comme un précieux petit trophée. Les choses auraient pu être bien pires ; j'aurais pu ne plus jamais la revoir et ne pas avoir eu la possibilité de prendre des photos-souvenirs.

On m'invita à entrer dans la maison. Sur la table, tout près du vestibule, on pouvait voir les papiers d'adoption. Ma mère insista pour que je les signe. Je subis également la pression de toutes les autres personnes impliquées dans le processus. J'étais sur le point d'apprendre que Christine allait être adoptée par le frère de Leona.

On tenta de me convaincre que le frère de Leona et son épouse allaient être en mesure d'offrir une vie merveilleuse et un foyer aimant à Christine. On ajouta, bien sûr, qu'ils étaient très bien nantis et qu'ils seraient des plus généreux avec elle.

Toutes les personnes présentes n'hésitèrent d'ailleurs pas à me rappeler mon jeune âge et mon état matrimonial, ainsi que le fait que je n'avais pas de diplôme, que je n'étais pas salariée et que mon bébé aurais des besoins nombreux. J'en avais les oreilles qui bourdonnaient. Mais qu'en était-il de *mes* besoins? Et pour quelle raison devais-je tout abandonner pour plaire à ces gens? Christine était *ma* fille et je pourrais peut-être un jour aussi être en mesure de lui offrir de belles choses si on me donnait la chance de respirer et de réfléchir à cet enjeu de taille. Chose certaine, j'étais tout à fait capable de l'aimer plus que quiconque!

Avant la signature, on crut bon m'informer du fait que le frère de Leona était pilote, qu'il était plutôt bien nanti et qu'il n'avait pas d'enfants.

Les parents adoptifs me firent plusieurs promesses en vertu desquelles ils s'engageaient à expliquer à Christine qu'elle avait été adoptée aussitôt qu'elle serait en mesure de le comprendre. Ils me promirent également de me donner des nouvelles de façon régulière et de me tenir au courant de tous les événements marquants de sa vie. Enfin, ils tentèrent de me rassurant en me disant qu'ils allaient m'envoyer des photos.

Il n'était pas question que je signe, mais ma mère ne m'en laissa pas le choix. Elle insista sur le fait que j'étais mineure et qu'elle était responsable de moi. Elle osa même me menacer d'appeler la police.

Ma mère? Responsable? C'est une blague? Je permis, malgré tout, à ses menaces d'influencer ma décision et finis par signer le document.

Je savais que c'était peine perdue et que je n'avais aucune chance d'obtenir la garde légale de Christine. Ils étaient tous contre moi. Je ne me souviens plus de la signature à proprement dite, mais il s'agit pourtant bien de ma signature sur le document d'adoption.

Comble de la tristesse, je n'ai gardé aucun souvenir d'avoir quitté les lieux sans Christine, ni d'avoir eu à expliquer la situation à mes sœurs ou à qui que ce soit d'autre. Je tentai de me remémorer l'événement de nombreuses fois, mais en vain. Je crois avoir souffert d'amnésie dissociative, soit une rupture ou un manque de continuité entre les pensées et les souvenirs d'environnements et de gestes donnés. Il s'agit d'un trouble causé par des événements traumatisants.

J'avais enveloppé Christine dans la couverture offerte par Gram. Après tout, c'était un cadeau de son arrière-grand-mère, et il était tout naturel que je la lui donne. Je souhaitais que la couverture de Gram garde Christine bien au chaud et l'enveloppe de l'amour de cette femme qui avait été si importante pour moi. Je me remémorai ce souvenir beaucoup plus tard en regardant des photos prises cette journée-là.

Sur une des photos, on peut y voir ma mère sourire à Christine… Mais quel culot! Avec le recul, je comprends maintenant que ma mère savait très bien que nous ne reverrions plus jamais Christine. Mais qui sait, peut-être l'avait-elle revue à mon insu. Je ne le saurai jamais, pas plus que je ne saurai si Leona avait donné de nouvelles du bébé à ma mère au fil des ans.

Avant que la journée ne vire au cauchemar, Laura et moi avions déjà tout planifié : je resterais à la maison avec Christine jusqu'à ce qu'elle entre en pré maternelle, après quoi je retournerais moi-même à l'école ou me trouverais du travail.

Laura, quant à elle, continuerait d'aller à l'école et travaillerait également de soir. Elle était assurément plus stable émotionnellement que moi à cette époque. Nous avions imaginé ce scénario pendant que nous espérions le retour de Christine. Laura ne cessait de me répéter que nous allions élever Christine ensemble, et que je ne serais plus jamais seule!

Il va sans dire que nous avions exclu Maman de nos plans en raison du fait qu'elle avait toujours été froide et distante envers nous, et que nous n'avions jamais eu de relation avec elle. Je ne jouis somme toute d'aucun soutien de la part des adultes de mon entourage après mon départ de Santala Road. Ma mère avait son propre agenda!

Chose certaine, Laura et moi aurions été en mesure de donner ce qui comptait le plus à Christine, soit de l'amour et notre protection indéfectible. Nous savions exactement ce dont un enfant avait besoin, bref, tout ce que notre mère ne nous avait jamais donné malgré nos innombrables prières. Nous aurions assurément été de meilleures mères qu'elle!

Gram me suggéra même d'épouser Jack dans le but de garder le bébé. Selon Gram, je n'aurais même pas eu à avoir de relation sexuelle avec lui. Je n'étais, malgré tout, pas très chaude à cette idée. J'étais plutôt craintive. Si seulement Gram m'avait promis de pouvoir épouser Dave. Pourquoi n'as-tu pas insisté, Gram? Pourquoi? Tu savais que je t'aurais écoutée.

Les eusses et coutumes de la période de la rafle des bébés avaient fait leur œuvre, et Gram avait probablement fait de son mieux pour tenter de garder le bébé dans la famille. Quoi qu'il en soit, il fallait être marié pour pouvoir élever un enfant à cette époque. Les choses se seraient peut-être déroulées autrement et de façon plus positive si j'avais épousé Jack...

Je suis convaincue que Gram se serait porté garante de moi. Elle connaissait toute la profondeur de notre amour. Elle m'expliqua un jour que Dave et moi aurions pu nous marier s'il avait gradué et avait obtenu un emploi stable et convenable.

Ma mère obtint un rendez-vous chez un psychiatre de l'ancien sanatorium de l'université Laurentienne, à Sudbury. Je m'y rendis à reculons à quelques reprises. Sans grande surprise, je n'abordai pas la question de l'abus sexuel. J'y allais plutôt dans l'espoir de faire la paix avec ma mère. Et pourquoi pas? Hélas, l'aide de ce psychiatre ne me fut d'aucune utilité.

D'autant viendront pour vous sonder.
C'est à se demander ce qu'ils y trouveront.
Ils tentcront d'y découvrir une clé.
Ils vous offriront mers et mondes, marchandant leur crédibilité à coup de titres et de diplômes!
Ne les laisse pas s'infiltrer, Anne-Marie, ne les laisse pas faire!

Je répondis gentiment aux questions posées par le psychiatre, tentant évidemment de lui offrir les réponses qu'il voulait bien entendre. Ma mère me menaça de me faire interner car, selon elle, je refoulais trop d'informations et de sentiments. Elle n'était pas encore au courant de ma relation avec Richard que je niai de but en blanc!

Elle m'amena un jour dîner chez *A&W* pour me demander si Richard et moi avions eu des relations sexuelles. Encore une fois, je niai absolument tout. Elle n'aborda plus la question. À vrai dire, ma réponse lui importait peu. Elle me demanda tout simplement de mettre un terme à la relation, si relation il y avait, bien entendu. Elle ne semblait pas être en colère!

Comment pouvait-elle s'imaginer que j'allais me confier à un parfait étranger, et dans un sanatorium de surcroît? Il n'était pas question que je la laisse me damner le pion!

Le fait de continuer à vivre ma vie sans Gram, Dave et tout le reste de la famille fut extrêmement difficile. Ils faisaient partie de mon quotidien depuis si longtemps!

Nombreux sont ceux qui ont dit vouloir mon bien.
Leur parole soi-disant trempée dans l'acier.
Leur gain nullement ourlé de joaillerie.
Ils tentèrent de m'amadouer en m'offrant leur oreille et leurs bras aimants en guise de soutien.
Je me tins sur mes gardes.
Anne-Marie, ne les laisse pas s'infiltrer!

Je me contentai d'expliquer au médecin que ma mère s'était absentée trop souvent depuis ma naissance et qu'elle voulait me faire interner. C'était plutôt elle qui avait besoin de soutien psychiatrique! Ce fut ma dernière séance avec lui!

L'écoute sera toujours possible.
Difficile à trouver, mais jamais bien loin.
L'écoute sera disposée à recueillir les larmes.
Elle saura même démontrer un certain souci et un certain soin.
Loin de moi l'idée de rendre le double de mes clés.
Afin de me retrouver au même point de départ.

Le psychiatre exigea que ma mère poursuive ses séances ; ce qu'elle fit pendant un certain temps. Malheureusement, la nature de notre relation ne changea pas. C'était prévisible!

Il m'arrive parfois de penser que ma mère ait pu soudoyer Leona et son mari afin qu'ils acceptant d'adopter Christine. Cette possibilité me hantera jusqu'à ma mort! Aurait-elle même pu vendre ma petite fille pour pouvoir s'acheter une maison? Tout est possible. Cela dit, il aura toujours été difficile de croire que le fait que ma mère se soit acheté une maison peu de temps après l'adoption de Christine ait été une simple coïncidence.

J'accueillis la nouvelle de l'acquisition immobilière de ma mère avec la plus grande stupéfaction! Idem pour le fait que Paul et Dave étaient soudainement devenus amis. Ils n'étaient pourtant pas plus proches qu'il ne le fallait lorsque nous habitions sur Santala Road. J'ai toujours cru que Dave s'était rapproché de Paul pour tenter d'obtenir de mes nouvelles d'une façon détournée. Personne ne m'avait jamais mentionné qu'ils étaient devenus amis.

Dave m'informa plus tard qu'il avait travaillé chez *INCO* à la même époque que ma mère. Je n'en avais pourtant aucune idée! Je n'arrive toujours pas à m'expliquer la raison pour laquelle mes proches omettaient systématiquement de me transmettre de l'information importante.

J'avais toujours cru que la présence de Dave, lors de la signature forcée des papiers d'adoption, était plutôt singulière. Il s'agissait ni plus ni moins de la dernière fois que j'allais voir notre fille. C'était louche!

Ma mère me vola mes droits parentaux, et Bernie mon innocence. Lequel avait agi plus sordidement que l'autre?

Qui suis-je?
Où peut bien se trouver cette chose merveilleuse dont tant
d'enfants parlent?
Qui suis-je réellement?
Suis-je la même qu'avant?
J'aimerais bien pouvoir un jour apprendre à me connaître réellement.
Et être convaincue de ma nature véritable.

D'une part nous devions toujours marcher sur des œufs avec Bernie, d'autre part, avec ma mère, nous devions constamment être en état d'alerte et nous attendre à découvrir, malgré nous, ses terribles secrets.

Nous n'avions jamais vraiment pu établir de dialogue avec notre mère, pas plus que nous avions pu créer de lien. Elle n'avait jamais été notre amie, ce qui était on ne peut plus pathétique!

Qu'elle occupe le rôle de mère ou de grand-mère, je m'explique mal le fait que ma mère ait pu m'arracher l'être qui était le plus cher à mes yeux, mon petit bébé! Nous avions tout de même passé quelques heures avec elle, et je l'avais menée à terme alors que j'avais été abandonnée dans une ville étagère! Ce n'est pas peu dire! Ou était Dieu lorsque j'en avais tant besoin? Qui était donc ce Dieu dont on parle si souvent? Selon Bernie, c'est lui qui incarnait Dieu, mais selon moi, c'était au prêtre de camper ce rôle. Pourquoi Dieu ne me venait-il pas en aide? Mon concept de Dieu semblait être très différent de la réalité.

Comment est-ce possible? Qui lui avait donné ce droit? Qui? Pourquoi? Comment pouvait-elle m'avoir blessée de la sorte? Elle qui avait été un témoin silencieux de tant d'abus de la part de Bernie à notre endroit. Elle n'avait jamais réussi à exercer quelque forme d'autorité que ce soit sur moi. Qui avait bien pu lui donner la permission d'agir de façon si odieuse et si cruelle envers moi? Je nagerai toujours dans l'incompréhension la plus totale.

En dépit du fait que ma mère m'ait toujours traitée sans aucun égard, je lui achetais toujours des cadeaux dans l'espoir de mériter son amour ou, à tout le moins, son amitié. Je payais toujours l'addition lorsque nous allions dans les restaurants ou dans les bars, sans jamais recevoir de quelconque marque de reconnaissance de sa part.

Après l'accouchement, je retournai voir Bernie, John et David à quelques reprises. Paul était déménagé à Nanaimo, en Colombie–Britannique. À ce jour, j'ignore toujours ce qui motivait mes visites. Je recherchais probablement une présence parentale. Il s'agissait forcément d'un signe de confusion et de désorientation de ma part. Il est possible que j'aie voulu voir si je pouvais assumer le fait que Christine ait peut-être été la fille de Bernie. Qui sait? Il est également possible que j'aie pu être en quête d'excuses. Difficile à dire. Ça ne faisait nécessairement pas partie de mes priorités du moment.

J'espérais vraisemblablement un dénouement heureux, ce qui était à mille lieues des habitudes de Bernie. Je lui donnai une photo d'hôpital de Christine lui assurant que Dave était le père. Il était essentiel, pour moi, d'insister sur le fait que Bernie n'était pas le père de ma petite fille. Je voulais éviter qu'il me harcèle. Il était pantois!

Il me demanda d'aller discuter de sujets variés dans un endroit plus calme. J'hésitai quelques instants me disant que j'étais désormais plus vieille, et qu'il n'avait pas abusé de moi depuis longtemps. Je priai pour qu'il ait évolué et pour que je sois suffisamment forte pour repousser ses avances au besoin. J'acceptai l'invitation!

Nous nous sommes assis sur le gazon près de l'eau. Mon stress était à son comble. J'étais en état d'alerte, et il n'était pas question que je baisse ma garde. L'entretien se déroula sans encombre jusqu'à ce qu'il me promette une voiture et une remorque pour ma motoneige si j'acceptais de revenir à la maison.

Mon niveau d'anxiété monta en flèche jusqu'au point où j'en étais presque paralysée. Je sentais la peur s'infiltrer dans mes veines. Bernie tenta de m'embrasser. Merde! Cet homme n'apprendrait-il jamais de ses erreurs! Je mobilisai suffisamment de courage pour m'opposer.

-«Non! Ça suffit! Ramène-moi à la maison, répliquai-je.»

Bernie obtempéra. Je ne remis plus jamais les pieds chez lui.

Chapitre 11

En septembre 1973, mon père biologique et sa mère ont été avisés de ma grossesse par mon oncle Edgar, de Kitchener.

Mon père informa Maman du fait que sa mère et lui étaient en route du Québec pour venir me chercher avec mon bébé. Les pauvres n'avaient pas été prévenus du fait que j'avais été forcée de donner mon bébé en adoption!

Ils furent très déçus et très attristés d'apprendre qu'ils étaient arrivés quelques semaines trop tard. Ils manifestèrent tout de même le désir de m'amener avec eux, mais Maman insista pour qu'ils prennent plutôt Laura et Jackie.

Ils revinrent quelques jours plus tard, histoire de donner suffisamment de temps à Jackie et à Laura de faire leurs bagages. Je faisais désormais face à une nouvelle rupture : mes sœurs avaient choisi de me quitter. J'allais devoir gérer l'immense douleur de mon abandon complètement seule. Ma vie venait de s'effondrer de nouveau.

J'ignorais si j'allais me joindre à mes sœurs ou non. Chose certaine : il n'était pas question que j'aille habiter avec un étranger. Il avait beau être mon père biologique, je l'appellerais par son prénom!

Je gardai contact avec les parents adoptifs de Christine en leur souhaitant de meilleurs vœux à l'occasion de la fête des Mères, de la fête des Pères, de Noël ainsi que de l'anniversaire de Christine. Je les appelai même à quelques occasions, puis un jour, leur ligne téléphonique sembla avoir été coupée. Mes lettres non plus ne se rendaient plus. Ils avaient fini par déménager. Je dus subir la perte de Christine une fois de plus. J'avais complètement perdu leur trace.

Je n'ai jamais reçu une seule photo de Christine après coup!

Je tentai d'obtenir la garde de Christine par le biais d'une firme d'avocats de Sudbury, mais même leurs recherches finirent par être vaines. Internet n'existait pas à l'époque, ce qui n'aida pas les choses. La nouvelle famille de Christine semblait avoir disparu de la surface de la planète. Je n'avais plus aucune chance de retrouver ma petite fille!

Après avoir signé ce minable document illégal d'adoption, on me força à abandonner mon bébé à de purs étrangers. Maman, Gram, Helen, mes sœurs et moi ne mentionnèrent pas le prénom de Christine pendant des décennies. Sa naissance semblait n'avoir été qu'un rêve! Maman avait peut-être eu quelques renseignements, mais, le cas échéant, elle ne m'en faisait absolument pas part. J'étais toujours laissée à moi-même avec mes émotions.

La naissance de Christine et tous les événements qui s'ensuivirent furent une expérience des plus cauchemardesques pour moi. À l'époque, je pensais souvent à cet endroit fréquenté par les non croyants diaboliques… Pour y avoir maintes fois foulé le sol, l'enfer ne semblait pas être un terme suffisant pour désigner cet endroit. Chose certaine, si je ne me reprenais pas en main bientôt, j'allais m'enliser à la vitesse de l'éclair. Les choses n'étaient pas prêtes de s'améliorer si je continuais à marcher dans la mauvaise direction.

Il devint de plus en plus difficile d'avancer en dépit des difficultés et des souffrances. Ceci dit, je n'avais d'autre choix que de mettre un pied devant l'autre.

Je décrochai un emploi comme serveuse dans un restaurant chinois sur la rue Notre-Dame. Je travaillais les soirs et les fins de semaine et je fréquentais le collège Marymount de jour. Bernie, John et David virent me rejoindre pour dîner à quelques reprises. La visite de mes frères me réjouissait toujours énormément. Je ne conserve cependant aucun souvenir de nos conversations.

Le propriétaire du restaurant me ramenait parfois chez moi en insinuant à la blague qu'il aimerait bien aller se baigner nu avec moi. Je lui répondais toujours qu'il était cinglé, et que je ne consentirais jamais à ses avances. Un soir, il m'invita chez lui. J'imaginais que sa femme allait être présente, car je la voyais toujours au restaurant. Il ouvrit la porte, et quelle ne fut pas ma surprise lorsque je constatai qu'il était seul. J'en avais des sueurs froides.

L'endroit était complètement vide ; il n'y avait pas un seul meuble en vue à l'exception d'un matelas sans drap! Nous ne sommes pas entrés dans l'appartement. Je sentis la peur m'envahir et insistai pour qu'il me ramène chez moi sur-le-champ! Je me mis instantanément à le bombarder de sacres le menaçant de révéler l'existence de son appartement secret à sa femme ainsi que sa tentative d'agression sur mois 'il ne me ramenait pas chez moi illico! C'est exactement ce que je fis et je donnai ma démission le lendemain!

Je travaillais dans la salle à manger de chez *S. S. Kresge*, tout en poursuivant mes études de jour, lorsque je commençai à consommer de l'alcool. Je fréquentais les bars pour noyer ma peine. Je finis par trouver un appartement tout près de celui de ma mère.

J'avais l'habitude de sortir avec des collègues de travail. J'appelais parfois ma mère pour qu'elle me conduise à l'hôtel Kingsway. Elle le faisait volontiers, car elle connaissait bien le propriétaire. Fidèle à elle-même, elle se plaisait d'ailleurs à divertir les clients en jouant de la musique et en chantant pour un peu d'argent. C'est moi qui payais ses nombreuses consommations à base de *Tia Maria*.

Quant à moi, j'aimais bien boire des rhum-cocas, deux onces de rhum et du coca, du rhum sans coca puis quelques onces de rhum. Un soir, le propriétaire de l'hôtel aurait soi-disant demandé à ma mère de ramener sa fille alcoolique à la maison. Elle lui obéit! Elle me coucha dans mon lit encore tout habillée. Je me réveillai le lendemain le visage baignant dans mon propre vomi. J'étais dans un état d'esprit lamentable. Je venais d'avoir seize ans il y a à peine deux mois. Avec le recul, je constatai aisément que je fonçais tout droit vers le mur. Où pouvait bien se trouver le soutien de ma mère?

Il était grand temps de commencer à répondre de mes actes. En raison de ma consommation excessive d'alcool qui m'avait, notamment, causé une perte de conscience, je m'absentai pendant une journée de travail pour retourner à la salle à manger deux jours plus tard.

-«Cela fait quelques jours que tu empestes l'alcool, me confia Christine, la gérante du restaurant. Si tu ne remédies pas à la situation, je serai forcée de te licencier.»

J'étais humiliée, mais résolue de faire dorénavant plus attention.

Une autre nuit.

Je souris en ajustant ma couronne imaginaire.

Il était temps pour moi de me mêler à la foule.

Et de leur montrer qui j'étais vraiment, si vous me comprenez bien.

Relève la tête, relève la tête, il est temps de te mettre en marche, ma chérie.

Chaussée d'escarpins et vêtue d'un jean en vogue.

Je m'esclaffai en pensant qu'ils n'avaient aucune idée que la vilaine était la vedette de sa propre pièce.

Avaient-ils au moins remarqué que je livrais leurs batailles pour eux?

Ils récoltent toutefois la gloire, sans même s'en excuser.

Étrangement, j'aurais facilement pu perdre le contrôle de mon existence.

Une reine peut si facilement perdre son trône.

Merde, je pensais avoir le monde à mes pieds.

De l'argent plein les poches et l'homme de mes rêves.

Je n'avais qu'une couverture pour le froid et des étoiles pour mes nuits endiablées.

Un soir, alors que j'étais allée danser, boire et avoir du plaisir à l'hôtel *Nickel Range* avec mes amis, le propriétaire me demanda mes pièces d'identité.

«Je ne les ai pas sur moi, répondis-je.»

Le propriétaire regarda furtivement un de mes amis qui lui indiqua que j'étais effectivement mineure. Je dus quitte l'établissement. Je suis convaincue que mon ami David m'avait dénoncée car je refusais constamment ses avances.

Je croyais pourtant avoir été suffisamment rusée en quittant l'édifice par la porte de devant et en entrant de nouveau par la porte arrière. Le propriétaire me vit, mais ne dit rien. Deux policiers firent rapidement leur entrée dans l'hôtel et me demandèrent, eux aussi, mes pièces d'identité. Prise de panique, je montai à la hâte vers l'étage des chambres. Dans ma course, je fis volte-face et donnai des coups de pied aux tibias des policiers. J'étais littéralement ma pire ennemie. Sans grande surprise, les policiers m'empoignèrent et me jetèrent dans leur véhicule.

Je tentai de demeurer incognito dans la voiture de police en me recroquevillant sur la banquette. Les policiers m'amenèrent à la station. Quelle honte! Je dus vider toutes mes poches avant d'entrer dans une cellule avec une toilette sans siège. Mes nouveaux appartements contenaient également un lit à ressorts de métal et une porte faite uniquement de barres qui permettaient aux autres prisonniers de voir l'intérieur de ma cellule.

-«Sortez-moi d'ici, criai-je comme une sauvage. Je ne veux pas être ici! Je veux retourner chez moi! Ce n'est pas ma place ici!

-Ferme-la! Nous voulons dormir, beuglèrent les autres prisonniers.»

Comment pouvaient-ils dormir ailleurs que chez eux? Je continuai à paniquer jusqu'à ce qu'on me sorte de ma cellule pour appeler ma mère.

-«Où es-tu, demanda-t-elle?

-À la station, lui répondis-je.»

Maman entra dans la station leur demandant de se dépêcher car elle s'était stationnée de façon illégale! J'appréciai le fait qu'elle me ramène à mon appartement et fus absolument ravie de retrouver mon lit et, par-dessus tout, ma liberté!

Quelle chance de me retrouver dans des lieux familiers.
D'être seule à nouveau.
Et ne pas être emprisonnée dans une cage telle un oiseau chantant
sa liberté.
La liberté est un concept merveilleux.
Je n'avais plus à croupir dans une cellule en réfléchissant aux différen-
tes choses.
Que je pourrais accomplir grâce à ma liberté retrouvée.
Mes chaînes enfin brisées.
Je pourrais enfin m'envoler.
Prouvant, de ce fait, que la liberté n'est qu'un mensonge.
Je pourrais désormais embraser mon âme affranchie.
En m'envolant au-delà de l'infinité vers l'éternité.

Après m'être abstenue de sortir en ville pendant quelques semaines, je retournai à l'hôtel *Nickel Range* avec mon amie Carmen. Nous avions l'habitude de danser un certain temps puis, lorsque la musique s'arrêtait, les membres du groupe venaient s'assoir à notre table, Nous avons fait quelque peu connaissance. Le batteur tentait de me draguer. Je me sentais importante à nouveau! Et personne ne m'agaçait avec mes pièces d'identité.

Entre deux chansons, le batteur me demanda gentiment de le suivre dans le lobby. J'étais plutôt naïve. Il me prit la main en me guidant vers la toilette des hommes. Je croyais sincèrement qu'il m'amenait là-bas pour discuter. Il se mit à m'embrasser. Bien que j'aie avancé en terrain connu, j'étais terrorisée à l'idée de continuer à consentir à ses avances. Les relations débutent-elles vraiment toutes ainsi, me questionnai-je…

Il ferma la porte, baissa ses sous-vêtements, plaça ses mains sur mes épaules et me poussa vers le bas. À vrai dire, je ne m'attendais pas à ce qu'il agisse de la sorte. J'aurais voulu décamper en criant à tue-tête, mais j'ignorais toujours s'il s'agissait d'une réelle relation ou non. Après tout, tous les garçons que je connaissais ne semblaient s'intéresser qu'au sexe. Tous les garçons, mis à part Dave, bien entendu. Je pensais à lui jour et nuit!

J'étais dépourvue de toute estime envers moi-même. Après tout, je n'étais qu'une bâtarde bonne à rien qui n'avait aucune notion du bien et du mal. Qui plus est, il semble que je n'aie pas été en mesure de me dépêtrer de ce genre de situations fâcheuses. Mon existence était gouvernée par la peur, ce qui me poussait à tenter de plaire à tout le monde. J'imagine qu'inconsciemment, j'étais en réaction à mon enfance malheureuse. Je craignais de devoir dire *non*. En fait, on m'avait appris à ne jamais dire *non* du fait qu'il s'agissait d'une marque d'impolitesse.

Je recherchais désespérément l'amour, croyant qu'il s'agissait là de mon seul espoir. Le batteur avait organisé une fête chez lui à laquelle il m'invita à me joindre après le travail. Je m'y rendis, espérant y accomplir autre chose que d'assouvir les fantaisies sexuelles des hommes présents. Après la soirée, les femmes étaient attirées vers le batteur tel des abeilles en route vers leur nid. Je me sentais comme une enfant. Ce n'était pas ma place. Je n'étais qu'un bébé comparativement à ces femmes qui sollicitaient son attention.

Je ne restai pas longtemps. Je m'enfuis sans aucun regret. Ce fut notre dernière interaction.

Carmen et moi avons fait la tournée des bars pendant un certain temps. Lorsque nous retournions au *Nickel Range*, nous ne nous asseyions plus près de la scène. Le batteur du groupe ne tenta plus jamais d'entrer en contact avec moi.

Je suis désormais en mesure de concevoir que je menais une vie de vagabonde. J'avais complètement abandonné le concept de la famille, du foyer et des biens matériels. J'étais une âme perdue qui ne se contentait que de survivre sans aucun but précis.

Je commençai à ralentir la fréquence de mes sorties qui, à vrai dire, ne m'excitaient plus beaucoup. Je réussissais néanmoins à me retrouver dans le pétrin. J'en eus finalement assez lorsque je réalisai que j'étais la seule à souffrir de mes agissements. Je parvins à économiser suffisamment d'argent pour envoyer des cadeaux de Noël à Laura et à Jackie et au restant de mes frères et sœurs à qui j'offris la plus grosse boîte de chocolat que j'aie pu trouver.

Laura et moi déplorions toutes deux la perte de notre amitié.

Rangée du haut de gauche à droite : John Matthews (grand-père maternel), Vicky (Pitre) Matthews (grand-mère maternelle), Edward Courtemanche (grand-père paternel), Hector Courtemanche (père), Sally Matthews (mère), Sarnia, Ontario, 7 avril 1956.

Sally Matthews (17 ans), Anne-Marie Courtemanche (2 mois), Espanola, Ontario.

*De gauche à droite : Edgar Courtemanche (oncle paternel),
Edward Courtemanche (grand-père paternel), Sally Matthews
(mère, 18 ans, enceinte de Laura), Hector (père, 21 ans), 1958.*

*Anne-Marie Courtemanche (1 ans), Paul Mac Donald (2 ans),
Sarnia, Ontario, August 1958.*

*École de rang, Waters Township, juin 1961, tirée des archives du
Women Institute of Lively d'Ontario.*

*De gauche à droite : Laura Courtemanche, Anne-Marie Courtemanche,
Mary Mac Donald avec une amie de la famille, 1963.*

Sheila Husson, notre gardienne. Cette photo démontre bien à quel point nous étions pauvres. Il s'agissait du seul endroit où s'assoir dans le sous-sol. La couverture recouvrant ce divan ne suffisait pas à recouvrir les ressorts qui sortaient du tissu et nous pinçait constamment la peau. Les enfants s'assoyaient sur le ciment froid recouvert de linoléum déchiré de la maison de Santala Road.

Vue du sous-sol. Sally Matthews (26 ans), Bernie Mac Donald, John Mac Donald (5 ans), Laura (8). Les chaises subissaient souvent les excès de colère de Bernie, Santala Road, 1966.

Florence (conjointe de notre grand-père maternel pendant plus de 20 ans). De gauche à droite : Laura Courtemanche, Mary Mac Donald, Anne-Marie Courtemanche, David Mac Donald John Courtemanche, 1966.

Florence, John Matthews (grand-père maternel). Rangée du haut de gauche à droite : John Courtemanche (5 ans), Margaret Mac Donald, David Mac Donald (3 ans). Rangée du bas, de gauche à droite : Laura Courtemanche (8 ans), Mary Mac Donald (4 ans), Santala Road, Lively, 1966.

Anne-Marie Courtemanche (7 ans, début des agressions sexuelles), Santala Road, Lively, 1964-1965.

Nous nous plaisions à assister notre voisin, Arvo Basto (grand-oncle de Dave), dans les petits jardins et dans les champs. Nous plantions les graines et procédions aux récoltes le temps venu. Son épouse, Aili, nous aidait à nettoyer les légumes et à les couper. Nous avions l'habitude d'organiser des goûters au terme de notre journée de travail lors desquels nous jouions à des jeux de société et à la croquignole et nous adonnions à de petits exercices. Bref, nous nous occupions de mille et une façons. De l'avant à l'arrière : Mary Mac Donald, Paul Mac Donald, John Courtemanche, Anne-Marie Courtemanche, Santala Road, Lively.

Lila Koski et Anne-Marie Courtemanche, Santala Road, 1964.

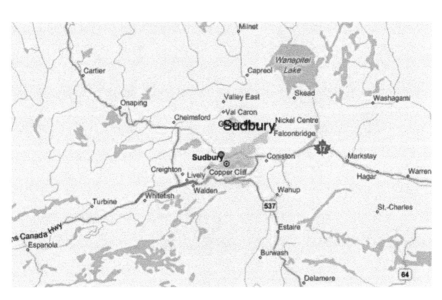

Ces cartes indiquent ma ville natale, soit Espanola, ainsi que quelques-uns des autres endroits où nous avons vécus comme Lively, Copper Cliff, Walden et Val Caron (dans les alentours de Sudbury) où l'adoption a eu lieu.

Voici une photo de la ferme familiale des Basto (Eino Basto), sur Niemi Road. Nous visitions la ferme régulièrement où nous participions parfois à la récolte des foins dans la grande grange à droite de l'image. Il y avait plusieurs bâtiments sur l'immense terrain, comme un bain de vapeur à la gauche de la maison. C'est d'ailleurs dans ces bains que les femmes de la communauté finlandaise donnaient naissance en raison de leur accès à l'eau chaude. À l'extrême gauche, la forge, à droite, le poulailler et le grenier à foin, puis, à l'avant, la station de pompage. Enfin, il y avait un vaste terrain vacant entre la ferme et notre maison où nous nous amusions, entre autres, à faire de la motoneige.

Voici une représentation fidèle du costume traditionnel finlandais confectionné par Gram lorsque j'étais en quatrième année pour un projet scolaire (voir également le troisième bonnet à partir du haut).

Je pouvais enfin être moi-même chez Gram ou j'étais d'ailleurs toujours en sécurité. Je disais à la blague qu'il s'agissait de mon second foyer, ce qui semblait parfois agacer Paappa!

Anne-Marie Mac Donald Courtemanche Et Sharon Dorival

Margaret Mac Donald (2 ans) Anne–Marie (10 ans), Santala Road, Lively. Tout sourire!

Action de grâce chez Maman : Anne–Marie Courtemanche, Mary Mac Donald, John Courtemanche, Margaret Mac Donald, Sue Powell (meilleure amie de Maman), 1973.

Célébration d'anniversaires : Jack Basto (fils de Sylvia et Aaro Basto), Anne-Marie Courtemanche, Santala Road, Lively, 1970.

Action de grâce : Sally Matthews après avoir cuit la dinde juste à point, 1973.

Environ trente minutes après que mon amie Sarah ait rentré ses enfants, une ourse et ses trois oursons se sont mises à explorer le terrain. Preuve que les ours se promènent encore librement encore aujourd'hui, Lively, 2019.

Sally Matthews (27 ans), Bernie Mac Donald (40 ans), Red Rock, Ontario, 1967.

Vacances avec les trois garçons : John Matthews (grand-père maternal), David Mac Donald (assis), Sally Matthews, John Mac Donald, Bernie Mac Donald, Red Rock, Ontario, 1967.

Sally Matthews (27 ans), Red Rock, Ontario, 1967.

Sylvia Basto (Gram), Jack Basto (fils de Sylvia et Aaro Basto), Aaro Basto (Paappa), 23 août 1970.

Une des nombreuses fêtes de Sally suivant sa séparation avec Bernie. Chez Annie Desjardins où Maman passait beaucoup de temps à divertir ses amis. À gauche : Maman (31 ou 32 ans) portant des verres fumés et jouant de la guitare.

Motocyclette offerte par Bernie pour mes quatorze ans : Honda Gold Wing 350 cc, 1972.

Le Big Nickel est une réplique de neuf mètres d'un cinq sous canadien de 1951. Il s'agit fort probablement de la plus grosse pièce de monnaie au monde. Sudbury est également la capitale mondiale du nickel, Terre dynamique, Sudbury, 1976.

Frances Barrick, Waterloo Region Record, Waterloo, 26 septembre 2013. Après avoir porté le nom de Saint-Monica House pendant 45 ans, une maternité pour les adolescentes enceintes de Waterloo a changé de nom et rendu son emplacement public. La résidence de vingt lits porte désormais le nom de Monica Place et a officiellement pignon sur rue au 231, rue Herbert, à Waterloo. La directrice, Tonya Verburg, est fière de la sortie de l'ombre de l'établissement qui avait été gardé secret pendant toutes ces années. Grâce à son enseigne toute neuve, Monica Place est maintenant très facilement repérable, et son personnel est prêt à recevoir les jeunes filles dans le besoin.

Christine Lynn Courtemanche, Kitchener, Waterloo, 29 juillet 1973.

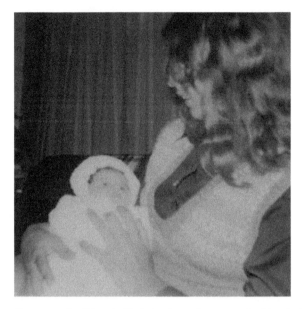

Laura Courtemanche (15 ans), Christine Lynn Courtemanche, 23 août 1973.

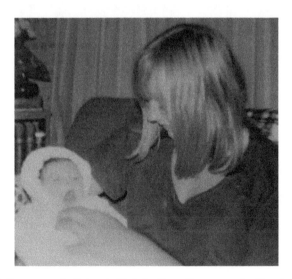

Jackie Courtemanche (14 ans), Christine Lynn Courtemanche, 23 août 1973.

Mary Mac Donald (10 ans), Christine Lynn Courtemanche, 23 août 1973.

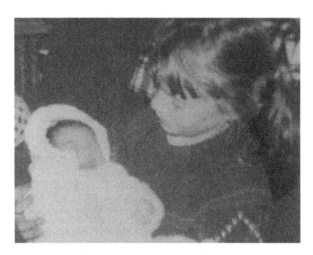

Margaret Mac Donald (8 ans), Christine Lynn Courtemanche, 23 août 1973.

Sylvia Basto (Gram), Helen Koski (mère de Dave Koski), Anne-Marie Courtemanche, Christine Lynn Courtemanche, Santala Road, Lively, 23 août 1973.

Helen Koski (mère de Dave Koski), Christine Lynn Courtemanche, Santala Road, Lively, 23 août 1973.

113

Dave Koski (18 ans), Anne-Marie Courtemanche (16 ans),
Christine Lynn Courtemanche, Santala Road, Lively, 23 août 1973.

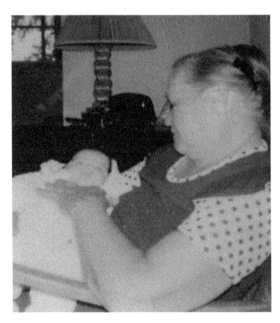

Sylvia Basto (Gram), Christine Lynn Courtemanche, Santala Road, Lively, 23 août 1973.

Sue Powell, Christine Lynn Courtemanche, 23 août 1973.

Sally Matthews, Anne-Marie Courtemanche, Leona Moreau (tante adoptive), Val Caron, Sudbury, 23 août 1973.

Chapitre 12

Laura tenta fortement de me convaincre de venir habiter au Québec, insistant sur le fait qu'il y faisait bon vivre. Elle se faisait beaucoup de soucis pour moi et ajouta qu'elle se sentirait terriblement inutile s'il advenait que j'aie besoin d'elle. Jackie avait emménagé avec Maman. Au mois de mai 1975, je décidai qu'il était grand temps que j'effectue quelques changements dans ma vie ; je déménageai donc avec Laura. J'étais très excitée à l'idée de la revoir enfin et de faire la connaissance des sept autres enfants de mon père qui ne parlaient pas un mot d'anglais. Dieu merci mon père et sa conjointe Huguette, eux, parlaient anglais.

À mon départ de l'Ontario, la confusion de mes pensées et de mes émotions se joint à mes craintes et à mes doutes. La vie me réservait-elle d'autres surprises? Je quittais certes tous ceux que j'avais aimés, mais il était grand temps de faire le saut et de tenter ma chance. De toute façon, je ne faisais que m'enliser ici, et les choses ne pouvaient pas empirer davantage. Je souffrais d'anxiété de séparation. J'avais le cœur gros. Je trouvai finalement un peu de réconfort en présence de Laura, ma meilleure amie. Nous avions finalement atteint un certain équilibre.

Je dois avouer que pendant les premiers jours suivant mon arrivée, je bus beaucoup. Mon père se réveillait en prenant une bière, et moi de même. Nous buvions du matin jusqu'au soir. Nous avons maintenu cette cadence pendant environ une semaine. Un soir, je bus une bière de plus que mon père. Je n'en étais pas peu fière. Et puis, un matin, je me donnai un bon coup de pied au derrière. *Mais où croyais-tu donc aller comme ça?* Me dis-je. *Tu n'as absolument pas de quoi être fière!*

Mon niveau d'angoisse venait de monter d'un cran. Ma consommation d'alcool me rappelait celle de Bernie. J'étais en train de me transformer en ces monstres de mon enfance auxquels je ne souhaitais absolument pas ressembler. Je buvais trop!

Je cessai de boire de façon quotidienne pour ne me le permettre que lors d'occasions spéciales. C'était une lutte de tous les instants, moi qui avais tant de peine à noyer. Je sombrais littéralement dans une mare de larmes et gérais seule mes démons. J'étais au bout du rouleau. J'étais en pleine dépression nerveuse ; en proie à une fatigue chronique qui m'affaiblissait considérablement. Combien de temps allais-je pouvoir encore me battre? Mes pensées en chute libre me gardaient éveillée la nuit. Je pensai à mes échecs, ressassant sans cesse les mêmes pensées. Mon déménagement n'avait rien réglé.

J'étais forcément dans un état mental piteux. Je souffrais de dépression. J'avais les nerfs à vif! Huguette m'accompagna chez le médecin qui me prescrit des calmants. En m'endormant ce soir-là, mon esprit me murmurait les mots que je me mourrais d'entendre... *Je t'aime, j'ai besoin de toi, pour toujours et jusqu'à ce que la mort nous sépare. Nous sommes différents, mais identiques.*

De façon inopinée, mon père m'embrassa sur la bouche et se permit de mettre sa main sur ma poitrine. À 17 ans, c'en était trop! Je puisai suffisamment de force pour le repousser.

-«Tu n'as pas le droit d'agir ainsi, lui crachai-je au visage.

-Je peux agir comme je veux! C'est moi qui t'ai faite!»

Je crus alors que l'univers était littéralement en train d'imploser, et que tout le monde ne se collait à moi que pour quelques plaisirs charnels. Merde! Quelle famille de désaxés! Mon père ne me fit plus jamais d'attouchement. Je demeurai somme toute désormais sur mes gardes.

Un jour, alors qu'Huguette avait pris quelques vers chez le voisin, elle se mit à se sentir mal. Ce n'était pas une buveuse invétérée ; elle vomissait habituellement après deux consommations. Mon père la suivit jusqu'à la maison et lui fracassa la tête sur la céramique du comptoir.

Mon père pouvait parfois se montrer absolument intransigeant. Il a déjà fracturé un des doigts d'Huguette en le prenant tout simplement et le cassant d'un coup sec! Elle n'avait été coupable que de s'adresser au vendeur qui s'était présenté à la maison. Mon père était possessif et dangereusement jaloux à l'endroit d'Huguette.

Le souvenir suivant me fait cependant encore sourire… Laura et moi flânions dans la salle à dîner, près de la fenêtre panoramique, tandis qu'Huguette était assise à l'ombre à environ deux mètres et demi plus bas.

-«Vas chercher un œuf, proposai-je, je vais faire un shampooing aux œufs à Huguette.»

Je laissai tomber l'œuf qui se craqua sur sa tête en coulant sur ses tempes. Laura et moi riions à gorge déployée ; Huguette n'était pas très impressionnée. Elle avait eu mal, disait-elle. Elle finit par se remettre de notre mauvaise blague et accepta même d'en rire avec nous.

Décidément, plusieurs souvenirs impliquant Huguette m'ont fait bien rire. Elle me demanda un jour de l'aider à remédier à un problème de souliers. Nous étions au printemps, et la pauvre n'avait rien à se mettre dans les pieds. Je lui prêtai donc une de mes paires de souliers. Puis, elle glissa sur une plaque de glace alors que nous marchions au centre-ville. Je la vois encore perdre pied et chuter lourdement sur le pavé. C'était hilarant! Je commençai à rire de façon incontrôlable. J'étais pliée en deux à m'en fendre les côtes. Elle disait ne pas être blessée, mais insista néanmoins pour que je l'aide à se relever. J'en fus incapable, tellement je riais.

Comble de l'hilarité, un conducteur stoppa son véhicule pour en sortir et se mettre à rire de la pauvre Huguette. Il quitta la scène sans préambule après avoir suffisamment ri. Huguette tenta de se relever par elle-même, mais je dus l'aider car elle n'y arrivait qu'avec grande peine. Nous avons ri ensemble, et avons créé de nombreux autres souvenirs par la suite.

Je me plaisais souvent à amener mes sept demi-frères et sœurs faire une promenade après le souper. Puisque ma montre était brisée et que je tenais à ramener les enfants à temps pour l'heure du coucher, je demandai à Huguette de me prêter son réveille-matin *Big Ben* à la blague. J'enfonçai l'objet dans mes pantalons de ski. Nous avons énormément ri. Nous avons marché pendant environ un kilomètre et demi jusqu'au boulevard du Lac-Lapierre pour ensuite revenir sur nos pas et filer vers la maison. Les enfants tombaient habituellement comme une roche après leur promenade. Quant à moi, j'appréciai l'exercice, la compagnie des enfants et le sentiment de liberté. Ces souvenirs font assurément partie de mes meilleurs.

Alors que Papa, Huguette et moi étions chez le voisin en train de nous amuser, Huguette dit quelque chose qui choqua Papa. Son caractère changea instantanément, comme si on venait de faire détonner une bombe. Papa perdait souvent sa contenance.

Il la projeta sur la terrasse.

-«Ce n'est pas un chien, lançai-je.»

C'était bien mal connaître mon père que de l'apostropher ainsi. Inutile de dire que j'appris à la connaître ce soir-là. Il tenta de m'attraper. Je détalai le long du corridor, n'ayant aucun autre endroit où aller. Il m'attrapa et me projeta à mon tour contre le mur en me faisant lever de terre. Je criai de me laisser partir. Il tenta de m'étrangler de ses mains. Fernand, le propriétaire de la maison, vint à ma rescousse en lui ordonnant de ma laisser tranquille. Quel soulagement!

On disait de mon père qu'il ne se battait jamais avec des hommes et qu'il était reconnu pour être un lâche qui prenait plaisir à violenter les femmes.

Je rencontrai incidemment mon futur mari chez Fernand. Daniel Richard était le neveu de Fernand qui venait de Laval à toutes les fins de semaine. Il y avait toujours un flot continu de personnes qui buvaient chez Fernand. Lors de soirées plus calmes, Fernand, Daniel et moi jouions aux cartes.

Daniel et moi avons commencé à faire des balades en voiture. J'appréciais ces petits moments de silence. Daniel était mon seul ami à l'extérieur de ma propre famille.

À l'automne, Papa devint de plus en plus explosif et se mit à violenter Laura. Il lui dit un soir à quel point elle ressemblait à Maman. Il lui donnait des gifles au visage et des coups de poing, se ventant que dans l'armée, on lui avait appris comment frapper quelqu'un sans laisser de traces. Il la leva du sol en le tirant par les cheveux tout en continuant de hurler.

-«Je te ferai pleurer, disait-il.

-Jamais je ne pleurerai pour toi, répondait Laura.»

Il continua de la frapper jusqu'à ce qu'Huguette ait finalement le courage de lui dire de laisser Laura tranquille faute de quoi il risquait de la tuer. Laura ne pleurera jamais pour lui!

Un soir, alors que mon père retourne à la maison après avoir passé la soirée à boire, Laura et moi avons couru le long du corridor pour finalement sauter en bas des deux marches menant à notre chambre. Auparavant, nous avions passé quelques temps en compagnie d'Huguette tentant de la convaincre de quitter Hector, qu'elle méritait quelqu'un qui l'aimait et qui la respectait. C'est ce que nous avions appris, du moins, en vivant sur Santala Road.

Hector prétendit nous avoir entendues sauter en bas des marches. Il était furieux. Avant qu'il fasse irruption dans notre chambre, je me souviens avoir dit à Laura de garder les yeux fermés, faute de quoi il risquerait d'y voir le reflet de la lumière. Il plaça ses mains autour de son coup.

–«Tu as de la chance que je ne puisse voir ton visage, lui chuchota-t-il.»
Il quitta la pièce.

Laura et moi avons immédiatement fondu en larmes. Laura tremblait comme une feuille. Nous venions de prendre conscience que Laura avait presqu'été étranglée par notre père. Nous étions désormais convaincues du fait que notre vie était en péril. Il fallait absolument trouver un moyen de faire sortir Laura de cette maison de fous.

Laura finit par trouver une âme charitable pour la conduire jusqu'à la station de métro la plus près. Incidemment, la mère d'une de ses camarades de classe, qui habitait à quelques rues, déposa Laura dans le nord de Montréal.

Laura me confia beaucoup plus tard qu'elle s'était sentie dévastée d'être complètement perdue dans cette immense métropole (la seconde en importance au Canada). Elle était en larmes, était ravagée par les émotions et n'avait aucune idée de la direction à prendre pour rentrer à la maison. Elle devait trouver, seule, une façon de s'acheter un aller simple pour Sudbury. La dame qui l'avait conduite à la station de métro lui avait littéralement sauvé la vie!

Il n'avait pas été facile de trouver quelqu'un pour amener Laura à Montréal qui se trouvait d'ailleurs à plus d'une heure et demie de chez nous. En outre, il était encore plus difficile de trouver quelqu'un qui était enclin à s'immiscer dans nos débâcles familiales. Nous étions des étrangères pour cette femme, après tout. Et pourtant, cette âme charitable avait fait don de son précieux temps pendant sa semaine chargée pour venir en aide à Laura alors que notre père était parti travailler.

Une fois le départ de Laura finalisé, elle vint me voir. Elle était exténuée et secouée de tremblements.

-«J'ai besoin de ton aide, Anne-Marie, dit-elle en urgence. J'ai besoin d'argent pour prendre le train jusqu'à Sudbury.

-C'est injuste de te voir partir ainsi après avoir finalement été réunie avec toi, répliquai-je. De toute façon, Papa comptabilise tout l'argent que je gagne à garder des enfants.»

Tout ceci n'était qu'une excuse que j'invoquai de façon égoïste, croyant que je pourrais la garder plus longtemps à mes côtés si je ne lui donnais pas l'argent qu'elle réclamait.

Elle me supplia et m'expliqua qu'elle n'avait pas le choix. Elle était convaincue que mon père réussirait à la tuer dès qu'il en aurait l'occasion. Je savais qu'elle avait raison. Huguette fut de mèche avec nous afin de brouiller les pistes quant à l'argent manquant. Nous craignions tout de même qu'il découvre notre plan.

Huguette, Laura et moi nous efforcions de nous protéger mutuellement. Tout se déroula comme prévu, mais Laura et moi avons pleuré longuement. Nous redoutions ce moment fatidique depuis déjà très longtemps. C'était la fin.

Peu de temps avant son départ, Laura souffrit d'une dépression nerveuse grave. C'était horrible. La pauvre avait même tenté de s'enlever la vie en ingérant le contenu d'un flacon d'aspirine. Elle fut conduite d'urgence à l'hôpital où le médecin nous expliqua qu'elle devait sa vie au verre de lait qu'elle avait bu en avalant les comprimés. Dieu soit loué!

Nous étions de nouveau séparées et n'arrivions pas à comprendre pour quelle raison nous ne pouvions plus être ensemble. À vrai dire, je constatai désormais que j'avais perdu tous les gens que j'aimais. Pourquoi devoir essuyer tant de revers de la vie? Laura et moi étions si près, mais si loin.

La vie continua de se dérouler, et moi d'exister. Je demandai à Daniel s'il m'aimait suffisamment pour m'épouser, faute de quoi je risquais, moi aussi, la dépression nerveuse.

Je ne pus demeurer à la maison. J'étais vannée et n'avais aucune énergie pour fonctionner autant mentalement que physiquement. Je devais dresser mon propre plan d'action. Il n'était pas question que je retourne vivre chez Maman. J'étais à la croisée des chemins. Quelle ne fut pas ma surprise lorsque Daniel acquiesça à ma demande.

À l'été 1976, Ron, un des voisins de mon père vint m'offrir un poste de remplacement dans une usine de couture de Montréal pour les vacances d'été. Aucune expérience n'était apparemment nécessaire car l'entreprise offrait une formation maison. J'étais ravie de pouvoir enfin sortir de la maison! Les vendredis, après le boulot, je prenais l'autobus pour aller rejoindre Daniel qui travaillait dans un bureau à Montréal. Une courte distance me séparait de l'arrêt d'autobus. Chemin faisant, je remarquai une gare historique désaffectée et un homme qui marchait derrière l'édifice. En tournant le coin, horreur, il venait de baisser ses pantalons et balançait son pénis dans ses mains.

-«Tu veux toucher, cria-t-il»

Je détalai, prise de panique. Je ne pris même pas la peine de regarder s'il me suivait.

À mon arrivée au bureau de Daniel, je tremblais et je pleurais. Je ne pouvais pas arriver à croire ce dont je venais d'être témoin. Je m'exprimais avec difficulté tellement j'avais les émotions à fleur de peau. J'étais en état de choc, mais tout de même reconnaissante que l'homme ne m'ait pas suivie dans l'autobus. J'avais beau m'être toujours vêtue de façon conservatrice, cela ne m'avait pas empêchée d'être l'objet de convoitise des hommes. Il m'arriva de demander à mes amies si je n'avais pas, par hasard, un halo noir au-dessus de la tête, voire un écriteau sur le front sur lequel on pouvait lire *abusez de moi*.

Mon père avait toujours été de nature misérable et il était d'avis qu'il devait avoir la mainmise sur l'existence de tous ses proches. J'étais désormais à même de constater que j'avais quitté un foyer malsain pour me propulser dans un foyer qui l'était tout autant. Mais quel monde de merde! Allais-je finir par trouver ma propre parcelle de bonheur?

J'avais présenté une demande de prestations d'assurance-emploi pour laquelle je remplissais mes cartes chaque semaine pendant un an. Tout se faisait par la poste à l'époque ; il n'y avait pas Internet. Je trouvais l'attente plutôt longue, mais mon père m'assurait que j'allais finir par recevoir un chèque. Je ne reçus pas un sou!

Papa acceptait parfois de m'amener faire des applications. Chemin faisant, nous arrêtions dans des hôtels pour qu'il puisse prendre une bière avec ses amis. C'était aussi l'occasion pour moi de me faire connaître et de peut-être me trouver du travail.

Il m'arriva de le voir embrasser quelques femmes alors que je sortais de la salle de bain. Je ne pus jamais me résigner à en parler à Huguette. Je m'interrogeais par contre toujours sur la nature d'une relation amoureuse saine.

Ils finirent par se séparer plusieurs années plus tard, et Huguette m'avoua que c'est mon père qui avait ouvert mes lettres de l'assurance-emploi et qui avait encaissé les chèques. J'en informai l'assurance emploi, mais c'était peine perdue ; plusieurs années s'étaient déjà écoulées.

Avant mon mariage, je continuai de prendre l'autobus le vendredi pour aller rejoindre Daniel avec qui je rentrais à la maison aussitôt sa journée de travail terminée.

Mon intention de me marier n'empêcha par contre pas mon père de faire des crises de jalousie et de me traiter de putain, de traînée et de bonne à rien. Je n'arrivai jamais à comprendre ce qu'il se passait dans sa tête de désaxé.

Je vécus une autre mauvaise expérience en compagnie de mon père lorsque Laura, lui et moi avions rendu visite à notre grand-mère qui habitait dans la maison adjacente à la nôtre. Fidèle à ses habitudes, Papa était soûl et se plaisait à déblatérer contre Maman de façon dégradante et humiliante.

Comme toujours, sa mère acquiesça. Il était caractériel, et elle le craignait. Laura et moi avions toujours défendu Maman, bien que celle-ci ne nous ait jamais rendu la pareille. Nous étions d'avis qu'il était injuste qu'ils l'humilient constamment de la sorte car elle n'était pas présente pour se défendre elle-même. Étonnamment, Maman n'avait jamais médit Papa. Elle insistait même sur le fait qu'un jour, nous apprendrions à bien le connaître et qu'à ce moment nous pourrions nous forger notre propre opinion.

J'en eu soudainement assez de faire partie, malgré moi, de cette conversation interminable et me levai pour me diriger vers la salle de bain. Mon père m'agrippa par le bras en le tordant.

-«Tu ne partiras pas d'ici, vociféra-t-il.»

Il me rassit avec force sur ma chaise, ses ongles s'enfonçant dans ma peau qui se mit à saigner. J'étais hors de moi et j'étais insultée, mais je voulais éviter de faire une scène.

Il était en colère après moi depuis que j'étais arrivée chez lui et que l'avais appelé par son prénom.

-«C'était normal, tu n'étais qu'un pur étranger pour moi, lui dis-je.»

De toute façon, il ne méritait même pas que je l'appelle *Papa*.

Tel une enfant, je lui demandai la permission d'aller à la salle de bain, ce à quoi il acquiesça. Enfin seule, je m'enfuis à la maison. Le lendemain, alors que nous étions attablés pour le déjeuner, il remarqua la lésion sur mon bras. Curieux, il me demanda ce qui m'était arrivé.

-«C'est toi qui m'as fait ça, lui dis-je, furieuse.

-Je n'en ai aucun souvenir, répondit-il sans s'excuser.»

Mon père ressemblait tant à Bernie.

J'ignore si les alcooliques sympathiques existaient, mais mon père n'en était définitivement pas un. Je l'endurais, car j'étais sur le point de me marier.

De notre côté, Daniel et moi apprécions les moments passés ensemble pendant un an et demi, ce qui correspond à environ quatre mois et demis du début de nos fréquentations jusqu'à notre mariage.

Chapitre 13

Je suis consciente du fait que Daniel m'ait sauvée de mon enfer familial. J'en avais assez de m'enfuir de mes problèmes et de tous ces gens toxiques. Notre mariage se tint le 12 mars 1977 à l'église de St-Lin. Il s'agissait de la première célébration bilingue à avoir lieu dans cette église. Plus tard, nos trois enfants furent baptisés dans cet endroit magnifique.

Parmi nos invités, on comptait les parents de Daniel, ses trois frères et sœurs, Huguette, mon père, ses sept enfants, quelques oncles et tantes et quelques cousins. Nous avons eu une réception très modeste à la maison où nous avons servi quelques boissons alcoolisées et du gâteau (offert par Mme Leblanc et par Mme Chaussée en guise de cadeau de mariage).

J'avais toujours imaginé que Laura deviendrait un jour ma demoiselle d'honneur. Je n'avais plus aucune chance de voir réaliser ce rêve maintenant que notre père l'avait fait fuir en la violentant fréquemment. Ceci dit, j'aurais tout de même préféré avoir une mère aimante et compatissante qui se serait fait un immense plaisir d'être à mes côtés (et moi de même) lors de cette journée toute spéciale. J'héritai plutôt d'une mère qui ne me posa pas une seule question quant à la tenue de mon mariage imminent. Je ne me donnai donc pas la peine de l'inviter. Mon mariage s'avéra une journée douce-amère pour moi.

Je n'eus hélas pas le bonheur de me faire organiser une fête prénuptiale, pas plus qu'une fête prénatale. Ma vie entière s'inspirait de rêves lugubres et d'atroces cauchemars. Le bonheur ne semblait pas m'être destiné!

Daniel et moi avons eu trois magnifiques enfants, tous nés à St-Jérôme. Pour notre aînée, Annie, je passai un mois de mon premier trimestre à l'hôpital en raison de saignements vaginaux causés par examen génital plutôt rude effectué par un omnipraticien. Conséquemment, mon col se dilata à trois centimètres. Ensuite, à environ huit mois de grossesse, je dus être alitée. Ma grossesse était à risque, et j'avais des pertes sanguines. Je m'assurai de respecter les consignes du médecin pour ne pas déclencher mon travail de façon prématurée ou engendrer des complications inutilement.

Je contractai aux deux minutes pendant plus de seize heures après quoi le médecin décida de m'induire. Les multiples incisions du Dr Tanguay me semblèrent superflues. Annie vit le jour à six livres et douze onces le 23 mai 1979 ; je n'étais dilatée que de sept centimètres.

Junior, quant à lui, naquit le 18 avril 1983. Je ressentais quelques contractions indolores, mais décidai tout de même de me rendre à l'hôpital pour subir un examen préventif. Ce fut une sage décision, car j'accouchai 50 minutes suivant mon arrivée. J'aurais très bien pu avoir un accouchement à la maison ou, pire encore, dans la voiture. Je n'étais dilatée qu'à sept centimètres à mon arrivée à l'hôpital.

Junior était prématuré de six semaines et ne pesait que cinq livres et dix onces. Il dut demeurer dans un incubateur car sa peau était bleutée. À son congé de l'hôpital, son poids avait chuté à cinq livres et deux onces. Le pédiatre insista sur le fait qu'il était essentiel qu'il boive à toutes les heures. Junior buvait un quart d'once à l'heure. Il va sans dire qu'un boire manqué aurait pu signifier un aller d'urgence à l'hôpital.

Bien que Daniel et moi nous soyons entendus pour suivre les consignes du médecin à la lettre, nous étions exténués. Le D^r McLellan nous expliqua que Junior aurait été un bébé d'environ huit livres si j'avais réussi à le mener à terme. Mon fils était un combattant!

Durant mon séjour à l'hôpital, j'en profitai pour me faire retirer un kyste douloureux au poignet dont la croissance semblait déréglée.

Enfin, pour mon fils Joey, mon col se dilata à trois centimètres à environ sept mois de grossesse. Cette fois-ci, par contre, je dus être hospitalisée. Le poids du bébé me causa d'atroces douleurs, et j'eus des problèmes veineux, ce qui déclencha un faux travail. Mon médecin me prescrit des collants de nylon de maternité que je dus porter jusqu'à la fin de ma grossesse. Trois semaines plus tard, j'obtins mon congé et reçus l'ordre formel de demeurer allongée. Mes deux aînés furent d'un grand secours à la maison.

Mon travail débuta à 3 h avec la rupture de mes membranes alors que j'étais endormie. Nous nous sommes finalement rendus à l'hôpital, puis je m'empressai d'annoncer à l'infirmière que j'étais prête à pousser.

-«Je viens tout juste de vous examiner, dit-elle, et vous n'êtes pas prête.

-La tête sort, hurlai-je.»

L'infirmière incrédule crut plutôt bon m'amener une chaise-roulante pour me conduire à la salle d'accouchement. Elle se mit drôlement à accélérer le pas lorsqu'elle aperçut la tête du bébé! Elle se hâta vers les portes qu'elle ouvrit à la volée.

«Dr Champagne!»

Je n'eus même pas le temps de me rendre à la salle d'accouchement ou même d'attendre que l'infirmière n'adapte le lit en un lit d'accouchement. Joey avait décidé du moment de sa naissance, et personne ne pouvait s'y opposer! J'accouchai à 9 h 24 dans la salle de travail, et le Dr Champagne dut me faire mes points de suture allongé sur le pied du lit!

Joey fut mon bébé le plus lourd avec sept livres et treize onces. Étonnamment, il dut également passer une période de temps dans l'incubateur en raison de sa faible glycémie.

J'eus trois fausses-couches entre mes grossesses viables. Il semble que j'aie toujours eu du mal à porter mes grossesses à terme. Je portais mes bébés toujours très bas, soit directement sur mon os iliaque, me causant beaucoup de douleurs lombaires.

Je profitai encore du fait que j'étais à l'hôpital pour subir une intervention au pied. J'avais une verrue plantaire récalcitrante que je fis exciser à la suite de plusieurs tentatives ratées de brulure au moyen d'azote liquide. Je décidai également de me faire ligaturer par une petite incision dans le nombril. Je dus endurer la douleur causée par trois sites d'incision plutôt qu'un!

En 1980, alors qu'Annie était âgée de huit mois, je subis une cholécystectomie et une appendicectomie. Alors que j'étais dans ma chambre, garde Vézina vint me rendre visite. J'étais, semble-t-il, livide. Cette infirmière angélique m'avoua plus tard à quel point elle était reconnaissante de s'être retrouvée à cet endroit précis à ce moment précis. Elle s'empressa de prendre ma pression. Je me souviens l'avoir vaguement entendu prononcer le chiffre vingt puis je perdis connaissance. Je me réveillai allongée sur la table d'opération alors que le chirurgien s'affairait à retirer mes points.

-«Je suis consciente, balbutiai-je. Faites quelque chose!»

On se hâta de m'endormir en me mettant un masque à gaz sur la bouche et le nez.

On me transféra aux soins intensifs and me brancha sur une foule de machines. Lorsque je repris finalement conscience, j'étais désorientée et confuse. L'endroit était bruyant en raison des nombreuses machines, et il y avait un va-et-vient incessant. L'infirmière m'expliqua que j'étais aux soins intensifs et que j'étais stable. Elle ajouta que je devais rester forte et qu'un autre patient, un homme, venait tout juste de décéder non loin de là. Je reperdis conscience pour les trois prochains jours et ne me souviens d'aucun autre détail.

Je souffrais d'une hémorragie interne! Rien ne s'écoulait de mon drain. Je reçus une transfusion sanguine de trois unités et demeurai à l'hôpital pendant dix jours supplémentaires. Le Dr Joseph Lemire, mon chirurgien, indiqua avec joie la rareté de ce genre d'incident médical. Je passai à deux doigts de la mort. Dr Joseph avoua également que je lui avais donné toute une frousse!

-«Vous avez sûrement oublié vos ciseaux à l'intérieur de ma plaie, dis-je à la blague.»

Le médecin s'esclaffa.

Mon poids se mit à chuter dangereusement, et le médecin ordonna que l'on me donne du brandy avant chaque repas pendant une semaine dans le but de m'ouvrir l'appétit. Je perdis trente livres en un mois ; mon appétit avait complètement disparu.

J'étais certes excitée à l'idée de retrouver Annie, Daniel et ma sœur Mary, qui était descendue de Sudbury en train, mais j'étais complètement exténuée. Maman avait payé le billet de train de Mary et lui avait permis de s'absenter de l'école, mais c'étaient Daniel et moi qui avions payé son billet de retour. Il s'agissait notamment d'une façon de la remercier pour son aide. Mary rentra à Sudbury quelques jours suivant mon congé de l'hôpital.

La Saint-Jean-Baptiste du 24 juin 1980 s'avéra un événement des plus dévastateurs pour moi. La journée était magnifique, ensoleillée, et nous avions passé la fête nationale québécoise chez l'oncle et la tante de Daniel. Chaleur accablante oblige, nous avions passé la plus grande partie de la journée dans la piscine après quoi nous avions soupé et étions rentrés à environ 22 h.

Huguette m'appela pour me dire que Papa et elle voulaient passer prendre un café à la maison. Je trouvai leur requête étrange du fait qu'ils n'avaient jamais manifesté le désir de venir nous rendre visite si tard. J'insistai néanmoins sur le fait que Daniel était sur le point d'aller au lit car il travaillait le lendemain. Huguette m'assura que leur visite allait être très brève.

À leur arrivée, ils étaient livides! La gravité de la situation pouvait se lire sur leur visage.

-«Doux Jésus! Quelqu'un est mort, m'enquis-je.»

Personne ne réagit. Et puis, une fois dans la cuisine, Papa demanda immédiatement à me parler en privé.

Il plaça ses mains sur mes épaules et m'expliqua, tant mieux que mal, que ma mère venait de périr dans un grave accident. Je le repoussai d'une force insoupçonnée en plaçant mes mains sur son torse.

-«Quelle blague cruelle, hurlai-je.»

Il s'effondra en pleurant à chaudes larmes.

Huguette joint ses larmes aux nôtres, ce qui confirma les dires de Papa. Quelques minutes plus tard, le téléphone sonna ; c'était Paul qui appelait pour nous annoncer la catastrophe. Il nous expliqua qu'ils avaient tenté de me rejoindre toute la soirée. Les téléphones cellulaires n'étant pas encore très répandus à l'époque, pas plus que ne l'était l'afficheur, il nous avait été impossible de savoir que quelqu'un tentait de nous joindre.

Maman mourut peu après 16 h, au tout début de son quart de travail de soir. Elle travaillait chez *INCO* (*International Nickel Company*) où elle fut la première femme à décéder d'un accident minier.

Maman n'avait que trente-neuf ans et était mère monoparentale de huit enfants. Nous étions dévastés! Huguette et Papa gardèrent Annie pendant une semaine. J'avisai Huguette de ne jamais laisser la petite seule avec Papa. Je ne lui faisais pas confiance, et elle non plus.

Huguette adorait Annie. Nous lui faisions entièrement confiance lorsque nous la lui laissions pour un court laps de temps. J'étais également consciente du fait qu'Annie était très bien entourée de mes sept demi-frères et sœurs qui la couvraient d'amour. Elle était leur petite poupée!

Nous avons fait nos bagages, laissé Annie chez Huguette et Papa et sommes partis de notre côté. Je pleurai de St-Lin jusqu'à Sudbury, ce qui équivaut à environ huit ou neuf heures de route. À notre arrivée, j'avais vraisemblablement pleuré toutes les larmes de mon corps. Ce fut mon plus long trajet vers Sudbury!

J'avais rédigé une liste de questions que j'espérais poser à ma mère lors de ma visite prévue pour le mois de juillet suivant. Mes questions restèrent hélas sans réponse. Les voici néanmoins :

1. Quelle est mon heure de naissance?
2. Ma naissance était-elle préméditée?
3. As-tu déjà ressenti de l'amour pour moi?
4. Pour quelle raison as-tu laissé Bernie abuser des cinq aîné sautant sexuellement que physiquement et psychologiquement.
5. Pour quelle raison m'as-tu constamment jetée dans les bras de Bernie et de Richard?
6. Pour quelle raison m'as-tu abandonnée avec Bernie?
7. Pour quelle raison as-tu ignoré Laura lorsque celle-ci t'a suppliée de m'amener avec mes autres sœurs et toi?
8. Es-tu fière des décisions familiales que tu as prises?
9. Pour quelle raison as-tu refusé de m'aider à élever Christine?
10. En toute sincérité, l'adoption de Christine a-t-elle été à l'origine d'une transaction immobilière impliquant l'achat de ta maison?
11. As-tu déjà été présente lorsque Christine et ses parents adoptifs ont rendu visite à Leona?
12. As-tu déjà reçu des nouvelles de Christine au fil des ans?
13. Pour quelle raison m'avais-tu envoyée à Kitchener lorsqu'il aurait été de ton devoir de me venir en aide comme toute bonne mère l'aurait fait?
14. Comment expliques-tu ta si grande haine envers moi?
15. Pour quelle raison ne pouvais-tu pas discuter de ma grossesse avec moi au lieu de prendre toutes les décisions derrière mon dos et sans mon consentement?

Chère Maman,

Tant de questions se succèdent dans ma tête. Tant de questions auxquelles tu ne pourras jamais répondre. J'aurais surtout aimé savoir pour quelle raison tu m'avais toujours traitée de façon si atroce sans jamais même t'en excuser ou l'assumer? Pourquoi m'as-tu abandonnée? Tu me laissas me noyer seule dans une mer de larmes, seule avec mon chagrin, mes soucis et mes craintes. Étais-tu complètement inconsciente de la gravité de mes traumatismes et de mes blessures? Et pourtant, tu me laissas seule à panser mes plaies. Pourquoi ne t'es-tu jamais enquise de mon état mental? Pourquoi? Tu m'abandonnas avec Bernie et avec tous les autres alors que ma vie était en lambeaux. Ce fut à moi de ramasser les débris de mon existence. J'en eus le cœur brisé lorsque je constatai que tu t'étais bien foutue de moi, me laissant me donner en spectacle tel un clown qui n'a jamais fait sourire personne. J'aurai peut-être fait rire quelques individus, mais ceux-ci riaient assurément à mes dépends. Je me vouai une haine profonde et maintes fois je voulus mourir. Étais-tu consciente du fait que je passai d'innombrables nuits à pleurer. Je me demandai même si tu t'ennuierais de moi si je disparaissais.

Depuis le décès de Maman, je ne peux m'empêcher de fondre en larmes lorsque j'entends la chanson *Tears In Heaven*, d'Eric Clapton. Me reconnaîtra-t-elle au paradis ou prétendra-t-elle que nous sommes de pures inconnues? Daignera-t-elle m'adresser la parole ou restera-t-elle l'être odieux qu'elle avait toujours été sur terre? Me tiendra-t-elle la main ou me forcera-t-elle à lui dire au revoir. Lui fera-t-on une place au paradis?

Environ un an après ma cholécystectomie et mes multiples transfusions, l'hôpital exigea un bilan sanguin de ma part. Comble de l'angoisse, j'avais soi-disant été en contact avec du sang contaminé. La secrétaire de mon médecin me convoqua à un rendez-vous lors duquel je devais recevoir les résultats de l'analyse. Je leur proposai de me transmettre plutôt le tout par téléphone, ce que l'on me refusa car il s'agissait apparemment d'une violation de la politique médicale du cabinet. Je m'imaginai dès lors les pires scenarios. Pourquoi ne pas simplement me transmettre les résultats par téléphone s'ils étaient négatifs?

Le médecin me confirma que mon bilan était négatif, et que je me portais bien. Pourquoi, donc, ne pas me partager ces informations par téléphone afin d'éviter d'exacerber mes inquiétudes. Je n'étais pas séropositive! Quel soulagement! Cela aurait été le comble!

Je n'avais certes pas été contaminée, mais mon bilan sanguin avait, semble-t-il, indiqué une autre anomalie dont je souffrais depuis tout près d'un an. À la suite d'une myriade de bilans sanguins et de quelques biopsies mineures, mon médecin souhait désormais effectuer une biopsie encore plus exhaustive.

L'heure de vérité avait sonné. Je reçus le diagnostic de cancer cervical au mois de mai 1988. Bien que j'aie subi quelques traitements au laser, le cancer était tenace et avait continué sa prolifération. Je dus être opérée à l'Hôpital du Sacré-Cœur-de-Montréal dont j'obtins mon congé sept jours plus tard.

Laura m'apporta son soutien, sa tendresse et son aide précieuse avec les enfants. Elle était évidemment accompagnée de ses trois propres enfants dont les deux cadets, Joey et Kristen, qui étaient en plein apprentissage de la propreté. Ainsi, lorsqu'un de ses enfants devait aller à la toilette, l'autre voulait faire de même. Laura n'avait qu'un petit pot, ce qui força ses enfants à développer leur patience. Ce processus fut des plus ardus, mais Laura était d'une patience d'ange, et les quatre autres cousins s'entendaient à merveille.

Je dus avoir une hystérectomie et eus des envies d'uriner fréquentes à la suite de l'intervention. Laura insista pour que je reste assise ou allongée sur le divan. Elle était d'avis que je me levais trop souvent. Elle n'avait pas tort ; je commençai à avoir des saignements qui gagnèrent rapidement en importance et en fréquence. En outre, je ressentais le besoin d'aller uriner à toutes les demi-heures.

À peine trente minutes suivant le début des saignements, je commençai à avoir des caillots qui grossissaient et épaississaient à vue d'œil. Laura appela la fille de la voisine qui vint garder les enfants. Entretemps, la voisine avait eu soin de recouvrir la banquette arrière de sa voiture d'une couverture car j'étais en train de faire une hémorragie!

Trente-cinq minutes plus tard, nous étions arrivées à l'hôpital de St-Jérôme. Une infirmière s'approcha et demanda à Laura si elle était à l'aise avec l'idée de me laver. Laura me regarda furtivement, et je lui répondis que si elle était à l'aise, je l'étais aussi. La situation fut somme toute étrange.

Je souffrais le martyre et m'affaiblissais à vue d'œil. Au point où j'en étais, n'importe qui aurait pu me laver. L'urgentologue de garde contacta mon gynécologue, le Dr Desaulniers, qui exigea que l'on me transfert d'urgence à Montréal.

Je fus donc transportée en ambulance avec une infirmière qui me secouait gentiment l'épaule chaque fois que je fermais les yeux.

-«Ne fermez pas vos yeux, me chuchotait-elle, restez avec moi!»

Laura réussit à contacter Daniel qui la rejoint à St-Jérôme. Ensemble, ils suivirent l'ambulance en voiture. Laura m'avoua plus tard qu'elle avait craint faire un accident grave tellement Daniel voulait arriver en même temps que l'ambulance. Laura se souvient encore de la sirène et des lumières clignotantes de l'ambulance alors qu'elle se frayait un chemin dans la circulation dense.

De mon côté, je ne me souviens que des bruits sourds provenant de l'intérieur de l'ambulance.

-«Plus vite, criait l'infirmière, nous allons la perdre.»

Je me sentais en sécurité en présence de cette infirmière. Je craignais toutefois que l'ambulance fasse une crevaison, que le conducteur perde la maîtrise de son véhicule ou qu'une autre voiture nous coupe la voie. Le cas échéant, nous n'étions pas mieux que morts!

Mes caillots étaient de plus en plus gros, soit environ de dix à quinze centimètres de circonférence et de deux centimètres d'épaisseur, parfois même encore plus gros. Je perdais un caillot à toutes les quinze ou vingt minutes. Les caillots étaient rendus énormes. Comme c'est d'ailleurs le cas lors de contractions prénatales, j'étais même en mesure d'avertir l'infirmière de l'arrivée imminente d'un caillot. Le personnel de l'hôpital de St-Jérôme avait eu beau m'installer une perfusion intraveineuse, personne n'avait pensé installer un cathéter central par voie périphérique en vue d'une transfusion sanguine.

Finalement rendus à l'Hôpital du-Sacré-Cœur, il fallut deux personnes, soit un médecin et une infirmière, pour trouver une de mes veines. Le médecin disait qu'il était normal que les veines soient difficiles à trouver lorsqu'un patient avait perdu beaucoup de sang. Le médecin et l'infirmière s'excusèrent plusieurs fois de m'avoir piquée si souvent avec l'aiguille, me causant du coup plusieurs ecchymoses. Je reçus cinq unités de sang en vingt-quatre heures.

À l'urgence, un prêtre s'affairait à donner l'extrême onction à un patient non loin de moi. Laura et moi étions stupéfaites. Je peux encore voir son visage alors qu'elle toisait le prêtre en m'avertissant qu'elle ne voulait pas le voir à mon chevet, faute de quoi elle serait prise de panique. Je me souviens vaguement que quelqu'un m'ait demandé si j'étais catholique et si je voulais, moi aussi, recevoir les derniers sacrements. Les détails de cette journée demeurèrent plutôt flous en raison de la grande quantité de sang que j'avais perdu. Je ne peux donc pas affirmer hors de tout doute si je reçus ou non l'extrême onction. Dieu seul le sait!

On me fit un tamponnement vaginal à l'aide de gaze roulée afin de stopper les saignements. Deux jours plus tard, on retira le tampon et fit une échographie afin d'identifier la source des saignements. Il n'y avait plus aucune trace de sang!

Je passai neuf jours supplémentaires à l'hôpital et, lorsque je reçus mon congé, je m'empressai de renvoyer Laura chez elle afin que ses enfants puissent retourner à l'école.

Je tiens à remercier personnellement les médecins, les infirmières, les ambulanciers, les aide-infirmières, bref tout ceux qui ont été impliqués dans mon hospitalisation. Ces gens, autant qu'ils sont, ont tous contribué à me sauver la vie. De plus, je n'aurais pu espérer avoir une meilleure sœur. Laura a été d'une gentillesse extraordinaire et a su faire preuve d'une profonde compassion à mon égard. Elle a fait un don de soi énorme.

Je me séparai de Daniel en février 1989. Hélas, les choses ne fonctionnèrent pas entre nous, bien que j'aie eu l'impression d'avoir agi au meilleur de ma connaissance, qui, disons-le, était plutôt limitée en matière relationnelle. Je crois néanmoins que nous avons été d'excellents parents pour nos trois enfants. Je serai toujours reconnaissance envers lui pour m'avoir donné de si merveilleux enfants.

Toujours très présent dans la vie des enfants, Daniel fut un excellent père. Il était cependant de nature timide. J'imagine que son attitude plutôt réservée me permit de m'acclimater à cette nouvelle relation à nos débuts. Cependant, avec le temps, je développai un besoin grandissant d'amour et d'affection. Mais loin de moi l'idée de le blâmer pour quoi que ce soit. Cette simple critique ne diminue en rien les nombreuses qualités de Daniel. J'avais un besoin démesuré de validation, un point c'est tout.

À vrai dire, en douze ans de mariage, je ne crois pas l'avoir entendu me dire qu'il m'aimait de son propre chef. De mon côté, il m'arrivait de prononcer ces trois petits mots si prisés de tous *je t'aime…* Daniel me répondait tout simplement *moi aussi*. Je cessai de le lui dire après un certain temps.

Daniel et moi sommes demeurés en bons termes après notre séparation pour ne pas nuire au développement des enfants. Je trouvai un appartement tout près de l'école. C'était la solution idéale : ainsi, les enfants purent garder leurs amis et leur école.

En raison des traumatismes de nature psychologique, sexuelle et physique dont j'avais été victime, j'obtins une dissolution de mon mariage avec Daniel. Pour ce faire, je devais simplement me rendre à la cathédrale de St-Jérôme afin de divulguer le nom et prénom de quelques-uns des témoins ayant été présents au mariage. Je partageai facilement l'information nécessaire.

Il est plutôt simple de faire dissoudre un mariage catholique à condition, qu'après investigation, le Tribunal statue que le mariage en question ait présenté certaines lacunes par rapport à une union standard. Je dus prendre rendez-vous au Tribunal ecclésiastique de Montréal.

J'étais incapable d'aimer un homme à cette époque de ma vie. Je fuyais encore mes émotions et mes problèmes. J'éprouvais un immense respect pour Daniel, mais ne ressentais pas d'amour pour lui. J'étais misérable et devais me libérer de cette union et reprendre ma vie en main. Il était grand temps d'entamer un nouveau départ.

Je ne doutai jamais de l'amour que Daniel ait pu me porter. Il m'aimait à sa façon, voilà tout. Mais je ne pouvais me faire sa porte-parole. Je ne lui ai jamais voulu de mal ; au contraire, je lui souhaite le plus grand bonheur.

Ma vie me rattrapait à vive allure, et je me devais de penser davantage à moi-même afin de guérir des blessures causées autant par la vie que par les autres. J'étais complètement perdue et ne fonctionnais plus qu'en mode survie. J'étais prisonnière de mon propre corps.

Mes enfants ont toujours été au centre de mes préoccupations, et leurs besoins ont invariablement passé avant les miens. Je fis mon possible pour leur donner l'essentiel, soit l'amour et la compassion. En outre, je m'assurai de les gâter à bien des égards. Je pris toujours mon rôle de mère très au sérieux!

Laura et moi avons été réunies en juillet 2010 lorsque je déménageai chez elle. Nous avons évidemment abondement discuté de notre enfance et des blessures dont nous avons souffert.

Après avoir identifié nos sentiments, nous avons pleuré à chaudes larmes et nous nous sommes enlacées histoire d'apprécier notre présence mutuelle. Une fois ce douloureux moment passé, nous n'avons plus abordé le sujet de sorte que cette discussion douloureuse ne se déroule qu'en début de visite.

Nous ne sommes jamais vraiment entrées dans les détails de nos abus respectifs du fait que ceux-ci engendraient trop de souffrance et remuaient trop d'émotions. Nous avons maintes fois tenté de comprendre les raisons qui avaient poussé Maman à être si cruelle et si égoïste à notre endroit. Nous étions d'avis que nous étions les seules à pouvoir réellement comprendre toute l'ampleur de la douleur et de la peine de l'autre. Nous étions notre soutien émotionnel mutuel!

À quelques reprises, Laura tenta d'informer Daniel des abus que j'avais vécus étant plus jeune. Chaque fois, je me mettais en colère et avertissais Laura qu'elle avait intérêt à ne pas s'en mêler. J'insistai sur le fait que de telles révélations m'auraient rendue amère et irritable. Je n'étais tout simplement pas prête à partager ces informations avec Daniel ou avec quiconque. Il s'agissait de ma vie, après tout, et c'était à moi de révéler au moment opportun ce qu'il me plaisait de révéler ou non!

Hélas, en douze ans de mariage, je n'eus jamais envie de partager avec Daniel la nature précise des abus endurés dans le passé, pas plus que je n'eus la force de lui parler de Christine. Je lui avouai tout, plusieurs années plus tard, après avoir déposé des plaintes contre Bernie.

Il était ironique de concevoir à quel point j'avais pu lui cacher de secrets et de souvenirs pendant une si longue période de temps. De plus, je portai un poids énorme qui me ralentit pendant ma vie entière. J'avais énormément de difficulté à gérer ces émotions dont je n'étais pas prête, à l'époque, à divulguer les détails. À vrai dire, je ne gérai jamais complètement les conséquences psychologiques de mes multiples traumatismes et me contentai de refouler la plupart des émotions s'y rattachant.

Trois ans après ma séparation avec Daniel, je fis la rencontre d'Horace Leblanc avec qui je vécus en concubinage pendant sept ans. Fait intéressant, Horace ne buvait pas, et je l'admirai énormément pour cette raison.

Puis, un jour, la mère d'Horace tomba malade, et vint vivre avec nous pendant un an. Je travaillais à temps plein à l'époque, ce qui signifiait que Mme Leblanc devait passer toutes ses journées seule à la maison. Elle était toujours ravie de me voir lorsque je rentrais.

Je lui préparais ses repas afin de lui éviter d'utiliser la cuisinière. Elle n'avait qu'à faire chauffer le tout dans la micro-onde. La sécurité avant tout! J'appréciais beaucoup la compagnie de cette femme.

Horace finit par être jaloux de ma relation avec sa mère qu'il se mit à traiter de plus en plus sévèrement. Horace et sa mère s'en prenaient souvent aux cheveux. Vu mon penchant pour la défense des plus faibles, je me rangeais systématiquement du côté de Mme Leblanc. Je passais toujours volontiers du temps avec elle : magasinage, restaurant, etc.

Horace devint agressif envers sa mère, et les choses se mirent à dégringoler rapidement. J'expliquai à un des frères d'Horace que celui-ci maltraitait leur mère et lui demandai de lui trouver un autre lieu de résidence. Quant à moi, je n'étais plus à l'aise de vivre avec lui.

Le frère d'Horace n'eut pas le temps de trouver un nouvel endroit pour sa mère car celle-ci tomba malade et dut être hospitalisée. Je me rendis souvent à l'hôpital pour lui donner le bain, car elle ne permettait à personne d'autre de l'approcher.

À son congé, le frère d'Horace réussit à dénicher un appartement à faible coût pour les personnes âgées. Nous avons expliqué à Mme Leblanc qu'elle avait désormais un nouveau chez soi, et que j'allais bientôt me séparer de son fils. Elle sembla comprendre et se dit très attristée de la nouvelle. Je visitai Mme Leblanc à quelques reprises, histoire de m'assurer qu'elle se portait bien. Je prenais son bonheur à cœur. Quant à elle, elle ne se gênait pas pour dire à son fils que j'étais trop bonne pour lui. Plutôt rare qu'une mère ne prenne pas la part de son fils.

Mme Leblanc dut être opérée au pancréas et suivre un régime médicamenteux particulier. Ainsi, dès qu'elle s'alimentait, tout aboutissait directement dans la cuvette de la toilette. Un matin, Joey sortit de sa chambrée mit le pied dans un petite marre de selles qui gisait sur le plancher de la cuisine. Joey était furieux, mais garda son calme car il vouait un grand respect aux personnes âgées. Il demanda tout simplement à Mme Leblanc de tenter de faire un peu plus attention car il était désagréable de se lever et de piler dans des excréments. Mon fils géra la situation comme un homme! Et il n'avait que douze ans!

Loin de moi l'idée de me plaindre davantage d'Horace ; nous avons tout de même passé de très bons moments ensemble, comme nos nombreuses fins de semaine passées à Tremblant avec Junior, Joey et les enfants d'Horace. Là-bas, nous allions pêcher, grimper aux arbres et faire de la descente en rappel.

Un jour, alors qu'Horace et Joey préparaient la corde au sommet de la montagne, Horace prit quelques secondes pour admirer le paysage en attendant que Joey lui apporte ses gants. Quelle ne fut pas sa surprise lorsqu'il vit une ombre passer à côté de lui à la vitesse de l'éclair : c'était Joey! Horace ne fit ni une ni deux et l'agrippa de façon instinctive en s'étirant le bras. Joey avait glissé sur un morceau de mousse et ne pouvait plus stopper sa chute! Je remercie le Seigneur des réflexes d'Horace.

J'étais en train de filmer le tout avec mon caméscope que je laissai immédiatement tomber.

-«Non, m'époumonai-je».

Je serai éternellement reconnaissante envers Horace d'avoir réussi à rattraper Joey dans sa chute. Mon Joey adoré était sain et sauf!

Joey et Horace ne finirent pas revenir sur la terre ferme. Je jurai dès lors de ne plus jamais grimper de montagne avec mes enfants. J'aurai eu la pire frousse de ma vie. Cet incident restera à jamais gravé dans ma mémoire. Promis, juré!

Cette expérience derrière nous, il était grand temps de subir une intervention chirurgicale pour me faire retirer un oignon sur le pied gauche. On m'avait promis que je n'en serais quitte que pour des douleurs mineures… De la foutaise que tout ça! Je crois ne jamais avoir autant souffert de toute ma vie! Je n'arrivais même plus à mettre mon pied au sol en raison de la pression qui était tout à fait intolérable. La douleur lancinante dura un peu plus d'un mois.

Environ deux mois après l'intervention, on m'anesthésia l'orteil pour retirer les points ainsi que les deux tiges chirurgicales qui avaient été nécessaires pour maintenir les os dans la bonne position. On lima ensuite la saillie osseuse, ce qui, ultimement, contribua à réduire la douleur et la pression.

Je réalisai rapidement que mon second pied devait également subir le même sort. Je refusai catégoriquement ; la douleur était trop atroce!

Laura me fit promettre de consulter un professionnel en santé mentale dans le but de m'aider à gérer les traumatismes de mon enfance une fois pour toutes. J'avais beau tenter de la convaincre que tout allait pour le mieux, je savais que tout ce refoulement finirait par remonter à la surface. Si seulement le processus s'était enclenché plus tôt!

Je consultai une travailleuse sociale une dizaine de fois. Au terme de la première rencontre, je ressentis le besoin de retourner à Sudbury pour porter plainte contre Bernie. Mon épuisement émotionnel s'aggrava à la suite de chaque séance.

Tel que prévu, une foule de souvenirs indésirables refirent surface, me donnant l'impression de foncer tout droit vers le mur. J'étais complètement submergée par la colère et la culpabilité et pleurai comme une Madeleine.

J'avais finalement réussi à entrer en contact avec mon enfant intérieure. Processus ardu s'il en est un, j'arrive encore mal à décrire l'ampleur de la douleur et de la panique que je ressentis à la suite de cet exercice. Quoi qu'il en soit, cette colère me donna une force et un courage nouveaux qui allaient m'être fort utiles dans ma quête de revanche. Il était temps! Je venais de rescaper la petite fille qui se terrait en moi depuis tant d'années!

Lorsque je me sentis suffisamment confiante et que j'acquis assez de maîtrise, je demandai à ma travailleuse sociale si l'on avait déjà abusé d'elle? Elle me répondit dans la négative. Je renchéris que je n'avais désormais plus besoin de ses services. Ce fut ma dernière séance, et je réagis de façon très froide et impassible envers elle. J'étais dépourvue de toute compassion. Elle termina la rencontre en me posant quelques questions pour immé- diatement prendre une foule de notes. Elle exigea que je prenne quelques poses afin de lui donner suffisamment de temps pour tout retranscrire.

Chapitre 14

Au mois d'avril 1991, après avoir finalisé la logistique qui allait assurer la sécurité et le bien-être de mes enfants, je demandai à Laura si elle se sentait prête, autant mentalement que physiquement, à se joindre à moi dans cette lutte juridique contre Bernie. Je me sentais animée d'une énergie farouche et étais fin prête à porter plainte. Le plus tôt serait le mieux.

-«Je suis tout à fait prête, dit-elle d'un trait. Il est grand temps qu'il réponde de ses actes.»

Laura n'était pas certaine de pouvoir assister à toutes les audiences en raison de la maladie de son fils de treize ans qui souffrait d'un lymphome malin non hodgkinien.

Heureusement, mon neveux sortit vainqueur de ce long et pénible protocole de chimiothérapie, porté par les nombreuses prières et le soutien de la famille, des amis et des habitants du village de Gold River, sur l'île de Vancouver. Malgré tout, Laura réussit toujours à assister aux audiences. Nous étions toutes deux conscientes de l'importance que revêtaient ces audiences. Je n'y serais jamais parvenue sans elle! Nous nous étions engagées dans ce processus judiciaire ensemble. J'avais un besoin quasi vital de la savoir à mes côtés. Nous étions enfin réunies! Nous étions une équipe du tonnerre!

Et puis, enfin, le 30 juin 1992, l'agent Larry Dénommé mit Bernie Mac Donald en état d'arrestation.

-«Encore, s'exclama Bernie lorsque le policier l'informa des charges qui pesaient contre lui. Elles m'ont déjà accusé il y a longtemps, et ça n'a mené à rien. La situation ne sera pas différente cette fois-ci.»

Le 15 juillet 1992, l'enquête sur cautionnement contribua à préciser les conditions des accusations ainsi que les engagements envers la cour. Plus précisément, Bernie dut mettre en gage une somme de 20 000 $ afin de garantir sa présence en cour.

Le moment n'était toujours pas opportun de me séparer d'Horace sur qui je comptais encore. Il était essentiel que je ménage mon énergie afin de me concentrer sur cette toxicité qui me rongeait l'intérieur depuis si long-temps. J'avais toujours souhaité confronter Bernie, de le traîner en justice, de l'exposer pour le monstre qu'il était et de prouver au monde entier la véracité de mes dires. J'avais toujours eu l'impression que personne ne croyait ma version des faits. Mais en sommes, je craignais que Bernie ne meure avant d'avoir purgé sa peine.

Laura, Jackie et moi sommes devenues des détectives privées et avions une semaine pour monter le fardeau de la preuve. De son côté, Bernie allait tenter de prouver qu'il avait bel et bien deux testicules. Et pourtant, je me souvenais très bien de ce détail incriminant : vous serez surpris d'entendre comment cette histoire s'est déroulée. Lors de la rédaction d'un rapport de police, les agents ont l'habitude de demander à la victime d'identifier toute marque potentielle qui pourrait aider à faire cheminer l'enquête. Un tatouage, une cicatrice ou n'importe quel autre signe distinctif connu uniquement de l'accusé. La façon dont les détails génitaux de Bernie furent utilisés lors du procès fut des plus stupéfiantes.

À l'approche des trois dernières semaines du procès, deux de nos sœurs cadettes prirent la parole. Bien que celles-ci n'aient pas été enclines à déposer leurs propres plaintes, elles témoignèrent tout de même de ce dont elles se souvenaient.

Je fus immensément fière de Margaret, une des filles de Bernie, qui trouva le courage de témoigner contre son propre père. Elle avoua ne jamais avoir reçu de fessée étant enfant, mais précisa avoir été témoin des mauvais traitements dont nous avions souffert. Elle confirma également avoir grandi dans un climat de terreur.

Jackie fut également d'un grand secours en ce qu'elle témoigna du fait qu'elle avait bel et bien vu Bernie me harceler sexuellement à travers un des trous du panneau mural séparant les deux chambres à coucher. Je me souviens aussi avoir regardé par ce trou. Il arrivait parfois que le trou ait été bloqué par des vêtements suspendus ici et là. Le témoignage de Jackie et de Margaret fortifia la preuve.

Laura s'avéra de loin mon témoin le plus crédible et le plus important ; elle fut extraordinaire. D'ailleurs, je n'arrive toujours pas à exprimer à quel point son soutien indéfectible me remplit de gratitude et de fierté. Maître Stothart aussi était immensément fière de Laura, affirmant qu'elle avait fait preuve d'une grande fermeté durant toutes ses dépositions lors du procès. Le témoignage de Laura s'avéra des plus cruciaux à l'ensemble du procès du fait qu'il servît de preuve contre les crimes de Bernie.

Laura et moi avons été des plus reconnaissantes envers nos sœurs d'avoir témoigné contre Bernie. Elles soutinrent nos efforts afin que justice soit faite une fois pour toutes, et que Bernie paye pour tous les torts qu'il avait causés à notre famille. Ceci dit, je ne tins jamais rigueur à mes frères et sœurs qui s'abstinrent de prendre part au procès. Nous guérissons tous à notre manière. Après tout, chacun de nous tentait de défendre l'ensemble de cette famille si dysfonctionnelle. Nous nous entendions par contre tous sur le fait qu'il était plus que temps que Bernie purge sa peine. Tous unis dans l'adversité et dans la quête de justice!

Nous avons également été soutenues par un groupe de femmes venues assister au procès. Elles croyaient fortement en nous et nous ont donné le courage et la force de continuer. Ces femmes extraordinaires demeurèrent à nos côtés pendant toute la durée du procès et jusqu'à ce que le juge rende son verdict.

Lorsque je posai le regard pour la toute première fois sur notre procureure de la Couronne, maître Susan Stothart, j'avoue lui avoir demandé son âge. Elle avait encore l'air d'une adolescente. En fait, elle venait d'obtenir son barreau et n'avait aucune expérience en matière d'agression sexuelle. Nous étions ses tout premiers clients! Pour tout dire, je doutais un peu de ses capacités. Je tenais mordicus à gagner ce procès!

D'ici à la tenue du procès, maître Stothart avait réussi à cumuler quelques cas d'abus sexuels. Elle nous expliqua en outre à quel point notre procès était important pour elle. Qui plus est, elle était très confiante de l'issue du procès et tout aussi déterminée à le gagner. Notre jeune avocate fut très satisfaite du déroulement du procès ainsi que de la participation des témoins. Enfin, elle était remplie d'espoir et surtout, elle croyait sincèrement en nous. C'était d'une évidence même.

Elle insista quand même sur le fait qu'il pourrait s'avérer difficile de convaincre le juge des crimes de Bernie car celui-ci provenait d'une famille aimante. Nous avons également été informées par la bande qu'en raison de son éducation, Bernie était d'avis que le concept de l'abus sexuel était complètement absurde.

Je fis de mon mieux pour demeurer positive durant ma grossesse avec Christine. J'étais en adoration avec ce petit être qui grandissait à l'intérieur de moi. Bien que j'aie toujours été convaincue qu'il s'agissait de la fille de Dave, force est d'admettre qu'elle aurait également pu être la fille de Bernie. Le cas échéant, cela n'aurait rien changé l'amour que j'avais pour mon enfant à naître.

Je continu aide mener ma vie au meilleur de mes capacités. Je survivais tant bien que mal, posant les bons gestes et tentant de faire plaisir à tout un chacun afin de les convaincre du fait que je filais le parfait bonheur. J'accordais beaucoup d'importance à la façon dont mon entourage me percevait et m'affairais à ravaler ma honte et ma culpabilité. J'ignorais cependant, à l'époque, à quel point que je négligeais de combler mes besoins psychologiques de base.

L'enquête préliminaire et le procès s'éternisèrent, et je me surprise même à avoir des conversations intérieures avec ma mère décédée. J'étais encore tout aussi furieuse contre elle, mais ne pouvais m'empêcher de lui demander de m'apporter enfin son soutien, lui précisant, avec émoi, qu'elle ne m'était jamais venue en aide de son vivant. Maintenant qu'elle n'était plus de ce monde, je priai pour qu'elle puisse trouver suffisamment d'amour dans son cœur pour nous aider à retrouver une certaine justice ici-bas.

Bernie s'entêtait à ne rien vouloir admettre. Notre juge venait incidemment d'acquitter deux accusés potentiels dans leur procès respectif de harcèlement sexuel. D'ailleurs, lors d'un des procès, l'accusé avait même fait des aveux à un des témoins présents.

Maître Stothart nous avait préparées au pire. Le groupe de soutien aux victimes était même d'avis que si le juge acquittait Bernie, il vaudrait mieux ne plus jamais le faire siéger lors de cas d'abus sexuel.

L'avocat de Bernie ne cessait d'élaborer des scénarios des plus rocambolesques. Le procès nous permis d'ailleurs d'apprendre une foule de détails sordides et difficiles à croire à propos de Bernie.

Le procès se déroula en dents de scie. Nous avons même demandé à l'officier de la cour martiale s'il était possible de prendre quelques photos. Il répondit par l'affirmative à condition que la cour ne soit pas en train de siéger.

Nous nous sommes procuré un appareil photo jetable et avons pris quelques photos de la salle d'audience. Je voulais absolument avoir une photo de Bernie et convins Laura de le photographier entrain d'entrer dans la salle. Laura réussit! Bernie avait l'air du diable incarné! J'aurais voulu montrer ce cliché au monde entier!

Nous avions toutefois fait une gaffe monumentale! Lorsque le juge fit son entrée, il s'adressa à la cour en donnant un avertissement concernant l'usage d'appareils photo. Concrètement, s'il advenait que l'accusé apparaisse sur une des photos, le juge pourrait faire annuler le procès. Quelqu'un avait signalé à l'avocat de Bernie que nous avions fait l'usage d'un appareil photo. L'avocat s'empressa évidemment d'en faire également part au juge.

Le moment de la pause arrivé, l'officier Dénomme de la cour fut mandaté pour faire développer les photos. C'était l'heure de vérité : toutes les photos étaient noires! Je n'en étais pas peu fière! Depuis ce jour fatidique, je n'ai jamais été en mesure d'affirmer hors de tout doute la légitimité de ce dénouement photographique heureux. L'officier Dénomme nous aurait-il protégées? Qui sait? Mais surtout, quel soulagement! Nous étions immensément reconnaissantes.

Revenons à nos moutons et concentrons-nous sur le sujet de l'heure, soit les testicules de Bernie. J'avais toujours été convaincue qu'il n'en avait qu'un et je n'étais pas sur le point d'en douter! J'étais pleinement consciente de toute l'importance que revêtait ce fait inusité, et pourtant, Bernie s'entêtait à affirmer qu'il en avait deux. Maître Stothart demanda une pause : Laura et elles craignaient une annulation de procès s'il advenait que le juge ait un doute, aussi léger soit-il.

-«Tu étais encore si jeune, Anne-Marie, me dirent-elles. Ne risquais-tu pas d'être légèrement confuse? C'était il y a si longtemps!

-Pourquoi ne me croyez-vous pas, hurlai-je de colère et de frustration en piétinant sol.»

Elles ne cessaient de me rappeler à quel point j'étais jeune au moment des abus, ajoutant qu'il était tout à fait normal de changer d'avis. Il n'en était pas question! J'étais convaincue de ce que j'avançais. Bernie n'avait qu'un seul et unique testicule!

Je demandai à maître Stothart s'il était possible de faire subir un examen génital à Bernie. J'insistai sur le fait qu'il était essential que Bernie soit vu par un médecin neutre. Le résultat de cet examen serait d'une importance capitale à l'issue du procès, j'en étais convaincue.

-«Attends une minute, dit maître Stothart, je reviens tout de suite.»

Elle venait d'avoir un éclair de génie grâce à moi.

Elle revint et affirma qu'elle avait parlé au médecin de Bernie qui disait connaître l'existence d'une échographie des parties génitales de Bernie. Mauvaise nouvelle : Bernie avait bel et bien deux testicules, mais, bonne nouvelle : un de ses testicules n'avait jamais amorcé sa descente scrotale! Enfin une bonne nouvelle, la meilleure jusqu'à maintenant! J'avais la coupe aux lèvres et avais l'impression d'avoir déjà gagné le procès! Nous avions désormais un pion de plus dans notre jeu et n'étions pas sur le point d'abandonner!

Nous nous sommes enlacées en pleurant et en sautant de joie. Maître Stothart avait une présence d'esprit remarquable! Je n'avais plus aucun doute quant à son efficacité professionnelle! Elle avait réussi à mériter mon plus grand respect et ma confiance absolue. Laura, maître Stothart et moi étions de nouveau soulagées. Nous étions parvenues à écarter le risque d'une autre annulation. Nous avions les nerfs à fleur de peau, et notre patience s'épuisait à vue d'œil! Je pardonnai à tous ceux qui, dans le but d'écarter le risque d'annulation, avaient douté de moi et qui auraient préféré que je rétracte ma déclaration en prétextant mon jeune âge.

Je peux certes concevoir qu'elles tentaient d'assurer leurs arrières, mais je ne pouvais me rétracter. C'était hors de question. Cela dit, je comprenais tout à fait leur crainte d'annulation. Pour tout dire, je partageais aussi cette crainte, mais nous avions déjà parcouru tant de chemin et balayé tant d'obstacles qu'il était temps de se ressaisir et, surtout, de ne pas abandonner. J'attendais ce moment depuis ma plus tendre enfance!

Nous avons évité de justesse une troisième annulation lorsque le juge manifesta l'intention de suspendre la procédure en raison du laps de temps exagéré séparant l'audience préliminaire du procès criminel. Cette décision fut un irritant considérable en ce que nous craignions de perdre notre procès pour des technicités futiles.

J'étais terrifiée! Je voulais éviter que Bernie puisse avoir la satisfaction de s'en sortir indemne. Nous avions presque atteint le fil d'arrivée et refusions de voir le procès injustement interrompu.

Sans grande surprise, le procès nous fit vivre toute une gamme d'émotions, des bonnes, comme des mauvaises. Laura et moi sommes demeurées fortes et sommes même parvenues à maintenir un certain calme sans jamais nous décourager. Nous faisions confiance au dénouement du procès et avions confiance en nous-mêmes. Fait particulier qui n'était pas du tout de notre ressort, Bernie dû changer maintes fois d'avocats. Plus précisément, un des avocats n'eut pas le temps d'étudier le cas de Bernie avant la date d'audience, tandis que l'autre était en conflit d'intérêts, ayant déjà été l'avocat de ma mère dans le passé.

Le juge sembla avoir mille et une excuses pour reporter l'audience. Malgré tout, je ne mentionnerai jamais assez à quel point j'étais convaincue d'avoir une avocate extraordinaire. Lors de sa plaidoirie, elle insista auprès du juge sur le fait que nous étions toujours prêtes, que les tribunaux ont dû débourser une somme effarante pour prendre l'avion et l'hébergement de Montréal pour venir assister au procès et que Laura arrivait de Vancouver. Conclusion : le procès reprit! Nous l'avions encore une fois échappé belle!

Tout au long de l'audience préliminaire et même du procès, Bernie ne démontra aucun signe de remords et nia tout en bloc. Je le vois encore jouer avec son crayon durant mes témoignages. Le juge lui demanda en vain d'arrêter jusqu'à ce qu'il ordonne à maître Stothart de lui retirer son crayon. Elle réussit en demeurant aussi loin de lui qu'il lui était humainement possible de le faire. Elle agissait toujours avec tact et intelligence!

Elle mentionna à quel point l'énergie qu'elle sentait émaner de lui était néfaste et ce, même si elle se tenait dans une salle d'audience pleine à craquer.

Bernie tentait encore de m'intimider, et je tentais de l'ignorer en m'avachissant sur ma chaise. Je ne pouvais endurer la vue de son visage diabolique lorsqu'il s'adressait à un des deux avocats. Je devais surtout résister à ses tentatives d'influencer mon propre témoignage de quelque façon que ce soit!

Laura, Jackie et moi avons bénéficié d'une pause d'une semaine dans le but de compléter notre enquête. Résultat : nous avons réussi à fournir les détails entourant la naissance de ma fille à l'officier de la cour afin que celui-ci continue de mener son enquête personnelle.

Il revint avec d'excellentes nouvelles : Christine était mariée et avait trois enfants, un garçon et deux filles, et travaillait avec son mari sur la base militaire de Valcartier, tout près de la ville de Québec. L'officier de la cour ne parvint toutefois pas à obtenir davantage d'information.

L'officier réussit tout de même à localiser notre ancienne femme de ménage, Mme Cooperman, qui habitait dans un centre de soins longue durée à Sudbury. Il lui rendit visite et rapporta ses mauvaises impressions de notre maisonnée à l'époque.

-«Mauvaise maison, très mauvaise maison, bredouilla-t-elle dans un fort accent allemand. Mauvaise situation, pas bon»

Étonnamment, Mme Cooperman, qui était atteinte de démence, réussit malgré tout à se souvenir de l'essentiel.

Laura porta également plainte contre Bernie pour les crimes perpétrés contre elle. Les accusations furent hélas abandonnées. Je peux facilement imaginer à quel point Laura dut se sentir ridiculisée et anéantie. J'en avais le cœur brisé, quelle injustice! Nous étions toutes deux pleinement conscientes du fait que Bernie avait abusé d'elle. Après avoir été victime de lui dans le passé, Laura devait, semble-t-il, continuer à souffrir par sa faute.

Ironie du sort, le fait que Laura ait eu le visage recouvert d'une couverture pendant que Bernie avait des relations sexuelles orales avec elle, alors qu'elle n'était âgée que de six ans, contribua à l'acquittement de Bernie. Tout cela était absurde! Nous étions indignées!

L'avocat de la défense affirma que Bernie souffrait désormais d'une phlébite dans la jambe droite, d'hypertension, d'une discopathie dégénérative, d'asthme, d'une bronchite et qu'il devait prendre dix-sept pilules par jour. L'avocat ajouta qu'il n'y avait eu aucune preuve d'inconduite sexuelle depuis plus de deux décennies.

-«On ne devrait pas punir un crime vieux de vingt-cinq ans de la même façon que s'il avait été perpétré aujourd'hui, avança l'avocat.»

Bernie admit qu'il croyait avoir eu une relation sexuelle avec moi, mais sans plus. Il poursuivit en avançant qu'il s'agissait d'un souvenir flou, et qu'à bien y penser, il n'avait peut-être même jamais eu de relation sexuelle avec moi. Nous savions toutes que Bernie était passé à des aveux partiels car nous venions de prouver l'existence de Christine à qui il craignait se voir apparenter à la suite d'un test de paternité. En gros, il craignait de commettre un parjure.

L'avocat de Bernie suggéra que celui-ci soit condamné à moins de deux ans de prison et à plusieurs heures de travaux communautaires. Il ajouta que Bernie avait été un citoyen actif de la société pendant cinquante ans et qu'il avait élevé plusieurs enfants.

Maître Stothart fut rapide sur la gâchette en rappelant au juge que la cour avait affaire à un homme qui était accusé d'abus sexuel envers ses deux belles-filles pendant huit ans et de relations sexuelles orales et de pénétration digitale régulières, pendant six ans, alors qu'une des victimes n'avait que sept ans. Toujours sur sa lancée, elle ajouta que l'accusé avait eu des relations sexuelles complètes et régulières avec cette même victime alors que celle-ci était âgée de dix ans, et ce en l'allongeant sur un établi. Maître Stothart déclara en outre que ces abus étaient parmi les plus sérieux qu'il était humainement possible de commettre envers un enfant. Il s'agissait d'une situation d'abus sexuel à long terme hautement intrusive, associée à de la violence et à des menaces constantes. Bernie fut traduit devant le tribunal pour quatre chefs d'accusation.

Et puis, le 20 février 1996, soit cinq ans après être passées sans cesse des audiences préliminaires à la Cour suprême, le juge rendit finalement son verdict. Je commençai à sentir le transfert de la culpabilité de Bernie sur moi. Maître Stothart suggéra que Bernie écope d'une peine de trois à cinq ans, et nous enjoint de mesurer nos attentes.

Le lendemain, le juge, M. John Poupore, ne délibéra que pendant cinq minutes. Je sanglotai en silence en serrant la main de John et de Jackie alors que le juge se préparait à énoncer son jugement. Je craignais par-dessus tout qu'il prononce les mots *non coupables*.

Malheureusement, Laura ne put assister au verdict qui s'avéra le jour le plus important de notre procès. Elle attendait patiemment à la maison le son de ma voix qui s'apprêtait à dire…

- «COUPABLE!»

Le juge poursuivit.

-«Étant donné l'ensemble des circonstances de ce procès, la nature des crimes perpétrés ainsi que leur aspect répétitif, la pratique d'intimidation envers la victime, le bris de confiance et l'absence de remords et de responsabilisation de la part de l'accusé, les conséquences néfastes permanentes engendrées chez la victime ainsi que le besoin sociétal criant de condamner ce genre de geste, cette cour condamne M. Bernard Mac Donald à une peine de cinq ans sur le premier chef d'accusation et de trois ans sur le second chef d'accusation. Qui plus est, puisque les crimes commis par M. Mac Donald nous rappellent ceux de M. Paul Bernardo, la peine sera purgée dans le même établissement à sécurité maximale que ce dernier, soit le pénitencier de Kingston. Quant au troisième chef d'accusation, il a été fusionné au second.»

Ultimement, c'est moi avais déposé les trois premiers chefs d'accusation, et Laura le quatrième.

Il fut également ordonné que les peines soient purgées de façon simultanée, et que Bernie soit éligible à une libération conditionnelle après avoir servi un sixième de sa peine. De plus, le juge s'assura que Bernie soit emprisonné dans un établissement correctionnel à sécurité maximale pour les peines de plus de deux ans et un jour. L'officier Larry Dénomme nous expliqua également que l'admission d'un agresseur se résumait à le faire entrer dans le pénitencier, d'énoncer son nom, prénom et crimes commis, de refermer les portes derrière lui et de quitter les lieux. Vite fait, bien fait, quoi!

Une fois le procès terminé, Terry Fender, un journaliste, Jackie, John et moi traversèrent la rue pour aller prendre un café. J'étais très reconnaissante que toute cette aventure judiciaire soit enfin derrière moi. Ceci dit, je ressentais également quelques émotions mitigées, bref, un mélange de joie, de peine et de larmes de triomphe teintées d'un immense sentiment de culpabilité. Je venais tout de même de contribuer à l'emprisonnement d'un homme, mon père!

Les quelques journées de congé passées à décompresser furent très appréciées. Je pris rendez-vous avec un avocat afin de soumettre une application au programme d'indemnisation des victimes d'actes criminels. J'appris l'existence de cette instance par le biais du groupe de soutien auquel j'appartenais. Il s'agissait d'une information nouvelle qu'il valait la peine d'investiguer. Mon application me permit d'obtenir une audience devant la Commission. Dans le cas d'une contestation à la proposition de la Commission, il m'était également possible de me présenter à Toronto dans le but d'obtenir une seconde audience, devant un panel de deux personnes cette fois-ci. Voici, en gros, en quoi consistait la proposition de la Commission :

La Commission reconnaît qu'aucun montant d'argent ne puisse indemniser adéquatement les victimes d'actes criminels pour les injustices subies. Quoi qu'il en soit, la Commission est également d'avis que cette requête est conforme à la Loi sur l'indemnisation des victimes d'actes criminels RSO 1990 c. 24. Telle qu'amendée par la Commission et conformément aux autres décisions de la Commission afférentes aux dommages et blessures de nature et de gravité comparables.

On m'octroya un montant de 10 000 $ duquel je dus déduire mes frais légaux de 2000 $.

Je n'avais pas l'énergie suffisante pour contester la décision de la Commission. Cependant, nous étions toutes d'avis qu'il s'agissait d'un bien maigre somme pour compenser les dommages causés. À vrai dire, je n'étais pas uniquement motivée par l'argent, mais plutôt par ma propre guérison et par l'envie d'encourager d'autres victimes à faire de même. Si j'avais été éligible à une certaine indemnisation, d'autres victimes risquaient de l'être aussi. Ces montants ne font certes pas disparaître la douleur, mais ils peuvent tout de même constituer un signe de reconnaissance et de validation aux yeux de la loi. Cela dit, je crois qu'il devrait incomber à l'agresseur de débourser la somme due.

Bernie purgea vingt-deux mois de prison et fut relâché pour bonne conduite. Quelle peine ridicule pour nous avoir dépossédées de notre vie. Il finit par corroborer quelques accusations lors de la thérapie carcérale obligatoire.

Je réalisai que Bernie avait mérité chaque minute de son incarcération. Je persiste et je signe! Il devait payer sa dette envers nous avant sa mort ; il en allait du processus même de notre guérison. Avoir su qu'il existait du soutien pour les victimes, j'aurais entamé les démarches beaucoup plus tôt.

Tout au long du procès, et même après la libération de Bernie, il me fallut des années avant de concevoir le fait qu'il ne pouvait plus m'atteindre.

Son emprise psychologique sur moi était incommensurable, et ce malgré le fait qu'il ne partageait plus physiquement mon quotidien. J'aurai toujours l'impression de me sentir observée. J'imaginai même l'avoir vu me suivre en voiture à quelques reprises. Ce doute fut suffisant pour me faire faire des détours en tentant de le semer jusqu'à ce que je me rende compte qu'il s'agissait plutôt de mon anxiété et de ma peur qui me jouaient des tours. Je croyais devenir complètement folle!

Je finis par reprendre la contrôle sur mon subconscient et commençai à effectuer de gros changements dans ma vie. Les circonstances étaient parfaites ; je me séparai d'Horace en 1998. Il était plus que temps!

Pendant plusieurs années, Laura se sentit coupable de m'avoir abandonnée. Nous ne saurons par contre jamais ce qui avait motivé Maman à abandonner plusieurs de ses enfants.

On me disait souvent qu'un jour je comprendrais les agissements de ma mère qui, elle aussi, avait été victime de Bernie qui l'avait violentée des années durant.

On tentait de me faire comprendre en outre que ma mère aussi avait probablement vécu dans la peur… La peur que Bernie la prenne en chasse… Était-il possible que ma mère m'ait abandonnée avec Bernie pour l'apaiser?

J'avais toujours été d'avis que ces excuses étaient complètement ridicules, et qu'aucune d'entre elles n'arriverait à soulager ma conscience. Ma mère voulait s'affranchir de Bernie et m'a sacrifiée pour parvenir à ses fins!

Je ne suis plus une victime, qu'on se le dise! Je suis une survivante et ne suis plus esclave de la peur! Le monde grouille d'individus haineux, et d'autant de gens pouvant en témoigner. La vie peut être injuste, et on s'attend à ce que les victimes parviennent à composer avec l'ensemble des réalités et impondérables de la vie tout en portant une étiquette lourde de sens. Nous y sommes impuissants.

J'encourage quiconque ayant eu à endurer toute forme d'abus, sexuel, physique et même émotionnel, de réclamer justice. Il en retourne de votre propre guérison et de votre propre épanouissement. Idéalement, nous devrions tous changer pour le mieux et surtout, ne jamais baisser les bras! Ne demeurez pas terrés dans un coin sombre, invisibles, et ne méprenez pas votre destinée pour une bénédiction.

Il ne plaira pas aux agresseurs de voir leurs précieuses victimes s'insurger et résister à leurs affronts. Faites leur comprendre que la vie va bien au-delà de la sexualité et du plaisir masculin.

Victimes, vous n'êtes plus contraintes de jouer la comédie. Votre corps vous appartient entièrement, et il vous revient d'en faire ce que bon vous semble. Il est normal que votre esprit demeure encore paralysé. Quant à moi, je me demande toujours ce qui poussa ma mère à demeurer insensible à la douleur que je vivais au quotidien et en plein sous son nez, de surcroît. Elle nous farcit d'une pléiade de mensonges pour se soustraire à la situation. Que de lâcheté. Et dire que j'étais la seule à devoir systématiquement ramasser les pots cassés. Se serait-elle déjà souciée de moi? De nombreuses questions demeurent.

Chapitre 15

Ma prochaine relation amoureuse débuta plus tôt que prévu. En août 1998, alors qu'Horace se trainait les pieds et semblait ne jamais prévoir déménager, je lui donnai une semaine de sourcil supplémentaire. Il devait quitter les lieux pour me laisser le loisir d'officialiser les choses avec Stéphane Brun, mon nouvel amoureux. Ce dernier disait vouloir attendre aussi longtemps qu'il le fallait! Il travaillait comme mécanicien industriel à l'usine de cornichons où je travaillais. Il avait été mis au courant de ma situation en ayant une discussion avec Diane Desjardins, une collègue mutuelle, à qui il avait juré ne jamais vouloir me faire du mal. Nous nous sommes entendus pour nous rencontrer un samedi pour déjeuner.

Stéphane et moi nous sommes rendus au restaurant, et non Diane. Nous avons entamé une discussion sérieuse à propos de nos attentes et nos buts relationnels respectifs. J'étais hésitante en raison du fait qu'il était de onze ans mon cadet, bien qu'il ne le paraissait pas. Il était d'une grande maturité et me demanda si j'étais intéressée à être son amoureuse. J'acceptai! Les autres employés nous encouragèrent à entrer en relation. Stéphane avait un fils de trois ans et une fille de quatre ans. Il les avait d'ailleurs amenés à l'usine plusieurs fois. Ses enfants étaient adorables. Stéphane était un type formidable avec qui je travaillais depuis huit ans!

Six mois après le début de notre relation, je subis un accident de travail lors duquel je me coupai gravement à la main en tentant d'ouvrir le couvercle d'un bocal de verre qui éclata. Une série de petits éclats de verre demeurèrent attachés au couvercle lorsque le pot éclata, lacérant la peau entre mon pouce et mon index gauche. Il y avait du sang partout.

Ma bonne amie Diane m'informa plus tard du fait que les autres employés avaient dû nettoyer ma marre de sang. Jimmy, notre contremaître me conduit d'urgence à l'hôpital en roulant sur l'accotement. Jimmy était le seul employé de notre usine possédant un certificat de secourisme valide. Il pansa ma plaie avec deux serviettes sanitaires en formant un genre de sandwich sanguinolent. Il fixa le tout à l'aide de ruban adhésif afin de ralentir les saignements.

Nous sommes arrivés à l'hôpital en moins de quinze minutes. Les serviettes sanitaires avaient déjà eu le temps de s'imbiber complètement. Il était possible de sentir chacune de mes pulsations à travers les saignements. La veine et le muscle avaient été sectionnés!

On appela Annie pour qu'elle vienne me tenir compagnie, car Jimmy devait retourner à la supervision de la production de l'usine. J'étais soulagée de la voir! Je subis une intervention chirurgicale au muscle séparant mon pouce et mon index neuf jours plus tard. Stéphane m'offrit de s'occuper de moi et de m'aider dans la maison avec les enfants et les repas. Il venait ainsi de s'infiltrer dans notre quotidien et habitait désormais avec nous!

Je commençai à voir un ergothérapeute quelques mois plus tard et ce, pendant les dix-huit mois qui ont suivi. J'arrivais à peine à bouger mon pouce.

Stéphane était très apprécié de tous et fut d'un grand secours au moment où j'en avais le plus besoin. Sa propre famille était également très chaleureuse et aimante et m'accueillit avec les bras ouverts.

Nous avons aidé Annie à déménager à Sherbrooke afin qu'elle y étudie en soins infirmiers. Elle abandonna le programme étant d'avis qu'elle n'était pas faite pour être infirmière. Elle bifurqua vers la coiffure et ne regretta pas son choix.

Je décidai également de suivre ma formation aide-infirmière que je réussis avec brio! Il était toutefois nécessaire que je retourne travailler à l'usine en attendant de me décrocher un emploi dans le système de santé.

Au terme de ma formation, je ne mis qu'une semaine à me faire engager à temps plein. Je remis ma démission à l'usine où je retournai, au besoin, lors de mes rares journées de congé.

J'avais toujours rêvé d'être infirmière. Cependant, afin de suivre ma formation en anglais, je devais déménager à Montréal. À l'époque, je n'étais pas suffisamment motivée pour assouvir mon rêve, pas plus que je croyais qu'il s'agissait d'une décision éclairée en tant que mère de jeunes enfants.

Je raffolais de mon emploi que je n'aurais changé pour rien au monde. La résidence *Jaclo* était un établissement privé de soins longs durés de trente-neuf lits et de quatre chambres que l'hôpital de St-Jérôme louait pour certains de leurs patients dont nous étions responsables. Les quarts de travail de nuit correspondaient parfaitement à mes besoins. Il y avait certes une grande différence de salaire, comparativement au salaire du secteur public, mais cet emploi m'allait comme un gant. Après tout, j'accordais une importance accrue au bien-être de ma famille au profit de celle de mon compte en banque. Je tenais à être présente dans la vie de mes enfants.

Je travaillai à la résidence pendant un an après quoi il fut nécessaire de relocaliser l'ensemble des patients. La transition fut très difficile et surtout inattendue de tous. Tous les employés furent convoqués à une réunion, le samedi, durant laquelle on nous informa que la résidence était sur le point de fermer ses portes car elle avait été vendue! Les résidents devaient trouver un nouvel endroit où habiter d'ici le mardi suivant. La tristesse et les larmes furent au rendez-vous autant de la part des employés et des familles que des patients qui n'avaient aucune idée de l'endroit où ils allaient se retrouver à très court terme.

Il s'agissait d'une situation impitoyable propice à faire naître toute une gamme d'émotions. Ces gens faisaient partie de ma famille profession-nelle, et je les aimais profondément. Plus tard, je rendis visite à quelques-uns des patients afin de m'assurer que ceux-ci étaient bien installés dans leur nouvelle résidence.

Il est vrai que les professionnels de la santé sont tenus de ne pas s'attacher à leurs patients, mais je n'en connais que très peu qui réussissent à ne pas tisser de liens.

Puisque Junior était étudiant au Cégep Vanier, à Montréal, il louait un appartement tout près de l'école en compagnie de trois frères qui fréquen-taient le même établissement.

Lorsque Stéphane s'acheta une nouvelle voiture, il offrit sa vieille *Ford Focus* à Junior de sorte qu'il puisse venir nous rendre visite la fin de semaine. Cette nouvelle voiture lui permit d'économiser du temps.

Stéphane et moi avons décidé d'acheter une maison à Sainte-Sophie.

Je commençai à travailler dans un nouvel établissement en tant aide-infirmière. Il s'agissait également d'une résidence soins de longue durée.

Puisque je n'avais pas beaucoup d'heures de travail, je trouvai un second emploi. Joey achevait son secondaire et travaillait au restaurant *La belle province* les soirs et les fins de semaine. Nous ne le voyions que très peu.

Stéphane et moi nous sommes mis à nous disputer régulièrement à propos des enfants qui grandissaient et qui devenaient de plus en plus exigeants.

-«Pourquoi prends-tu tes enfants de temps en temps si tu n'es jamais disponible pour eux, lui demandai.»

Stéphane travaillait sept jours sur sept à deux endroits différents. Ses enfants étaient laissés à eux-mêmes et se croyaient tout permis. Ils testaient constamment les limites de leur père, comme le font d'ailleurs la plupart des enfants.

Je m'opposais à certains agissements de ses enfants et tentai d'en faire part à Stéphane. À mon sens, des enfants de cinq et six ans devraient demander la permission avant de se servir dans le réfrigérateur. À tout le moins, ils devraient formuler une demande avant d'ouvrir bêtement le réfrigérateur et de prendre des items qui ne leur étaient peut-être pas destinés. Notre réfrigérateur pouvait, par exemple, contenir des aliments pour les repas et goûters à l'école, incluant des items que Joey s'était acheté lui-même. De plus, les enfants de Stéphane laissaient la porte ouverte beaucoup trop longtemps.

Je n'avais plus envie de les ramener constamment à l'ordre. Ils avaient d'ailleurs l'habitude de jouer à cache-cache, et je devais leur expliquer que l'accès à certaines pièces était limité car il s'agissait d'endroits personnels et privés pour lesquels ils devaient demander la permission. Ils finissaient par aller se plaindre à leur père que tout leur était interdit dans la maison. Stéphane se mettait malheureusement en colère, et nous nous disputions.

Stéphane était toujours d'avis que je ciblais systématiquement ses enfants, ce qui était tout à fait ridicule. Je me suis toujours plu à dire que j'aimais tous les enfants bien élevés. Les petits monstres n'ont jamais été les bienvenus chez moi! Je ne tentais que de les éduquer et de leur enseigner quelques concepts utiles. La vie vient toujours avec son lot de nouveaux règlements qu'il faut idéalement suivre. Concrètement, le savoir-vivre et le respect des valeurs d'autrui revêtent une importance capitale. Bref, il existe des limites, des barèmes et des valeurs auxquels il importe de se conformer.

Ultimement, Stéphane était beaucoup trop laxiste avec ses enfants. Selon moi, il se sentait coupable de s'absenter si souvent. J'imagine que plusieurs pères doivent composer avec cette culpabilité de peur d'être perçus comme un parent bête et méchant.

À l'automne 2006, je subis une biopsie sur un large nodule logé sur ma glande thyroïde. Malgré le fait que mes résultats aient été négatifs, le nodule ne cessait dangereusement de croître. Au mois d'octobre, l'otorhinolaryngologiste décida d'exciser le lobe droit de ma glande. Une fois sur la table d'opération, le chirurgien fit une seconde biopsie qui s'avéra, elle aussi, négative.

Je reçus un coup de téléphone du cabinet du médecin alors que je me rétablissais paisiblement à la maison. J'étais convoquée à la clinique aussitôt que possible et dus me rendre au bureau du médecin la semaine suivante.

L'otorhinolaryngologiste m'expliqua que les résultats de la biopsie, qui avait été effectuée lors de ma dernière intervention chirurgicale, s'étaient avérés positifs. J'étais atteinte d'un cancer de la thyroïde et devais retourner en salle d'opération où on allait me retirer la glande thyroïde au complet.

Je subis me seconde intervention une semaine avant Noël. L'incision de la première chirurgie étant encore fraiche, je souffris d'ulcères déclenchés par une allergie à la soie des points fondants sous-cutanés. Je disais à la blague que le chirurgien n'avait qu'à rouvrir les points avec ses doigts. Il répondit en riant qu'il ferait une seconde incision sous la première.

Six semaines après ma deuxième opération, je me rendis à l'hôpital St-Luc, à Montréal, pour subir un traitement à l'iode-131. Tout était recouvert de plastic, le téléphone, le bureau, la table, les oreillers, le matelas et même le plancher de la salle de bain qui était également recouvert de piqués absorbants. J'étais fascinée par cette pièce à revêtement de plomb qui se trouvait tout au fond du corridor. Il n'existait qu'une pièce de ce genre dans cet immense hôpital. C'était presque un privilège de s'y retrouver.

Puisque personne n'était admis dans ma chambre, on me déposait mes repas sur le dessus de la demi-porte. J'étais si radioactive qu'une des infirmières disait à la blague que je brillais probablement dans le noir. L'iode radioactif est hautement nocif pour un sujet sain. Je fus complètement laissée à moi-même sans aucun visiteur ou membre de ma famille, amis ou tout membre du personnel médical.

Une fois le traitement terminé, je crus bon prendre place sur la banquette arrière de la voiture en m'accotant contre la portière.

Je demeurai dans ma chambre et n'avais pas le droit de toucher aux membres de ma famille, pas plus que je pouvais partager un repas ou un breuvage avec eux. Je devais tirer trois fois la chasse d'eau en raison des substances nucléaires présentes dans mon urine, mes selles et ma sueur. Stéphane et moi avons même dû faire chambre à part pendant une semaine.

À la fin janvier, je commençai suivre une hormonothérapie substitutive pour laquelle je devais prendre du *Synthroid*. Sans cette pilule, je n'existerais tout simplement pas et devrai d'ailleurs en prendre toute ma vie. Le *Synthroid* régularise ma température corporelle, ma faim, mon humeur, mon cœur, mon système digestif, ma musculature, ma concentration, ma densité osseuse ainsi que mon niveau de fatigue.

Avant mon diagnostic, j'avais un féroce appétit et souffrais de fatigue chronique grave qui me poussait à faire des siestes chaque fois que l'occasion se présentait. Je dus souvent stopper ma voiture pour m'assoupir quelque peu en revenant de travailler. Je m'endormais également constamment devant la télévision, ce qui ne faisait pas partie de mes habitudes. Autrement dit, je dormais partout et tout le temps! Conséquemment, mon niveau de concentration était très bas. J'avais la mauvaise habitude de manquer ma sortie en revenant à la maison ou en me rendant au travail. Enfin, au traiteur, je n'arrivais même pas à compter jusqu'à cent et ne me rendais habituellement qu'à environ trente. Je demandai à ce qu'on ne me fasse plus faire effectuer d'équations quelconques jusqu'à ce que je passe un nouveau bilan sanguin.

Je pouvais, par exemple, être en pleine conversation et me mettre à répéter ce que je venais tout juste de dire. Ces moments de confusion étaient de plus en plus fréquents et me rendaient à la fois triste et contrariée. Je n'étais pas consciente de me répéter à ce point. Je me souviens avoir fondu en larmes devant mes enfants qui étaient complètement impuissants face à mon désarroi.

-«Maman, il faut absolument que tu consultes un médecin, me supplièrent-ils.»

Je croyais être atteinte de la maladie d'Alzheimer, alors que je ne manifestais que les symptômes normaux d'un problème thyroïdien. Le chirurgien dit avoir eu du mal à voir s'il avait réussi à retirer la glande au complet tellement elle était enflée et infectée!

J'eus une extinction de voix lors de ma seconde intervention. J'avais l'impression de crier, mais n'émettais qu'un filet de voix. Je croyais qu'il ne s'agissait que d'une simple irritation, mais la raison de mes problèmes vocaux était bien pire : le chirurgien avait fait une petite entaille dans mes cordes vocales. Celui-ci ne pouvait même pas garantir que je retrouverais un jour la voix. Dieu merci, ma voix revint environ trois mois plus tard car je m'imaginais mal continuer à vivre ainsi.

Je passai Noël seule cette année car les enfants étaient chez leur père et j'avais envoyé Stéphane chez sa mère, qui habite tout près, pour un souper de famille. Je voulais dormir paisiblement et n'avais pas nécessairement la force de socialiser chez la parenté. Stéphane eut la gentillesse de m'amener une assiettée du souper qu'il avait mangé chez sa mère, mais j'avais des vomissements et nausées et n'en pris que quelques bouchées.

Je souffris la martyre lors de la seconde opération, autant mentalement que physiquement, ce qui est tout à fait normal après avoir subi deux opérations consécutives. Je contractai une pneumonie et fus hospitalisée pendant quelques jours où je reçus des antibiotiques de façon intraveineuse. J'étais immensément faible et dus passer des bilans sanguins à chaque trois mois pour tenter de trouver la posologie adéquate à l'hormonothérapie substitutive afin que je puisse enfin vivre une vie normale de la façon la plus saine possible.

Je dus également subir une scintigraphie du corps entier qui consiste, en médecine nucléaire, à injecter du technétium, un traceur radioactif, dans le but de vérifier la présence de métastases. Je subis cette procédure à deux reprises la première année, et une fois par année pendant les quatre années subséquentes. Le dernier traitement, qui remonte à 2016, indiquait encore la présence d'un fragment de ma thyroïde.

Cette procédure sert également à confirmer aux médecins la dormance ou l'activité d'un fragment thyroïdien donné. L'interniste insista pour que mon hypothyroïdie fasse l'objet d'une observation qui consistait à s'assurer que les cellules cancérigènes demeuraient en état de dormance. Pour le moment, tout semble être sous contrôle de mon côté. Dieu soit loué!

Lorsque je retournai finalement travailler ma collègue Sylvie et moi avons continué à faire état des nombreuses situations abusives qui survenaient dans notre milieu de travail. Nous avions quelques patients non autonomes dans la cinquantaine qui ne pouvaient habité seuls.

Une des patientes m'a même rapporté le fait que le concierge de nuit abusait d'elle et marchandait son silence en lui offrant un paquet de cigarettes sur une base hebdomadaire. Ce concierge lui aurait également administré des médicaments pour la maintenir dans un état somnolant durant le jour. La propriétaire de la résidence était, semble-t-il, au courant de la situation, mais demeurait impassible.

Des matelas supplémentaires avaient été placés contre les murs du couloir afin d'accueillir de nouveaux patients. Cette stratégie à la fois malhonnête et lucrative avait donné lieu à un engorgement dangereux dans certaines chambres et aurait, notamment, pu s'avérer fatale en cas d'incendie. Je craignais constamment le pire et m'inquiétais pour ces patients innocents qui risquaient de périr en raison de l'avarice de la propriétaire.

On avait interdit aux occupants des chambres engorgées de se déplacer à l'intérieur de leur chambre et d'y parler. Il y avait même certaines chambres dans lesquelles il devenait hasardeux pour le personnel de prodiguer des soins de base aux patients par manque d'espace.

Certains patients étaient attachés à leur chaise ou à leur lit, tandis que d'autres se voyaient administrer des médicaments qui ne leur avaient pas été prescrits. Il nous arrivait même parfois de recevoir l'ordre de ne pas changer la couche souillée de certains patients, ce que je refusais systématiquement de faire. Certaines des familles ne pouvaient tout simplement pas se permettre d'acheter des couches pour adulte. Je crois que la propriétaire se plaisait à exercer un abus de pouvoir sur ces pauvres gens. Il en allait forcément de leur bien-être.

Lors des visites, la propriétaire nous *permettait* de détacher les patients avant l'arrivée des familles. Je me fis un devoir de signaler certains cas de gale à la propriétaire qui ne daigna même pas faire de suivi. La résidence était complètement contaminée. Je fournis le nom des patients qui nécessitaient des soins médicaux immédiats causés, notamment, par des plaies de lit si profondes que l'os était visible. Essentiellement, bon nombre de patients souffraient d'infections et de blessures de toute sorte. Le médecin effectuait une visite mensuelle ou se déplaçait de façon extraordinaire pour les urgences. Nous n'avons jamais été témoins de visites dites *d'urgence*. La propriétaire avait dressé sa propre liste de traitements, allant des cas prioritaires aux problèmes négligeables. Elle s'assurait également de toujours être présente lors des visites médicales.

Je confiai à une collègue, Sylvie, que je ne pouvais plus continuer à travailler dans cette résidence tout en faisant fi de l'état lamentable des choses. J'étais d'avis qu'il en allait de mon devoir de citoyenne de venir en aide à ces pauvres gens. Je me sentis obligée de signaler les multiples cas d'abus! L'employée en question s'engagea à me soutenir envers et contre tous. Je déposai donc une plainte au bureau du gouvernement du Québec où l'on me garantit un signalement confidentiel.

Le gouvernement envoya des infirmières pour vérifier l'état des choses. Dans l'espoir que celles-ci prennent note de tous les signalements de négligence et d'abus dont nous leur faisions part, nous nous sommes assurées de fournir un portrait des plus exhaustifs de la situation qui était, selon nous, critique.

Résultat : les infirmières ordonnèrent une désinfection complète des lieux qui allait devoir être effectuée par des aide-infirmières, quelques travailleurs sociaux ainsi que des infirmières supplémentaires. Il s'agissait, essentiellement, de faire en sorte que cette résidence redevienne conforme aux normes de sécurité et de salubrité. Qui plus est, l'ensemble des résidents et des membres du personnel durent recevoir un double traitement contre la gale.

On envoya un camion-benne pour ramasser les vêtements des résidents ainsi que leur literie. Tout fut mis dans des sacs de vidange et envoyé à une heure de route de la résidence, soit à l'hôpital de Joliette, pour se faire désinfecter. L'ensemble de la procédure de désinfection prit presque un mois et demi.

Tentant de continuer à conserver la mainmise sur la situation, l'infirmière en chef révéla tous nos échanges à la propriétaire, brisant, de ce fait, le lien de confidentialité que nous avions avec elle. Résultat : nous avons toutes été licenciées! Comble de l'ironie, nous avions été remerciées pour avoir tenté de protéger d'innocentes victimes! Je travaillais à la résidence depuis trois ans, et mon amie Sylvie, la belle-sœur de la propriétaire, comptait dix-huit années de service à la résidence.

La propriétaire nous cita à comparaître devant le tribunal. Il nous en coûta 4000 $ chacune en frais d'avocat. Et dire que nous n'avions voulu que protéger quelques aînés vulnérables! J'étais tout de même reconnaissante d'avoir pu faire transférer deux patients avant de me faire licencier et de ne plus avoir accès à la résidence.

Je retournai au bureau gouvernemental environ six mois plus tard pour les aviser que le concierge de nuit buvait toujours de l'alcool sur les lieux du travail, et que la situation, dans son ensemble, était demeurée inchangée. D'autres ex-employés avec qui j'avais gardé contact confirmèrent également mes dires. On fit même une couverture de l'événement à TVA. Le gouvernement répondit néanmoins qu'il était complètement impuissant face à la situation, car il s'agissait du secteur privé, et que la résidence en question était ouverte depuis déjà si longtemps. Quelle horreur! Nous étions furieuses et n'arrivions pas à croire que nous venions de perdre de nouveau contre ce monstre. Je me remis difficilement de cet incident, sachant pertinemment bien que moi aussi j'étais impuissante.

La propriétaire tenta de convaincre l'assurance-emploi que je blasphémais devant les résidents et que je les laissais trop longtemps dans leur couche souillée. Je tentai de me justifier à travers mes larmes ; ce n'était évidemment pas moi qui blasphémais, mais bien le concierge de nuit.

J'aimais ces patients de tout mon cœur et n'aurais voulu leur faire du mal pour rien au monde. J'étais démolie et pleurai abondement! Je m'ennuyais sincèrement d'eux et priai qu'ils finissent par trouver une résidence beaucoup plus accueillante et sécuritaire. Je fus donc contrainte de quitter mon second emploi.

L'agent de l'assurance-emploi me donna le bénéfice du doute après avoir insisté sur le fait que je n'étais pas de nature vulgaire et négligente. Je leur conseillai d'envoyer des inspecteurs pour vérifier le piètre état des choses à la résidence.

Avant d'être congédiée, je tentai de dénoncer les multiples situations d'abus aux familles concernées et mentionnai à quel point il était presque vital de garder un œil sur leur être cher afin d'éviter les mauvais traitements infligés par la propriétaire. Enfin, je leur conseillai de trouver une nouvelle résidence de toute urgence! Malheureusement, certains proches étaient trop faibles pour agir dans l'immédiat, tandis que d'autres m'assurèrent qu'ils visiteraient la résidence plus souvent afin de s'assurer que les membres de leur famille y étaient bien traités sans toutefois annoncer le jour et l'heure de leur visite.

Certains patients craintifs refusèrent de se plaindre de la situation car ils appréhendaient le risque de se retrouver sans logis. La grande majorité des individus impliqués firent preuve de patience et se montrèrent sincèrement inquiets.

En tant que professionnelles de la santé Sylvie et moi avions fait notre devoir. Nous travaillons auprès des malades pour les défendre et les protéger après tout! Je ne changerais rien à mes agissements si je devais revivre une situation similaire, mis à part, peut-être, le fait de lever le voile sur cet enfer encore plus tôt!

Je pris une pause bien méritée après cet épisode. J'avais grand besoin de temps pour gérer les conséquences émotionnelles engendrées par cet horrible événement que je devais oublier le plus rapidement possible. Il était essentiel que je prenne le temps nécessaire pour me retrouver, sans compter le fait que je devais prier pour ces patients vulnérables qui étaient toujours pris en charge par ce monstre. J'avais donné énormément à la cause et étais vannée!

Six mois plus tard, je dénichai un autre emploi en santé, non loin de l'ancienne résidence. On m'embaucha sur-le-champ. Qui plus est, les propriétaires de la résidence actuelle étaient tout à fait conscients de l'incident qui était survenu dans mon lieu de travail précédent. Ils semblaient être des gens formidables plein de compassion et de bienveillance.

Il s'agissait de la résidence George Franc, affiliée au système public de soins de santé longue durée. À l'embauche, mes semaines de travail étaient peu chargées et je dus, de nouveau, me trouver un second emploi chez un traiteur appelé, *Les Ailes du Palais* jusqu'à ce que j'obtienne un poste à temps plein à la résidence quelques trois mois plus tard.

Il va sans dire que les semaines de travail ultra chargées ne sont pas ce qu'il y a de plus sain pour un couple. Stéphane et moi avons continué de nous éloigner l'un de l'autre. Il prit donc la décision de faire cavalier seul et de mettre un terme à notre relation qui aura duré douze ans.

Chapitre 16

Nous avons vendu la maison, ce qui me permit de m'éloigner de tout ce chaos. Le moment était parfaitement choisi! Mes enfants, Martin, le mari d'Annie, et moi sommes partis à Vernon, en Colombie-Britannique, à l'occasion du mariage du fils de Laura, Richard. Nous nous sommes tous cotisés pour partager les frais du voyage. La cérémonie eut lieu le sept juillet 2007 dans une église magnifique. C'était définitivement de bon augure.

Nous avons pris l'avion de Montréal jusqu'à Edmonton pour passer la nuit chez Laura et ensuite traverser les magnifiques Rocheuses en voiture. Rendus à Vernon, nous avons passé une semaine complète en compagnie de Laura et de ses trois enfants où nous avons loué une immense maison. Dotée d'un spa et d'un trampoline, la maison était à courte distance de marche de la plage où l'on pouvait louer des motos marines et fréquenter les restaurants et les bars. Nous nous sommes régalés de cerises fraîches chaque jour ; nous vivions la perfection sur une base quotidienne! Même la température, toujours clémente, ne descendait jamais sous la barre des 40° Celsius.

Nous avions pris l'habitude d'organiser des tournois de ping-pong à la maison. Laura et moi nous sommes assurées de divertir les enfants de belle façon. C'était la belle vie ; la réunion de famille par excellence! J'eus amplement le temps de me détendre ; c'était exactement ce qu'il me fallait. La semaine défila hélas à toute allure. Il était désormais temps de retourner chez Laura, à Camrose, en Alberta. Mais le plaisir en famille se poursuivait, et nous accumulions des tonnes de souvenirs joyeux.

À mon retour, je constatai soudainement que je devais désespérément me trouver un nouveau logis. Mes électroménagers, mes meubles et mes effets personnels avaient été entreposés dans une unité louée. Je devais donc m'attendre à déménager deux fois plutôt qu'une!

Je suis entourée des gens les plus merveilleux qui soient! À preuve, mes enfants, Martin ainsi que quelques-uns de leurs amis constituent un groupe de soutien hors du commun! J'ai la chance d'avoir des enfants aimants, bienveillants et compréhensifs. En s'abstenant de me juger, ils m'ont toujours encouragée même lors de mes moments les plus difficiles.

J'emménageai avec ma collègue Denise Dagenais, le temps que mon appartement se libère.

Au printemps 2010, alors que j'aidais Denise à emménager dans la garçonnière de la maison de sa fille Karine, je manquai la dernière marche de l'escalier et tombai lourdement sur le sol. Je venais de me tordre gravement la cheville, mais j'avais réussi, malgré tout, à ne pas échapper la boîte que je tenais encore fermement! On me conduit à l'hôpital où l'on me plâtra jusqu'au genou. Trois semaines plus tard, j'eus la fâcheuse idée de retirer le plâtre moi-même et le regrettai pendant environ un an tellement la douleur était vive. Même le poids des draps sur ma cheville me faisait souffrir le martyre!

Laura et moi avions cru bon me faire emménager avec elle et son mari pendant un an ou deux. Je tenais à être libre de mes mouvements une fois rendue en Alberta ; il n'était pas question que sois ralentie par un plâtre lors de ma recherche d'emploi!

J'avais beau avoir promis à mes enfants que ce séjour allait être temporaire, mais lorsqu'Annie m'annonça qu'elle était enceinte à mon arrivée chez Laura, je n'avais plus du tout envie de déménager! Pauvre enfant, elle qui avait dû braver la fierté et l'excitation de cette grossesse naissance pour ne pas faire dérailler mes plans!

Pour tout dire, Laura et moi avions fait de nombreux plans qui allaient nous permettre de passer davantage de temps ensemble. Je ne pouvais écourter mon séjour chez elle. De toute façon, ma voiture était à bord d'un train en route vers Edmonton. Le transport de Montréal prit deux semaines.

Un mois suivant mon arrivée à Camrose, j'obtins un poste au sein du *Bethany Group*, un établissement de soin long duré. Fidèle à mes habitudes, j'obtins également un second poste au *Catholic Social Services* où j'allais travailler auprès d'adultes en situation de handicap intellectuel.

Laura et moi avions si hâte de finalement pouvoir passer plus de deux semaines ensemble. Lorsque nos enfants étaient encore jeunes, il nous était arrivé de passer jusqu'à cinq ans sans se voir. Nous avons toutes les deux un ménage á revenu unique, et le prix des billets d'avion était résolument trop élevé. Nous avions cependant le plus beau rôle, soit celui de femme au foyer!

Tout au long de cette année passée ensemble, Laura et moi en avons profité pour célébrer notre anniversaire de naissance respectif, Noël, Pâques et bien plus encore. Notre dernière célébration remontait à lorsque nous habitions encore sur Santala Road ; Laura aurait eu treize ans, et moi, quatorze. Cette année, qui passa beaucoup trop rapidement, fut des plus magiques pour nous! Je chérirai ces précieux moments à jamais!

Je revins au Québec en juillet 2011 et fus sans emploi pendant environ un an à récupérer des doubles quarts de travail et des quarts de travail partagés entre deux emplois, bref, j'étais exténuée!

Je n'étais pas pressée de me trouver un emploi. J'aidai aux tâches ménagères et commençai à tisser des liens avec Kelly-Ann, la petite fille d'Annie et Martin. Elle était ma petite princesse!

Annie et Martin eurent l'idée merveilleuse d'ouvrir une garderie en milieu familial dont je serais la propriétaire et directrice! Ils avaient l'intention d'acheter une maison dans laquelle je payerai un petit loyer. Annie fut d'une aide précieuse lors des préparatifs : elles' occupa de gérer la publicité et les medias sociaux. Ensemble, nous avons acheté des jouets, une table à langer et des petites toilettes portatives. Martin, quant à lui, s'est assuré de sécuriser l'intérieur de la maison à l'aide de barrières et de faire clôturer la cour arrière en quelques semaines seulement.

J'obtins un permis de la ville et pris quelques petits cours pour m'aider à gérer adéquatement un service de garde. Je croyais que ces petits détails logistiques contribueraient à rassurer les parents quant à la sécurité, le développement et le bien-être de leur enfant.

Nous étions fin prêts pour la grande ouverture. J'emménageai un dimanche et reçus mes deux premiers petits clients le lendemain : Kelly-Ann, ma petite-fille de treize mois et Thomas, un bambin adorable. D'ici la fin de la semaine, j'avais six enfants à ma charge, soit le quota admissible par adulte pour les services de garde en milieu familial québécois.

Je partageai maintenant mon quotidien avec cinq bambins de quinze mois et moins ainsi qu'une petite fille de trois ans, Emma, qui prenait plaisir à me prêter main forte lorsque je prodiguais des soins à son petit frère Sam, mon cadet. À vrai dire, toute forme d'aide était la bienvenue!

À l'heure des repas, je les nourrissais à la chaîne en leur donnant une cuillérée chacun. D'ici à ce que je nourrisse le petit dernier, Leakim, la premier attendait déjà son dû la bouche béante! Chaque petit ange me regardait patiemment nourrir les autres enfants jusqu'à ce que son tour revienne. Ils étaient absolument adorables! Quoi qu'il en soit, ce n'était pas toujours facile.

Quelques semaines plus tard, je les laissai manger seuls et lavai mon plancher après chaque repas au lieu de le laver à la fin de la journée. Tout au long de l'année, je célébrai avec eux leur second anniversaire de naissance respectif ainsi que celui d'Emma qui souffla, quant à elle, ses quatre bougies. Elly était la plus drôle de toutes. Il m'arrivait parfois de pouvoir compter sur l'aide précieuse d'Ari Kim, la future épouse de Junior. Enfin, une autre adulte à qui parler!

Malgré le fait que j'adorais tous mes petits pensionnaires et, bien sûr, Kelly-Ann, je commençai à m'ennuyer du milieu hospitalier. Je soumis donc ma candidature à l'hôpital de Lachute et reçus un coup de téléphone de la part de Stéphanie Pomminville, des ressources humaines, qui m'annonça que je faisais désormais partie de l'équipe! J'en étais ravie!

Je dus avertir les familles de la fermeture éventuelle de la garderie dans le but de retourner à mes premières amours, soit les aide-infirmiers. Nous avons tous pleuré à chaudes larmes lors de la dernière journée. Même Annie versa quelques larmes! Nous avions créé des liens solide set formions une petite famille! J'eus énormément de chance de pouvoir contribuer à la croissance et au développement de ces petits êtres lors de ces premières années de vie si importantes dans leur jeune existence. Je remercie également ment Annie et Martin de m'avoir permis de m'épanouir à ce point tant sur le plan personnel que professionnel!

À la suite de la séparation d'Huguette et de Papa, celle-ci déménagea à Montréal avec les enfants. Papa garda la maison et fit la rencontre de Gisèle, peu de temps après, avec qui il habita pendant deux ans. Il finit par vendre la maison et déménagea à Sultan où il avait toujours dit vouloir mourir.

Je l'appelai à l'occasion, question de prendre de ses nouvelles, mais il ne semblait pas être intéressé à me parler. Il était soûl, la plupart du temps, de toute façon. Il bredouillait quelques mots incohérents et passait habituellement le combiné à Gisèle en lui demandant de lui apporter une bière. L'entendre crier de la sorte mettait systématiquement fin à nos conversations. J'avais toujours l'impression d'être en train de le déranger.

Lors de notre dernière conversation, il me fit d'ailleurs clairement comprendre que sa seule famille réelle était maintenant composée de Gisèle et de ses enfants! Je demeurai patiente, m'imaginant qu'il changerait son fusil d'épaule, mais je pris dès lors la décision de ne l'appeler qu'aux occasions spéciales.

Quelques mois suivant ma séparation avec Daniel, je reçus un appel en plein milieu de la nuit : c'était mon père, et il était soûl. Avec une élocution pénible, il bredouilla qu'il avait eu vent du fait que je venais de me séparer. J'étais plutôt agacée de m'être fait réveiller par mon père qui me criait des bêtises alors qu'il était en état d'ébriété. Il se mit à me faire la morale, me disant que je n'aurais jamais dû quitter mon mari. J'imagine que je devais ce réveil brutal au fait que Daniel et mon père avaient l'habitude de boire ensemble.

Je coupai court à la conversation et précisai que ce n'était pas de ses affaires. J'ajoutai qu'il n'avait pas été le meilleur exemple et qu'il devrait s'abstenir de tout commentaire s'il n'avait rien de plus positif à dire. J'eus beau le menacer de raccrocher, mais il continua de hurler et de me couvrir de blasphèmes. Je lui dis que la conversation était terminée et raccrochai. Je ne lui adressai pas la parole pendant tout près de vingt-deux ans. Papa et Gisèle rendaient visite aux enfants de Gisèle une à deux fois par année, mais ceux-ci devaient garder le secret.

J'appris que Gisèle était décédée, car Jackie avait gardé un certain contact avec Papa.

Puis, un jour, Jackie m'appela pour m'informer du fait que Papa avait été admis à l'hôpital de Chapleau pour des problèmes reliés à la haute pression et au diabète. Il souffrait également de rétention d'eau dans les jambes.

Leur couleur violacée et leur niveau d'enflure étaient tels qu'il arrivait à peine à marcher.

Mes deux frères aînés quittèrent le Québec pour se précipiter à son chevet. À l'hôpital, ils demandèrent au médecin si Papa pouvait obtenir son congé ; le médecin refusa. Il était surtout hors de question que Papa, alors âgé de 75 ans, fasse le trajet dans un véhicule non climatisé pendant douze heures, à plus de 30° Celsius.

Malgré le fait que le Dr Taylor ait été le médecin de Papa depuis les trente dernières années, mes frères le remercièrent et quittèrent l'hôpital avec Papa. Ils firent un arrêt chez lui pour prendre des vêtements, des médicaments et quelques items personnels.

Ils avaient réussi à convaincre Papa qu'ils allaient l'emmener dans une de leur résidence pour un séjour de deux semaines. Mes frères insistèrent également sur le fait que les spécialistes de Joliette étaient supérieurs à ceux de Sudbury. Il ne fut pas difficile de berner Papa qui suivait un lourd traitement médicamenteux et qui était très diminué par la maladie! Malgré tout, ils lui promirent de le remettre sur pied. Le travailleur social de l'hôpital de Joliette qui avait été assigné au dossier de Papa avait même pris note de la situation et en avait avisé le Curateur Public du Québec.

Papa finit pas rester à Joliette pendant plus d'un an contre son gré. Il fut hospitalisé quelques fois et, lorsqu'il fut enfin stable, une équipe de travailleurs sociaux le firent transférer dans une résidence de soins longue durée à Joliette. Malgré la maladie, Papa s'opposait à la décision de retourner vivre avec un de mes frères ; il aurait tout simplement préféré retourner à Sudbury. La situation créa une forte tension au sein de la famille.

Laura vint me visiter pour le temps des vacances d'été. Elle n'aurait pas pu choisir un meilleur moment! Nous avons reçu un appel surprise de la part d'un de mes frères qui nous convoquait à une réunion familiale dernière minute, à l'hôpital, concernant l'état de santé de Papa. Laura et moi n'étions pas au courant de la situation pour la simple et bonne raison que nous avions coupé les ponts avec lui depuis des années.

Nous avons dû informer l'infirmière en chef du fait qu'elle devait préparer Papa en vue de notre visite du lendemain. Papa n'était au courant de rien. Mes frères tentèrent de convaincre l'infirmière que Laura et moi étions malintentionnées. L'infirmière demanda à Papa s'il souhaitait nous recevoir, et il acquiesça en ajoutant qu'il souhaitait une visite simple et sans heurts. Notre visite se déroula rapidement, car un de mes frères refusa de nous laisser seules ave Papa. Il agissait en véritable garde du corps! Nous n'avons pu voir Papa que de loin, mon frère se tenant devant nous en silence, les bras croisés tel un gardien de prison.

La réunion devait avoir lieu dans une salle de conférence de l'hôpital à laquelle les médecins de mon père, ainsi que son physiothérapeute, son psychologue et sa travailleuse sociale devaient également assister. On s'attendait à y être informés de l'identité de la personne qui devait s'occuper des affaires personnels de Papa, de ses biens ainsi que de son prochain lieu de résidence. Jackie, qui avait pu assister à la réunion, Laura et moi-même avons tenté de lui accorder son dernier souhait, soit de retourner vivre chez lui.

Puisque les dix frères et sœurs présents n'arrivaient pas à se mettre d'accord sur aucune des décisions importantes, le Curateur public prit en charge le dossier.

Une fois la réunion terminée, Laura et moi avons décidé de joindre l'utile à l'agréable et de faire un petit séjour dans la merveilleuse ville de Québec.

À mon retour, je constatai que quelqu'un avait effectué des retraits dans le compte en banque de Papa alors que celui-ci était encore hospitalisé! Je formulai une plainte au Curateur public qui me suggéra de cesser toute implication personnelle dans le dossier, ce que je fis.

Le temps était maintenant venu de vendre sa maison. Sans grande surprise, Papa s'opposa à la vente en ce qu'il prévoyait bientôt retourner dans cette maison qu'il avait bâtie de ses mains, il y a trente ans!

Nous avons été épaulés par une travailleuse sociale des plus compréhensives et des plus compatissantes qui soient qui dit à Papa qu'elle aurait ardemment souhaité le renvoyer chez lui d'un coup de baguette magique! Elle était merveilleuse!

Ma sœur Janette, son mari Roch, et moi-même visitions Papa sur une base quotidienne, en alternant les journées au besoin. J'avais l'habitude de quitter directement après ma journée de travail. C'était ce qui me convenait le mieux, bien qu'il s'agisse d'un trajet d'une à deux heures, dépendamment des conditions routières. Étrangement, c'est moi qui semblais hériter de tous les blizzards et les tempêtes de verglas. Mais, fidèle à moi-même, je continuai ma route. J'étais déterminée!

Par un beau samedi enneigé, je remarquai un vieil homme en sortant de l'ascenseur. Il était assis sur une chaise de bois, au bout du corridor, affairé à regarder les immenses flocons qui tombaient lentement du ciel. Mes frères avaient réussi à convaincre le médecin de Papa de lui faire porter un bracelet électronique afin de l'empêcher de quitter l'étage.

Mon cœur se serra lorsque je vis les larmes couler sur ses joues. Mon père avait le mal du pays et aurait tout donné pour pouvoir retourner à la maison. Il en avait assez d'être retenu à l'hôpital, disant que la prison n'aurait pas été pire.

Un jour, je vins lui annoncer une nouvelle encourageante dans l'espoir de lui redonner le sourire. J'avais parlé avec le Curateur une semaine avant Noël. Ensemble, nous sommes parvenus à un accord en vertu duquel Papa pourrait sortir pour le souper de Noël. Lorsque nous en avons fait part à Papa, nous nous sommes tous enlacés en pleurant de joie.

L'hôpital et le Curateur ont vite constaté que notre but n'était pas de causer des ennuis, contrairement à ce dont ils avaient été informés. Ils devinrent désormais plus permissifs avec Papa jusqu'au point de lui retirer son bracelet électronique!

En vérité, Papa était un homme âgé qui n'aurait pas fait de mal à une mouche. Je me permis donc de tenter de réapprendre à le connaître. Il était différent du père que j'avais connu, et nous sommes parvenus à cultiver une belle relation.

Nous avons discuté des événements du passé, ce qui s'avéra une conversation très riche en émotions de part et d'autre. Il était repentant et me demanda pardon pour tout le mal qu'il m'avait causé.

Je lui lis la lettre de Laura ; il en fut touché et fondu en larmes. Il regrettait sincèrement de nous avoir causé tant de peine nous suppliant derechef de le pardonner.

Il apprécia énormément ce que Janette et Roch firent pour lui, rajoutant même qu'il considérait Roch davantage comme un fils que ses propres fils.

Laura et Jackie, qui habitaient à l'extérieur de la province, appelèrent Papa régulièrement sur un cellulaire que Jackie lui avait acheté. Nous avons dès lors pu garder contact beaucoup plus facilement et l'encourager à ne pas baisser les bras. Papa pouvait se servir librement de son téléphone sans avoir à demander la permission à l'infirmière à chaque fois.

Nous avons soutenu Papa en nous efforçant de lui transmettre des pensées positives et en lui répétant que nous faisions tout en notre pouvoir pour le ramener à la maison.

Nous avons profité au maximum du temps passé en sa compagnie en dépit des circonstances qui, disons-le, n'étaient pas optimales. Nous lui amenions des fruits, du yoghourt, du gâteau et tout ce dont il disait avoir besoin. Je lui ai acheté même une nouvelle montre car la sienne avait été volée à la résidence avec une de ses paires d'espadrilles qui, de toute façon, tombaient en lambeaux.

Je tentai de lui cuisiner du bortsch, soit une soupe aux betteraves ukrainienne. Papa disait avoir envie de manger une telle soupe depuis déjà plusieurs semaines. Ironie du sort, cette soupe fut une réussite des plus savoureuses. Papa était fier de moi, ce qui me fit immensément plaisir! Fidèle à moi-même, j'aimais faire l'effort de le gâter. Le fait que je puisse lui accorder mon pardon contribua grandement à rebâtir notre relation père-fille. J'acceptai entièrement la nouvelle nature de mon père!

La travailleuse sociale et le Curateur s'entendirent pour transférer Papa à Sudbury. Nous nous sommes amplement réjouis de la nouvelle! Nous pouvions enfin dormir tranquilles ; Papa allait pouvoir rentrer chez lui! Je ne pus cependant m'empêcher d'avoir le cœur serré ; je perdais le père dont j'avais toujours rêvé.

Jackie vint le chercher pour le conduire à sa résidence de longue durée temporaire. Son retour à la maison étant de plus en plus concret, Papa était ravi et rempli d'espoir.

C'est lui qui avait reçu le coup de téléphone alors qu'il était encore à la résidence. Surpris, il nous appela immédiatement, Jackie et moi, pour nous partager ses impressions et ses sentiments. Nous lui avons toutes deux répondu à quel point nous étions fières de lui.

Chemin faisant, Jackie avertit le personnel de la résidence qu'elle était tout près et qu'il fallait préparer Papa. Une fois sortis de la résidence, Jackie et lui allèrent nourrir les canards qui se trouvaient dans une petite marre attenante à l'hôpital. Plus tard, Jackie eut du mal à m'expliquer les détails de sa visite tellement elle était étouffée par les larmes.

Alors qu'ils nourrissaient les canards en discutant, Jackie s'agaçait du fait qu'elle n'arrivait pas à comprendre ce que Papa marmonnait. Elle lui demanda de cesser ses pitreries, car, après tout, il avait l'habitude de jouer des tours. Soudainement, Jackie remarqua qu'un côté du visage de Papa s'était complètement affaissé. Prise de panique et poussée par l'adrénaline, elle assit Papa dans le camion et fonça tout droit vers l'urgence. Les nouvelles étaient mauvaises : Papa venait de souffrir d'un important accident vasculaire cérébral!

Je ressentis le besoin urgent d'être au chevet de Papa et y passai une dizaine de jours en compagnie de Jackie. Trois ou quatre jours plus tard, Papa souffrit d'un second AVC qui eut raison de lui! Papa était désormais branché à toutes les machines inimaginables. Je me plus à m'imaginer qu'il arrivait encore à me reconnaître, mais mon prénom demeurait indiscernable.

Nous nous sommes dit *adieu*, et je prononçai ces mots plutôt clichés *je t'aime, et tu es désormais libre de nous quitter sans remords*. Je tenais à lui témoigner toute la reconnaissance que j'éprouvais d'avoir pu me réconcilier avec lui après toutes ces années et à lui rappeler que nous allions nous revoir dans l'au-delà. Il était forcément prisonnier de son propre corps, et je vis une larme couler le long de sa joue. Ce fut un moment déchirant très riche en émotions. Jackie et moi avons pleuré abondamment!

Bien que l'état de Papa se soit amélioré, le diagnostic demeurait pessimiste. Puisque les médecins n'étaient pas en mesure d'identifier le moment précis de sa mort imminente, je dus retourner travailler et quittai Sudbury le 30 octobre.

À mon retour au travail, je fus envoyée à l'urgence pour accompagner un patient âgé aux soins intensifs. En arpentant rapidement les corridors, je fus surprise par la montée de larmes silencieuses et eus du mal à me concentrer sur la direction à prendre et la tâche à accomplir. Je tentai de retrouver ma contenance en me répétant que cet homme n'était pas mon père. J'avais perdu toute maîtrise de mes émotions et n'arrivais pas à me ressaisir. Je dus demander un congé.

Je venais de constater que mon père aurait forcément une mort similaire, branché à une foule de machines alors qu'une infirmière le pousserait d'urgence aux soins intensifs pour aller finir d'y expirer. Repose en paix, cher Papa!

Je me sentais également coupable de ne pas avoir pu lui tenir la main afin de le réconforter, de le rassurer et de lui dire à quel point je l'aimais pour la toute dernière fois. D'autant prétendront que le vendredi treize est présage de mauvaises nouvelles, mais dans le cas de mon père, il s'agissait de l'occasion tant attendue de voir enfin ses souffrances s'abréger. C'était un vendredi 13 de décembre, en 2013.

Chapitre 17

En décembre 2013, je repris contact avec Dave. C'est lui qui m'avait retracée sur les médias sociaux après avoir perdu contact pendant plusieurs années. Notre première conversation se déroula sur l'application *Messenger* comme suit :

-«Bonjour, je me prénomme Dave Kaski et me demande si vous êtes bien la même Anne-Marie que je connus autrefois à Sudbury. J'espère que vous vous portez bien. Merci.

-Bonjour, répondis-je, hésitante. Il y a sûrement erreur sur la personne. Je ne crois pas vous connaître.»

Dave utilisait le compte d'un autre abonné *Facebook*, ce qui rendit son identification encore plus ardue.

-«Je vous remercie tout de même de votre réponse, continua-t-il. L'Anne-Marie que je connaissais habitait sur Santala Road, tout près de Lively. Elle avait également trois sœurs prénommées respectivement Laura, Jackie et Margaret ainsi qu'un frère prénommé Paul Mac Donald et un autre, dont j'oublie le prénom, qui habitait Sudbury. Plus jeune, j'épelais mon nom de famille avec un *O*, Koski, mais maintenant je l'épelle avec un *A*, Kaski. Dans le cas où il y aurait effectivement erreur sur la personne, je vous prie de m'en excuser. Merci.»

Je crus d'abord que les chances que ce soit *mon* Dave étaient bien minces, mais lorsqu'il me réécrit, je n'en croyais pas mes yeux! Nous nous étions enfin retrouvés! Je sautai de bonheur en brandissant mes bras dans les airs.

-«Doux Jésus, ne cessai-je de répéter. Je rêve ou quoi?»

Je pleurai de joie! Que d'émotions! Tous mes proches partageaient également mon bonheur et mon excitation ; je planais!

Dave m'avoua avoir tenté de me retrouver en 1992 ou en 1993, précisant que c'était une jeune fille qui avait répondu. Je me souvins à ce moment qu'il s'agissait d'Annie. Elle m'avait simplement dit qu'un homme anglophone avait téléphoné pour me parler et qu'il souhaitait que je le rappelle. Le hic : je n'avais pas l'afficheur, et Annie n'avait pas pris son nom, prénom et numéro de téléphone en note.

À l'époque où j'avais porté plainte contre Bernie, je me souviens avoir appelé Helen, sa mère, pour qu'elle me donne son numéro de téléphone. Je voulais savoir si Dave acceptait de passer un test de paternité, au besoin. Il aurait apparemment acquiescé d'emblée à ma demande, ce qui me surprise, car, en ma connaissance les Témoins de Jéhovah refusaient formellement de donner du sang. Mais, à vrai dire, je n'en savais trop rien.

Dave avait fini par déménager. Il avait changé de numéro et avait perdu le mien dans le transport.

Il n'arrivait plus à se rappeler le nom de la ville où j'habitais, ce qui rendait les choses quasiment impossibles dû, notamment, au fait qu'Internet n'était pas encore suffisamment répandu à l'époque. Quoi qu'il en soit, ma vie était plutôt chargée en raison du procès et de mes enfants qui me prenaient presque tout mon temps. Je n'y accordai donc pas davantage d'importance me disant que cet homme allait rappeler au besoin.

Lorsque je retournais en visite à Sudbury, je prenais toujours quelques minutes pour aller voir Helen et lui demander des nouvelles de Dave. Je l'avais encore dans la peau, et ce n'était pas prêt de changer!

J'avais l'impression que nos périodes de célibat ne coïncidaient jamais. À vrai dire, nous nous renseignions en secret à propos de l'autre depuis l'adolescence.

En 2016, Dave était toujours marié, mais était fort malheureux. Les choses ont néanmoins rapidement progressé entre nous. Dieu merci, cette fois-ci nous pouvions communiquer grâce à Internet et au téléphone. Nous nous imaginions sans cesse à quel point il serait merveilleux de pouvoir à nouveau se serrer dans les bras l'un de l'autre. Notre relation escalada si rapidement que nous étions en contact presque constamment. Je ne m'étais jamais sentie aussi fébrile et aussi vivante! Il était inévitable que notre chemin se croise de nouveau ; c'était écrit dans le ciel!

Dave manifesta rapidement le désir de venir me rendre visite. Bien qu'il ait prévu un arrêt à Kingston pour y passer la nuit, il ne put s'empêcher de continuer sa route jusqu'au Québec! J'aime à croire que l'impatience de me revoir eut raison de la fatigue et de la longue route!

Il vint me retrouver à l'hôpital pendant mon heure de souper. Ce soir-là, je retournai travailler avec le plus beau des sourires! L'aide infirmière que j'étais avait eu un énorme regain d'énergie. Enfin j'étais réellement amoureuse! Tous mes proches se réjouissaient pour moi! Je ne pouvais m'empêcher de ponctuer mes rires de pleurs et de sautillements inopinés! Je nageais en plein bonheur!

Je le rejoins au motel *Super 8* après ma journée de travail où j'avais réservé une chambre avec spa. Nous n'avons hélas pas eu le temps de profiter du spa, mais nous sommes promis d'y retourner pour s'y détendre un peu.

Dave me rendit visite le 17 février 2017, soit la veille de son anniversaire… Un anniversaire que nous ne serons pas prêts d'oublier!

On me disait que Dave devait être follement amoureux de moi pour parcourir un trajet de 750 kilomètres afin de venir me voir! En effet. Et je dirais même plus que nous étions éperdument amoureux l'un de l'autre!

Enfoncés confortablement dans la causeuse à siroter quelques bières, nous profitions amplement du moment présent. Je me perdais volontiers dans son regard et arrivais à peine à croire qu'il se trouvait là, à mes côtés, affairé à me frotter les pieds avec tendresse. Après de longues heures passées à discuter amoureusement, je décidai de prendre une douche. Nous avons poursuivi la conversation encore un moment. Notre passion grandissait à vue d'œil, et nos sentiments mutuels étaient aussi forts que jamais! À chacune de nos retrouvailles, nous avions toujours l'impression de ne jamais nous être quittés. En dépit de notre passé douloureux commun, nous avions toujours hâte de nous revoir. Nos sentiments mutuels, eux, étaient demeurés intacts au fil du temps.

Une fois qu'il a appris à voler, le cœur n'oublie jamais comment se servir de ses ailes.
Pas plus qu'il n'oublie les amours qui l'ont tant réchauffé.
Ni ces tendres paroles qui lui sourirent par moments sombres.
Ces doux mots que l'amour murmure.

Jamais le cœur ne les oublie.
La vérité l'en conjure.
Mon cœur s'emplit de pensées heureuses.
Qui te seront toujours destinées, toi, mon seul et unique amour!

Je mis quelques temps à m'ajuster à la calvitie naissante de cet homme magnifique! Ceci ne diminua en rien mes sentiments pour lui. J'aimerai toujours Dave! Nous nous sommes enlacés longuement et avons continué nos ébats jusqu'aux petites heures. Je me réveillai régulièrement pour m'assurer que mon corps touchait toujours le sien. J'avais l'impression de rêver ; la sensation de me retrouver enfin dans ses bras était absolument sublime. Nous avions toujours été faits l'un pour l'autre, et les choses étaient finalement rentrées dans l'ordre!

Dave fut forcé de quitter les Témoins de Jéhovah en raison de son divorce. Il avait été banni! Et dire que ces gens se disaient faire partie d'une grande famille!

Il était maintenant libre de me rendre visite aussi souvent qu'il le souhaitait. Personne ne contrôlait ses moindres faits et gestes. Nous étions en couple, et nous plaisions à dépendre l'un de l'autre. Il s'agissait d'une relation qui me convenait en tous points. C'était merveilleux! Qui plus est, je me réjouissais à l'idée que ce bonheur était justement ce que Dieu souhaitait à tous ceux et celles qui voulaient bien ouvrir leur cœur à un amour sans jugement. Après tout, n'était-ce pas là la raison même de la présence de l'être humain sur terre? Dave avait désormais le champ libre de vivre un amour sincère en nourrissant son cœur de ses plus purs désirs, y compris, bien sûr, être à mes côtés. J'étais celle qu'il avait toujours aimée!

Nous communiquions sur *Skype* plusieurs heures par jour, à tous les jours. Avant ma journée de travail, durant mes pauses et après ma journée de travail. Il lui arrivait même de se pincer les joues pour s'assurer qu'il ne rêvait pas! J'étais toujours là pour lui confirmer que notre relation était bel et bien réelle, et que je prévoyais être à ses côtés pour toujours! Nous avions une envie insatiable de nous voir et n'étions jamais à court de sujets de conversation. Dave me demandait souvent si j'avais des nouvelles de Christine. Il m'avoua avoir souffert d'une dépression après notre rupture. Gram, avec qui j'avais gardé contact jusqu'à sa mort, m'avait d'ailleurs glissé un mot au sujet de la période sombre que Dave avait traversée.

Dave était retraité et était libre comme l'air ; rien ne pouvait l'arrêter!

À mon plus grand bonheur, Dave me rendit visite une seconde fois au mois de mai. Ensuite, je prévis utiliser quelques-unes de mes journées de vacances à l'hôpital pour aller visiter sa mère et ses frères et sœurs, que je n'avais pas vus depuis des années. Toute la famille était ravie de ma visite. À vrai dire, ils étaient tous grandement soulagés de le savoir enfin libéré de l'emprise des Témoins de Jéhovah, surtout sa mère et ses enfants!

L'amour peut être d'une cruauté inouïe. Peu de gens peuvent comprendre la détresse et la douleur engendrées par une période difficile suivie d'une autre qui l'est davantage. Rares sont ceux qui se sont déjà tenus au bord du gouffre! Cette période de grande noirceur était désormais derrière moi, et je profitais pleinement de ce bonheur enfin retrouvé. J'avais toujours adoré la maison d'enfance de Dave et pouvais maintenant y retourner! J'y avais vécu tant de beaux souvenirs.

Il va dans dire que la mère de Dave me demanda si j'avais eu des nouvelles de Christine. Je lui transmis la seule information que j'avais en vertu de laquelle Christine vivait à la base militaire de Valcartier.

Dave et moi sommes restés chez sa mère pendant quelques jours après quoi nous nous sommes mis en route pour chez lui, dans le sud de l'Ontario. Sa fille Sonia avait déjà entendu parler de moi au fil des ans ; son père lui avait mentionné que nous avions eu un enfant ensemble. Elle habitait à une quinzaine de minutes de chez son père. Nous avons eu une visite absolument merveilleuse ; j'avais l'impression de connaître Sonia depuis toujours. De plus, nous avions un intérêt commun, soit de se soucier du bonheur de Dave. Nous avions même conclu du fait qu'il serait agréable de fusionner nos deux familles. Sonia aurait adoré que je sois sa belle-mère, et moi de même!

Sonia et son fiancé, Adam, m'invitèrent à leur mariage qui devait avoir lieu le 8 juillet 2017. Toutefois, les pauvres ignoraient que Dave m'y avait déjà invitée! J'acceptai derechef avec grand plaisir! Je n'aurais manqué cette importante célébration pour rien au monde!

Bien que le vol ait été rapide, j'aurais préféré déjà être aux côtés de Dave! Après avoir touché terre, je dus conduire pendant deux heures supplémentaires! Peu m'importait la durée du trajet, en autant que Dave et moi étions réunis, c'était l'essentiel!

Nous avons accueilli les frères et sœurs de Dave avec un déjeuner nuptial le matin du mariage. Chaque détail avait été pensé avec amour. C'était absolument merveilleux de pouvoir enfin retrouver tous ces gens qui formaient autrefois ma deuxième famille. Je me sentais chez moi!

Certains des membres de la famille de Dave n'étaient même jamais entrés chez lui avant la journée du mariage. Les circonstances étaient idéales, voire magiques! Le mariage s'avéra une grande réussite. Je n'oublierai jamais l'amour, la gentillesse et la générosité de Sonia et d'Adam. Je chérirai le souvenir de cette précieuse journée à jamais!

Même la météo semblait être de la partie ; frisquet certes, mais avec Dave à mes côtés pour me tenir au chaud, je n'aurais pu demander mieux. Tous les convives furent si accueillants que je marchai la tête haute au bras de Dave pendant toute la journée. Je débordais de fierté et me plus à raconter notre merveilleuse histoire d'amour à plusieurs invités.

Peu après mon retour au travail, je dus faire de nombreux quarts de travail de nuit. Souffrant de fatigue extrême depuis un certain temps déjà, je fus contrainte de consulter un des urgentologue de l'hôpital.

Dave était très inquiet. Nous nous sommes donc entendus pour que je l'appelle avec mon cellulaire chaque soir, au sortir de l'hôpital. Avec Dave au bout du fil, je pouvais plus facilement me concentrer sur la route et ne pas risquer de tomber endormie. Mon état de somnolence était tel qu'il fallait trouver une méthode pour y remédier afin de me garder saine et sauve. J'étais exténuée, et ma fatigue était toujours exacerbée après mon quart de travail. J'ignorais parfois si j'allais être en mesure de me rendre chez moi. Ce genre de fatigue débilitante ne m'était toutefois pas inconnu ; j'avais ressenti un exténuement similaire lors de mon cancer de la thyroïde.

Cette fois-ci, il s'agissait d'une maladie du rein de stade trois. Les résultats de mon test DFG étaient anormaux : mes reins ne fonctionnaient qu'à 47 %. Je dus prendre un congé de maladie forcé.

Je tentai souvent de retrouver Christine en espérant qu'elle s'était ouvert un compte *Facebook*. Le hic était que de nombreuses personnes partageaient le même nom et prénom qu'elle. Au fil des ans, je fis quelques appels téléphoniques pour tenter de la retrouver, mais sans succès. Certaines personnes me raccrochaient au nez, tandis que d'autres affirmaient simplement que je faisais erreur.

Et puis, une nuit, à 1 h, je reçus une notification sur une des pages d'adoption à laquelle j'étais abonnée (*Free Canada Adoption*, *Family Search*). J'avais fourni une foule d'information à propos de Christine, comme le nom et prénom de la tante, de l'oncle et du père adoptifs, leur lieu de résidence au moment de l'adoption ainsi que quelques temps après l'adoption, la date de naissance de Christine et la date d'adoption.

Nous avons poursuivi nos recherches en gardant espoir de finir par la retrouver un jour. J'appelai une dame qui ne sembla pas comprendre le but de mon appel. Elle raccrocha, agacée. Une autre tentative ratée. À la lumière de nos recherches, nous avons déduit qu'il s'agissait de la cousine adoptive de Christine, soit la fille de Leona et de son mari Ron.

J'osai envoyer un message à une des Christine potentielles et à son mari qui, ensemble, avaient deux jeunes enfants. J'écris à partir de deux comptes *Messenger* différents. Je m'enquis d'abord auprès du mari de la possibilité que son épouse ait été adoptée. Il me répondit par l'affirmative. J'étais sidérée! D'entre toutes les femmes qui correspondaient au profil de Christine, nous venions de dénicher la bonne! Le mari de Christine et moi avons échangé quelques messages contenant, notamment, le nom et prénom de la famille adoptive. Conclusion : Christine s'était remariée, avait eu deux autres enfants et n'habitait plus à Valcartier.

Il advint que Leona et son mari Ron était les parrains et marraines de Christine. Nous avons échangé quelques photos de nos enfants et d'autres prises le jour de l'adoption. Le mari de Christine s'exclama à quel point Christine ressemblait à Gram. Il avait tout à fait raison. D'autres mentionnèrent également le fait que Christine et quelques frères de Dave partageaient certains traits faciaux similaires. Helen était également d'avis que Christine ressemblait à sa propre mère! Quelqu'un affirma même que Christine ressemblait à *ma* mère!

Bien que Dave n'ait jamais passé de test de paternité, les preuves étaient suffisamment concluantes pour nous convaincre du fait qu'il s'agissait bien de la fille de Dave, qui n'en était pas peu fier, d'ailleurs.

Je passai un test auprès d'*Ancestry Canada*, mais cette tentative ne mena nulle part. C'est dire à quel point le succès de ma publication sur la page *Facebook* de *Free Adoption Canada* arriva à point nommé!

Le matin du 8 février 2018, à 5 h 32, je reçus une notification de *Free Adoption Canada* en vertu de laquelle on avait apparemment retrouvé ma fille!

À la suite de plusieurs appels téléphoniques parfois même bêtes et méchants, notre détermination et notre persévérance venaient d'être récompensées. L'administrateur de la page, de Kingsville, en Ontario, me remercia, par le fait même, de ma patience et de ma confiance en son organisation. Il me souhaita même *bonne chance* pour la suite des choses.

Le mari de Christine me dit qu'elle ne se sentait pas prête à me rencontrer ou ni même à me parler. L'essentiel me réjouissait tout de même : Christine était heureuse et en santé. Ce nouveau détail revêtait une grande importance pour moi car je m'inquiétais de l'état de santé et du bonheur de Christine depuis longtemps. Ce fut tout un soulagement ; je pouvais désormais dormir tranquille! Néanmoins, je suis tout à fait consciente du fait que l'accueil d'une telle nouvelle peut être difficile à gérer. Il ne doit pas être évident de voir réapparaître sa mère biologique après toutes ces années.

Lorsqu'en août 2017 j'entendis la chanson *Perfect*, d'Ed Sheeran, je ne pus m'empêcher de constater à quel point cette chanson évoquait mon histoire d'amour avec Dave. Même certains de nos amis ont avoué avoir pensé à nous en entendant la chanson. Ainsi, je crus qu'il était tout à fait approprié d'en mentionner le titre dans mon autobiographie. Difficile de ne pas penser à nous lorsqu'on entend cette chanson.

Après avoir passé une semaine avec Dave, il était temps pour moi de rentrer. Notre relation progressait rapidement, et j'étais aux anges. À vrai dire, nous étions absolument ravis de la tournure des événements. Qui plus est, j'étais convaincue du fait que nos vies respectives se déroulaient à la perfection. Je venais de traverser une période de célibat de treize ans, après tout! L'ensemble de mes proches s'entendaient également pour dire que ma rencontre avec mon tout premier amoureux était absolument extraordinaire. Nous partagions de merveilleux souvenirs et souhaitions tous deux passer le restant de notre vie ensemble.

En juillet il me demanda de l'épouser. Je lui répondis que j'accepterais en un clin d'œil, à condition qu'il ne me force pas à devenir Témoin de Jéhovah. Je poursuivis en lui expliquant qu'il existait de nombreux couples interreligieux, et que nous n'avions qu'à trouver une façon de respecter nos croyances respectives. Nous nous sommes enlacés et avons fondu en larmes.

J'adorais faire des promenades en motocyclette avec Dave. Le sentiment de liberté était absolument sublime! La sensation de mes bras autour de sa taille me remplissait d'un bonheur quasi indescriptible, et que dire de ses mains caressant tendrement mes cuisses alors que nous circulions dans les rues de la ville. J'étais profondément amoureuse! Ces moments exquis demeureront à jamais inégalés! Le fait d'être à nouveau en relation de couple avec Dave me remplissait d'un grand sentiment d'importance et de fierté! Dave avait d'ailleurs très hâte de pouvoir enfin me présenter à ses amis. Il était particulièrement fier de m'amener au club de jazz où il lui arrivait d'animer des soirées d'improvisation musicale. Dave était un excellent musicien.

Et puis, au mois d'août 2017, Dave m'appela pour m'annoncer que nous ne pourrions plus continuer à nous voir. Un coup de couteau en plein cœur ne m'aurait pas blessée davantage. J'étais anéantie! J'avais l'impression de m'être fait arracher le cœur, ou, pire encore, de m'être fait exploser la cervelle d'un coup de fusil sur la tempe! Je nageais en pleine incompréhension ; nous avions tant de plaisir ensemble! Même les membres de nos familles respectives ainsi que nos amis se réjouissaient de nous voir enfin réunis et heureux. Alors pourquoi?

Je pleurai de façon incontrôlable pendant des mois. Je ne pouvais concevoir qu'il ait pu agir de la sorte. Nous avions traversé tant de choses ensemble. Je souffre encore de notre séparation bien qu'elle remonte à plusieurs années. À preuve, je ne peux penser à Dave, ou même mentionner son prénom, sans que ma gorge se serre. Pour tout dire, je craignais que Dave mette fin à notre relation après avoir passé une semaine avec lui à l'occasion du mariage de Sonia.

Dave mentionna qu'il souhaitait pouvoir réintégrer les Témoins de Jéhovah. J'avais peine à croire qu'il tenait davantage à cette religion newyorkaise factice qu'à notre bonheur!

Dieu ne tenait-il pas plutôt au bonheur de l'homme? Tout ceci n'était que de la foutaise.

Plusieurs de ses proches avaient même constaté que Dave avait changé pour le mieux depuis notre rencontre ; il était plus heureux et moins grincheux. On ne l'avait pas vu aussi souriant depuis des années. Dave se plaisait lui-même à dire à quel point il se sentait vivant et viril, et c'était grâce à moi!

J'avais été aculée au pied du mur et n'avais pas eu mon mot à dire. La distance qui nous séparait me rendait complètement impuissante dans l'immédiat. Nous avons continué de prendre des nouvelles. Dave semblait heureux et ne se faisait jamais prier pour alimenter nos conversations. Il décida néanmoins de mettre un terme à nos appels vidéo, prétextant qu'il devenait trop tentant pour lui de revenir vers moi!

Sa mère tomba malade, mais demeura forte dans l'adversité. Je lui rendis visite en octobre 2018, et Dave fit de même, accompagné de Sonia et de sa petite fille. Je restai chez Helga et son mari Phil pendant quelques jours. Sonia prit la peine d'appeler Helga pour lui faire part du fait que Dave était d'accord pour que je rencontre Lila, la seule et unique petite fille de Dave. Elle était tout à fait adorable!

Je fus ravie de pouvoir la rencontrer alors qu'elle était encore toute petite. Je profitai pleinement de ma visite. Tous les membres de la famille ne purent s'empêcher de constater à quel point Dave et moi nous regardions souvent à la dérobée. Il va sans dire que cette visite me mit rudement à l'épreuve, me forçant à démontrer une maîtrise et un respect hors du commun, si importants dans de telles situations. Notre douleur était à la hauteur de notre amour : pure, aigue, inouïe. Rare sont ceux qui ont la chance de croiser la route de leur flamme jumelle ; je fus assurément l'une de ces personnes!

Il ne connaîtra jamais la portée de mon amour.
Son ellipse de vie alimentant à jamais la mienne.
Me lancer volontiers en orbite afin de dissiper sa lumière.
Et de le nourrir de mon éclat nacré.
Nos deux corps en mouvance s'enchevêtrant dans un destin commun.
Filant à travers l'espace-temps vers une dévotion infinie.
Étoile de sa planète, je le baignai de ma douce brillance.
Sa surface planétaire jonchée des pépites incandescentes de ma
pluie d'astéroïdes.
Ma soyeuse poussière cosmique recouvrant ses cratères…

Je ne croisai hélas plus le chemin de Dave.

Sa sœur Helga et moi avons, malgré tout, tissé des liens profonds et durables. Nous échangeons régulièrement sur *Messenger* et par messagerie vidéo. Elle me donne des nouvelles régulières d'Helen ainsi que des autres membres de la famille. C'est le portrait craché de Gram. Sonia et moi sommes également demeurées en contact. Elle est d'une bienveillance inouïe!

Chapitre 18

En ce qui a trait à mes reins, tout semblait être au beau fixe. Mon test DFG s'était stabilisé à 60, et je faisais l'objet d'une observation sanguine régulière. Selon la Fondation du rein, un débit de filtration normale devrait osciller entre 90 et 120. Il n'en demeure pas moins qu'il s'agissait pour moi d'une nouvelle préoccupation. Allais-je être en mesure d'en prendre encore davantage sur mes épaules?

D'après mon médecin, mes problèmes rénaux étaient attribuables à la prise biquotidienne d'*Arthrotec*, un anti-inflammatoire non stéroïdien. On m'avait prescrit ce médicament il y a six ans dans le but de traiter mon ostéo-arthrite. Le médecin était formel, je devais cesser ce traitement médicamenteux.

Quelques jours suffirent pour ressentir l'effet des nouvelles recommandations du médecin. Je me levais du lit de peine et de misère tellement la douleur était atroce. Je demandai immédiatement à mon omnipraticien de me prescrire de la morphine, des opioïdes ou d'autres médicaments similaires. Mais horreur, rien ne fonctionnait.

Je demandai finalement à voir le médecin attitré au personnel de l'hôpital qui affirma hors de tout doute qu'il était hors de question que je retourne travailler. Il m'envoya passer un IRM. Je pris plutôt un rendez-vous au privé pour la *modique* somme de 685 $ histoire d'accélérer les choses, faute de quoi j'aurais pu attendre de six à douze mois dans le système public.

La douleur était intolérable ; je n'en pouvais plus d'attendre… Chacun de mes rendez-vous était espacé d'environ deux mois.

L'IRM révéla quelques hernies avec un déplacement de 7,75 millimètres par rapport à la vertèbre antérieure. En gros, le désalignement de ma colonne était causé par une discopathie dégénérative. De plus, je souffrais de bombement discal à certains endroits et de quelques sténoses spinales mineures. Je devais éviter de faire de longues promenades, de lever des charges modérées à lourdes et de demeurer assise pendant trop longtemps. Il ne me restait plus qu'à obtenir un rendez-vous avec un neurochirurgien.

Mon médecin mentionna la possibilité de fusionner deux vertèbres à l'aide d'une plaque de métal et de poncer quelques-uns de mes bombements discaux.

Au mois d'octobre 2018, la secrétaire de mon médecin m'annonça que je ne risquais de pouvoir consulter un neurochirurgien qu'en 2019. Elle m'assura également que le régime d'assurance maladie québécois couvrait les frais des consultations effectuées en Ontario. Je tentai donc ma chance à l'hôpital de Hawkesbury. L'infirmière ajouta qu'il s'agissait d'une excellente idée du fait que le réseau ontarien risquait effectivement d'être plus rapide. J'entrai aussitôt en contact avec l'hôpital et leur faxai la documentation.

Je reçus un appel neuf jour plus tard et me vis offrir un rendez-vous pour un électromyogramme suivi d'une consultation diagnostique avec un neurologue le 17 mai 2019. On me mit sur une liste d'attente afin que je reçoive les meilleurs soins qui soient. J'habitais définitivement dans la mauvaise province. Pourquoi n'avais-je pas pensé à consulter un spécialiste ontarien plus tôt?

Je souhaitais simplement que mes douleurs diminuent et deviennent plus tolérables. Depuis, je prends du *Tramadol*, un analgésique opioïde, et six comprimés de *Tylenol douleurs arthritiques* par jour. Bien que ce traitement médicamenteux semble fonctionner modérément, la prise d'une trop grande quantité d'acétaminophène peut avoir certains effets néfastes sur le foie. Ceci dit, le fait d'éviter de souffrir de troubles hépatiques me causerait d'autres problèmes. Bref, on ne s'en sort pas. Vivement la disparition de la douleur, la prise de médicaments et le retour à la vie normale!

Je finis par recevoir un appel du Centre universitaire de santé McGill. En octobre 2020, le Dr Benoit Goulet m'avait annoncé être prêt à effectuer ma spondylodèse. Je refusai ; je ne me sentais pas tout à fait disposée à subir l'intervention et venais de commencer un nouvel emploi à l'hôpital en tant qu'agente de sécurité au triage, lors de la pandémie de la COVID 19. Le Dr Goulet m'enjoint de le contacter lorsque je serais prête. Pour le moment, la situation est plutôt stable dû au fait que j'arrive à éviter les activités épuisantes et, du coup, la prise de médicaments.

Je suis arrivée à un moment de ma vie où je ne peux continuer à ignorer les nombreuses circonstances que j'ai eu à traverser et les pertes que j'ai dû subir en raison de l'abus, de la douleur physique et psychologique, de l'abandon et de la perte de mon enfance, de mon innocence, de mes frères et sœurs, de mon avenir et surtout de ma fille aînée.

J'avais pris l'habitude de refouler les émotions liées aux détails sordides et douloureux de mon enfance et de mon adolescence afin d'éviter de sombrer dans la dépression et de me replier dans l'isolement. Mon esprit et ma mémoire m'avaient complètement suffoquée. Souvent j'eus envie de m'endormir tout doucement, pour toujours, mais je m'entêtai à me battre, à secourir l'enfant en moi.

En juin 2014, Laura entra en contact avec maître Stothart. Étonnamment, elle se souvenait encore de nous après toutes ces années. À l'époque de notre procès, maître Stothart débutait à peine sa carrière, mais aujourd'hui, soit vingt-et-un ans plus tard, elle était en mesure d'affirmer hors de tout doute que notre cas fut un des pires cas d'abus sexuel qu'il ne lui avait jamais été donné de voir. Je fus somme toute soulagée par cette affirmation car elle confirmait l'étendue des sévices endurés.

En 2017, je m'inscris à une thérapie de groupe de seize semaines dispensée par le *CALACS*, un centre d'aide des Laurentides.

Il s'agit en outre d'un organisme offrant un soutien psychologique aux victimes d'abus sexuel. Ce n'est qu'avec l'aide du *CALACS* que j'aie réellement réussi à alléger une partie de ma douleur et de ma souffrance. Lors de mes partages, certaines personnes ont même versé quelques larmes. Nous étions dix femmes tentant de nous libérer d'un enfer dans lequel nous avions été forcées de vivre.

Je suis reconnaissante de l'encouragement apporté par Dave. C'est lui, d'ailleurs, qui me vanta les nombreux bienfaits de la thérapie, et avec raison! Ce fut une expérience positive aux bénéfices des plus étonnants! Je ne réussirai certes pas à effacer toute la douleur causée par tant d'années d'abus, mais je possède dorénavant les outils pour mieux la gérer.

C'est moi qui pris d'abord la parole lors de la première rencontre. Je voulais crever l'abcès le plus tôt possible. Tout au long de mon partage, certaines de ces femmes anéanties et accablées avouèrent ne pas avoir enduré le quart de ce que j'avais pu endurer au fil des ans. D'autres participantes n'eurent même pas la force de partager leur histoire en public. Je précisai que bien que toutes nos histoires aient pu différer, la douleur ressentie, elle, demeurait bien réelle. Quelques-unes des participantes fondirent en larmes durant mon partage. Je crois qu'elles arrivaient à ressentir toute l'étendue de ma souffrance.

C'est à ce moment précis que l'inspiration d'écrire un livre me vint ; je désirais ardemment venir en aide aux nombreuses victimes d'abus.

En 1998, j'écris à Céline Dion dans le but de tenter de la convaincre de jouer dans un film relatant mon histoire. Après tout, elle avait déjà été la vedette d'une populaire minisérie intitulée *Des Fleurs sur la neige*, inspirée de l'histoire vécue d'Élisa Trudel, une victime d'abus sexuel. Céline y avait incarné le personnage principal avec brio.

Je reçus une lettre de ses producteurs me disant qu'ils étaient sincèrement désolés de devoir rejeter ma proposition, car Céline ne comptait plus tourner de films sur l'abus sexuel. Je fus déçue, certes, mais les producteurs agirent avec compassion et sympathie. Ils m'encouragèrent d'ailleurs à tenter ma chance auprès d'autres actrices et d'autres maisons de production.

En février 1999, j'approchai également le Dini Petty Show, une émission de variétés de la chaîne CTV, afin de voir si je pouvais figurer parmi leurs invités. Hélas, l'émission en était à sa huitième et dernière saison et était sur le point d'être annulée.

À l'époque de notre procès, la production de l'émission torontoise Sally m'approcha. Bien que j'aie été très flattée par l'invitation, je n'étais pas prête mentalement à raconteur mon histoire à un si grand auditoire et refusai. Qui plus est, j'étais obnubilée par le procès.

J'espérais que Christine avait enregistré ses données génétiques dans une banque de données quelconque. En juin 2017, je soumis également une demande d'accès à la base de données génétique du Bureau de l'accès à l'information et à la vie privée. Étant donné que la cour connaissait le lieu de résidence de Christine, j'espérais que les membres du Bureau des avocats de la Couronne (droit criminel) ou le ministre du Procureur général détiennent ces informations. On rejeta ma requête.

Au moment du procès, le juge nous avait ordonné, à Bernie et à moi, d'entrer nos données génétiques à la Banque nationale de données génétiques pour des besoins potentiels futurs. Bernie avait été d'abord été hésitant, mais avait été contraint d'obtempérer malgré lui puisqu'il s'agissait d'une injonction du tribunal. Quelle ironie de voir Bernie se sentir soudainement menacé par la vérité! À bien y penser, Bernie aurait dû sentir la soupe chaude bien avant!

Laura écrit même à l'émission américaine Dr. Phil et reçut une réponse positive! Bien que nous ayons eu le feu vert pour participer à une des émissions du célèbre Dr Phil, Laura ne se sentait pas prête à s'impliquer de la sorte. Elle m'enjoint d'y aller seule, mais je refusai. Il n'en était pas question! Nous formions une équipe, et aussi tentante que cette expérience télévisuelle américaine ait pu paraître, je déclinai l'invitation.

J'écris une lettre à Christine dans laquelle je tentais de lui expliquer mon point de vue. Je ne reçus hélas aucune réponse. Je récidivai le 3 décembre 2018 lui demandant, cette fois-ci, si elle avait au moins pris le temps de lire ma première lettre et si elle pouvait tenter de comprendre les circonstances de son adoption. Je fonds mes espoirs sur le fait qu'elle aussi est désormais maman, et qu'elle se fera peut-être à l'idée d'accepter de me rencontrer un jour. D'ici là, je reste positive et rêve de notre possible rencontre!

J'ai toujours éprouvé une certaine difficulté à regarder la télévision de façon confortable et détendue. Je regardais habituellement la télévision en gardant les poings bien serrés et pouvais même quitter soudainement la pièce lorsqu'une femme nue ou peu vêtue apparaissait à l'écran. Lorsque j'étais accompagnée, l'autre personne tentait de m'encourager à me calmer, me disant que toute cette rage est exagérée. Je dus travailler très fort pour contrôler mes réactions qui, j'en conviens, étaient tout à fait déplaisantes pour l'ensemble de mes proches, moi y comprise. Certains m'ont déjà même traitée de détraquée mentale.

Lorsque je dois sortir faire quelques courses par temps chauds, l'été, je suis forcée de choisir mes moments de façon bien précise. Le fait de voir des jeunes filles très peu vêtues dans les centres commerciaux et sur les trottoirs me cause un stress immense et de sérieuses migraines qui me clouent parfois au lit pendant plus d'une semaine. Il n'a jamais été bien plaisant pour mes enfants de me voir ainsi souffrante et alitée.

J'ai toujours été très consciente de l'effet que mes vêtements pouvaient avoir sur les gens et me suis toujours imposée des règles vestimentaires très strictes afin d'éviter d'attirer l'attention surtout en public.

En ce qui a trait à ma vie sexuelle, il pourrait certes y avoir place à l'amélioration! Ceci dit, cela ne fait pas partie de mes priorités du moment. Il m'arrivait parfois de mal réagir lorsque Daniel, mon ex-mari, ou mes conjoints subséquents me touchaient d'une certaine façon, me rappelant du couples attouchements de Bernie. J'en étais quitte pour un retour en arrière instantané!

Lorsque les hommes en général me démontrent de l'affection, j'ai toujours l'impression qu'il ne s'agit que d'une question sexuelle. Ainsi, j'ai toujours eu du mal à discerner une amitié standard et d'une attraction sexuelle.

L'acte sexuel, quant à lui, s'est toujours avéré pour moi un mal nécessaire dont il fallait se débarrasser au plus vite. La sexualité me parut sale et grotesque des années durant. Concrètement, les mauvais souvenirs liés aux attouchements de Bernie me donnaient l'impression d'être un vulgaire prostitué, ce qui, conséquemment, me forçait à me laver après chaque rapport sexuel.

J'ai toujours eu énormément de difficulté à faire confiance aux hommes et à leur refuser ce qu'ils désiraient tant, surtout lorsque je n'en avais pas envie. Cependant, je suis très fière du chemin que j'ai parcouru et des outils que j'ai acquis qui me permettent désormais de tempérer mes réactions. Je suis certes toujours en processus d'apprentissage, mais je ne suis résolument plus celle que j'étais, Dieu merci!

Au fil des ans, je me suis toujours demandé à quoi pouvait bien ressembler la vie d'un homme. Je mis des années à accepter mon corps de femme et à gagner en confiance.

Dans le passé, trop souvent je fondis en larmes, complètement anéantie, me questionnant sur le fait que je ne semblais jamais avoir mené une vie normale. Mais à bien y penser, peut-on réellement définir le concept de la normalité?

J'appris à l'âge de sept ans à dissimuler mes sentiments, à plutôt les transposer en rire et en moquerie et à prétendre que tout allait pour le mieux. Je conçois aujourd'hui que je portais des masques, et que ceux-ci doivent tomber une fois pour toutes! Ma souffrance est profonde et fait entièrement partie de moi.

Je crois avoir élevé mes deux fils dans la facilité. Plus tard, ils se sont comportés comme des adolescents typiques. J'ai également réussi à leur inculquer le respect envers le sexe féminin et à ne jamais s'en prendre à une femme, que ce soit par la force ou par toute autre manière.

Avec ma fille Annie les choses furent tout à fait différentes. Je la surprotégeai et lui causai, par le fait même, beaucoup de souffrance inutile.

Mon état d'alerte constant envers elle finit par être très lourd à porter pour une enfant.

Elle commença à être menstruée à neuf ans, ce qui me perturba gravement. Bien que la tâche d'expliquer les menstruations à mes sœurs cadettes m'ait incombé, aucune d'entre elles n'avaient commencé avant l'âge de onze ans. J'étais donc complètement désemparée avec ma propre fille.

Je commençai par m'asseoir avec elle et lui dis carrément de ne jamais laisser de garçons toucher ses zones érogènes. Je me sentais on ne peut plus incommodée par cette conversation! Annie était si jeune, et j'étais déterminée à lui éviter toute forme de souffrance. La petite était d'ailleurs venue me voir en pleurant à quelques reprises me disant que certains garçons s'étaient plaints du fait qu'elle n'était pas assez bonne pour eux. Pour tout dire, Annie s'était attiré ces moqueries car elle avait refusé de les embrasser.

Je lui répondis que dans le cas où un garçon lui demandait de poser certains gestes avec lesquels elle n'était pas à l'aise, il ne suffisait que de lui dire d'aller se faire plaisir lui-même.

Je rajoutai que j'étais toujours disponible pour elle et identifiai certains autres adultes de son entourage en qui elle pouvait également avoir confiance. Il était essentiel, pour moi, de lui faire comprendre qu'elle pouvait toujours venir me parler qu'elle qu'en soit la raison.

Cela dit, je suis d'avis que les jeunes d'aujourd'hui sont actifs sexuellement de plus en plus tôt. Je ne suis d'ailleurs sûrement pas la seule à penser ainsi.

Avec le recul, je constate avec une certaine honte que j'ai énormément forcé la note avec Annie. J'aurais tant aimé pouvoir lui expliquer l'ampleur de la souffrance qui me poussa à agir de la sorte. J'attribue forcément mes agissements à une peur démesurée et au besoin vital de protéger ma précieuse petite fille qui grandissait trop vite à mes yeux. Concrètement, Annie n'était pas prête à affronter les conséquences de la sexualité, et, à vrai dire, moi non plus. Quoi qu'il en soit, je regrette amèrement lui avoir transféré ma peur et avoir eu ce genre de conversations avec elle à un si jeune âge.

Dieu merci j'ai une fille absolument formidable qui est devenue une jeune femme d'exception dont les accomplissements m'ont rendue immensément fière. En outre, Annie est aujourd'hui maman de deux magnifiques petites filles qu'elle élève de belle façon avec son conjoint qui est, disons-le, tout aussi extraordinaire.

Depuis l'âge adulte, Annie avait toujours pris la peine de mentionner dans ses cartes de souhaits d'anniversaire, de Noël et de fête des Mères à quel point elle était désolée de s'être rebellée contre la mère surprotectrice que j'étais… La pauvre petite, elle n'avait pas à s'excuser ; ses agissements étaient tout à fait légitimes.

J'incarnais le cas classique de la jeune fille de la campagne qui arrivait en ville remplie d'idées préconçues. J'étais très inquiète pour ma fille à bien des égards, surtout en ce qui concernait les garçons. S'il avait fallu que je ne sois pas en mesure de la protéger, je n'aurais jamais pu me le pardonner. Malheureusement, je suis aujourd'hui à même d'admettre que j'aie énormément exagéré avec elle, et ce, tout au long de son éducation. Je m'en excuse sincèrement. J'agis au meilleur de ma connaissance qui s'est forcément avérée imparfaite par moment.

À ma défense, personne ne m'avait enseigné la façon adéquate d'élever des enfants. De ce fait, je gérai les problèmes au jour le jour, à mesure que ceux-ci se présentaient. Je conçois aujourd'hui que j'aurais dû agir autrement dans la majeure partie des cas.

Je suis également parfaitement consciente du fait qu'Annie a énormément souffert de ma rigidité qui, selon moi, allait lui éviter bien des déboires sexuels et psychologiques et surtout la libérer d'une vie entière marquée par la souffrance et la culpabilité.

Heureusement, je me suis épanouie au fil des ans, ai parcouru beaucoup de chemin en terme de respect de soi et vois désormais la vie d'un tout autre œil. Certes, la route fut jonchée d'embûches, mais je crois sincèrement être revenue sur la bonne voie et maîtrise pleinement mon destin. Ma plus grande réussite à ce jour : la naissance de mes trois enfants qui sont devenus des adultes absolument formidables!

Les inconduites de Bernie eurent d'importantes conséquences sur nous sans compter le fait qu'elles nous causèrent des dommages irrémédiables. Aujourd'hui, je m'efforce de transformer toute cette toxicité en quelque chose de positif et surtout de garder le cap. Cela dit, je demeure convaincue que mon prince charmant m'attend au détour d'un chemin, et que nous nous épouserons lors de noces dignes d'un conte de fée qui se prolongeront jusqu'à la fin des temps.

Avec le recul, il m'arrive de m'interroger sur la faisabilité des événements marquants de ma vie. *Comment ai-je bien pu endurer tout ça*, me dis-je parfois. Chose certaine, j'ai survécu et je n'en suis pas peu fière! Je dirais même plus que ma descente aux enfers fut régulière, pour ne pas dire journalière.

En 2010, après avoir raconté mon histoire au médecin de Laura à Wetaskiwin, en Alberta, celui-ci me demanda comment il était humainement possible d'avoir survécu à ce calvaire sans avoir fait au moins une tentative de suicide. Cette constatation médicale sans équivoque me fit constater à quel point je m'étais épanouie.

Dans les faits, l'être absolument merveilleux qu'était le Dr Schlenther traitait Laura pour un trouble de stress post-traumatique. Laura avait de la chance d'avoir pu dénicher un médecin si compatissant et si compréhensif qui la soutenait dans l'ensemble de ses épreuves et de sa guérison. Le Dr Schlenther s'efforça de lui prodiguer les meilleurs soins médicaux qui soient.

J'espère ardemment que nos déboires familiaux inspireront d'autres victimes à sortir de l'ombre et à dénoncer leur agresseur. Certes, le processus de dénonciation est souvent des plus ardus, mais il est faux de croire qu'il s'agit d'un chemin sur lequel nous sommes forcés de s'engager seuls. La qualité du soutien que l'on peut obtenir au sein d'un groupe et auprès des membres de notre famille, d'amis, d'enfants, d'époux ou d'épouses et même de purs étrangers est non négligeable, voire même surprenant.

Le processus de dénonciation peut également contribuer à clore les chapitres moins reluisants du passé et à entamer le processus de guérison psychologique. Enfin, je souhaite sincèrement encourager les victimes à briser le silence et à profiter des bienfaits thérapeutiques de ce processus.

Un à la fois, nous y parviendrons.
Confiance en soi, respect de soi, amour de soi, amour de l'autre.
Tous unis dans l'adversité avec une force surprenante.
Longtemps, je me demandai ce qui poussait Dieu à permettre de tels abus.
On dit que rien n'arrive pour rien…

Extrait de l'Ecclésiaste 3, Bible du roi Jacques :

À chaque chose il y a une saison, et un temps pour chaque projet sous le ciel.

Un temps pour naître et un temps pour mourir : un temps pour planter et un temps pour arracher ce qui est planté.

Un temps pour tuer et un temps pour guérir : un temps pour démolir et un temps pour bâtir.

Un temps pour pleurer et un temps pour rire : un temps pour s'endeuiller et un temps pour danser.

Un temps pour jeter des pierres et un temps pour ramasser des pierres : un temps pour étreindre et un temps pour s'abstenir d'étreindre.

Un temps pour posséder et un temps pour perdre : un temps pour garder et un temps pour jeter.

Un temps pour déchirer et un temps pour coudre : un temps pour se taire et un temps pour parler.

Un temps pour aimer et un temps pour haïr : un temps de guerre et un temps de paix.

Quel gain a celui qui travaille en ce en quoi il travaille?

J'ai vu l'occupation que Dieu a donnée aux fils des hommes pour s'y exercer.

Il a fait toute chose belle en son temps : il a aussi mis le monde dans leur cœur, si bien qu'aucun homme ne peut comprendre l'œuvre que Dieu fait depuis le commencement jusqu'à la fin.

Je sais qu'il n'y a pas de bon en eux, mais pour l'homme de se réjouir et de bien faire pendant sa vie.

Et aussi que tout homme mange et boive et jouisse du bien de tout son labour, c'est un don de Dieu.

Je sais, quoi que Dieu fasse, cela demeurera pour toujours : rien ne peut y être ajouté, rien à en retrancher : et Dieu le fait, afin que devant lui on craigne.

Ce qui a été est maintenant, et ce qui doit être a déjà été, et Dieu requiert ce qui est passé.

Et de plus j'ai vu sous le soleil le lieu de jugement, que l'immoralité y était ; et le lieu de droiture, que l'iniquité y était.

Je dis en mon cœur, Dieu jugera l'homme droit et le pervers : car il y a là un moment pour tout projet et pour toute œuvre.

Je dis en mon cœur, concernant la condition des fils des hommes, que Dieu puisse leur montrer, et qu'ils puissent voir qu'ils ne sont eux-mêmes que des bêtes.

Car ce qui arrive au fils des hommes arrive aux bêtes : une même chose leur

arrive : comme l'un meurt, de même meurt l'autre : oui, ils ont tous un même
souffle : si bien que l'homme n'a pas prééminence sur la bête ; car tout est vanité.
Tout va en un même lieu : tout vient de la poussière, et tout retourne à
la poussière.
Qui sait que l'esprit de l'homme va en haut, et que l'esprit de la bête va en bas
dans la terre?
C'est pourquoi je me suis aperçu qu'il n'y a rien de mieux pour l'homme que de
se réjouir en ses œuvres : car c'est là sa portion car qui le ramènera pour voir ce
qui sera après lui?

Ce n'est qu'aujourd'hui que je peux pleinement apprécier ce passage biblique qui, avec le temps, m'aida à élever trois merveilleux enfants et à renforcer la femme que je suis.

En outre, je peux désormais venir en aide à d'autres victimes en discutant avec elles et en écrivant ce livre. Et qui sait, mes mémoires seront peut-être un jour portées au grand écran!

Enfants, Laura et moi avions l'habitude d'aller à la messe plusieurs fois par semaine. Pour tout dire, le fait de servir la messe contribua énormément à préserver notre santé mentale. Plus précisément, au fil du temps et des nombreuses années d'abus, autant sexuel que physique et psychologique, nous avions appris à faire confiance à Jésus.

En raison des nombreuses épreuves que nous avons été forcées de traverser, nous avons également appris à dépendre de la parole du Seigneur. Dieu nous a maintes fois prouvé qu'il ne nous laisserait jamais tomber. Il était pleinement conscient de l'état pitoyable de notre âme qu'il s'affairait d'ailleurs à rapiécer.

Avec le recul, nous sommes à même de constater que nous avons parcouru énormément de chemin, et que Dieu nous a toujours accompagnées.

La générosité et l'amour de Dieu étant infinis, celui-ci vient en aide à tous ceux et celles qui le souhaitent. Bien que les circonstances précises de l'implication de Dieu demeurent inconnues, il ne laisse jamais tomber ses fidèles.

Je suis la preuve vivante que Satan est un menteur qui tenta de me convaincre du fait que ma détresse allait être éternelle. Le diable croyait avoir exercé son emprise sur moi, mais Jésus m'en dégagea.

Alors que nous étions agenouillés aux pieds de la jolie vierge vêtue de bleu, Jésus nous toucha de sa bonté et de sa bienveillance.

Nous étions à cours de solutions, mais avons trouvé plusieurs réponses en se mettant au service d'autrui. Jésus nous libéra en nous apportant ces réponses.

Sachez, je vous en prie, que vous n'êtes pas seules en dépit de la confusion, de la désorientation, de l'abus et de la peur. Ne baissez jamais les bras : Dieu est là et son omniscience est grande. Vous arriverez, je vous le promets, à garder la tête haute et à conjurer l'adversité. Enfin, ne vous inquiétez pas, votre vie est entre les mains de Dieu.

Et n'oubliez jamais que malgré le fait que votre cœur puisse être en mille miettes, et que nul ne sait de quoi sera fait demain, le bonheur revient toujours, et les épreuves ne se prolongent jamais indéfiniment.

Prenez exemple sur moi, je suis parvenue à m'affranchir de mon passé et suis aujourd'hui fière de me tenir bien droite et de ne plus crouler sous la douleur! Dieu vous aidera à faire de même.

L'anniversaire d'Huguette. Rangée du haut, de gauche à droite : Anne-Marie Courtemanche, Hector Courtemanche, Laura Courtemanche, Huguette Dicaire, Denis Courtemanche, Sylvie Courtemanche, Janette Courtemanche, Lynn Courtemanche, Johanne Courtemanche, Frank Courtemanche, Josée Courtemanche ainsi que d'autres membres de la famille d'Huguette, le 17 mai 1975.

À gauche : Anne–Marie Courtemanche (17 ans), Huguette Dicaire, Hector Courtemanche et Laura Courtemanche (16 ans), St–Lin–Laurentides.

Sally S. Matthews

In Loving Memory
of
Sally S. Matthews
39 Years

Tuesday afternoon, June 24th, 1980
at the Sudbury Memorial Hospital.

Beloved mother of Paul MacDonald, David MacDonald, John Courtemanche, Mary MacDonald, and Margaret Mac-Donald, all of Val Caron, Jacqueline Courtemanche of Sudbury, Mrs. Dan (Anne-Marie) Richard of Montreal and Mrs. Dan (Laura) Landry of Thunder Bay. Loving daughter of John Matthews of Thunder Bay and the late Vicky (predeceased). Dear grandmother of two grandchildren.

Resting at the

Lougheed Funeral Home
252 Regent St. S. at Hazel St.

Funeral Mass
in
Christ the King Church
Saturday, June 28th, 1980
at 10 a.m.
Rev. Fr. R. J. van Berkel officiating
Interment in the Valley East Cemetery

Première photo d'Hector Courtemanche et moi, St–Lin–Laurentides, mai 1975.

Sally Matthews (mère, 36 ans), John Matthews (grand-père maternel), Val Caron, Sudbury, 1976.

Une semaine suivant mon 19ᵉ anniversaire. Rangée du haut : David Mac Donald (frère).
Rangée du bas, de gauche à droite : Daniel Richard (futur époux), Sally Matthews (mère),
Anne-Marie Courtemanche, juillet 1976. Photo prise dans l'entrée d'auto où je pris la dernière
photo de Christine et signa les papiers d'adoption.

Anne-Marie Richard (19 ans) et Daniel Richard (28 ans),
St-Lin-Laurentides, le 12 mars 1977.

Première thyroïdectomie en compagnie de mon équipe de soutien favorite. Rangée du haut, de gauche à droite : Stéphane Brun (ex-conjoint) et Junior Richard (fils). Rangée du bas, de gauche à droite : Joey Richard (fils), Anne-Marie Courtemanche et Annie Richard (fille), hôpital de St-Jérôme, octobre 2006.

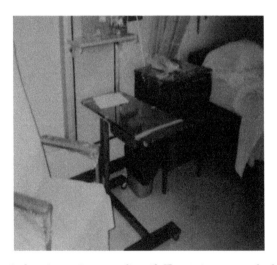

Première de trois thérapies par isotopes radioactifs. Tout était recouvert de plastic, de piqués absorbants et de ruban adhésif pour protéger le personnel et les patients de mon extrême radioactivité. Hôpital St-Luc, Montréal, janvier 2007.

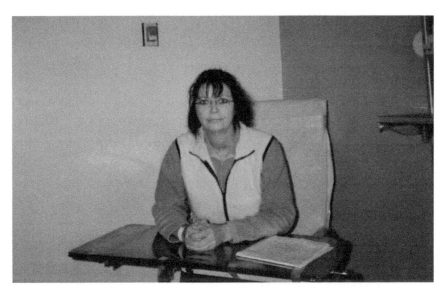

Traitement à l'iode-131, thérapie par isotopes, hôpital St-Luc, Montréal, janvier 2007.

*Notre premier Noël ensemble en 38 ans et également notre dernier. De gauche à droite :
Anne-Marie Courtemanche et Laura Dorosh (sœur), Camrose, Alberta, 2010.*

*Rangée du haut, à droite : Anne-Marie Courtemanche. Département
de soin long duré de l'hôpital de Lachute, septembre 2016.*

Jackie Courtemanche (sœur), à l'endroit où Hector Courtemanche fut victime de son premier AVC, Honourable James Jerome Sports Complex, Sudbury, le 23 juin 2019.

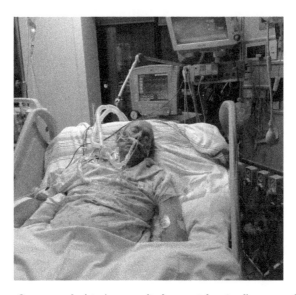

Hector Courtemanche (père), sur son lit de mort, à la suite d'un grave AVC, Sudbury, décembre 2013. Hector mourut le 13 décembre 2013.

Mariage de Sonia Koski et d'Adam Smart ; une splendide journée qui sera à jamais gravée dans ma mémoire. Rangée du bas, troisième, quatrième et cinquième à partir de la gauche : Anne-Marie Courtemanche, Dave Koski et Sonia Koski (fille de Dave Koski), le 8 juillet 2017.

Anne-Marie Courtemanche et Dave Koski, Jazzmyn's Open Mic, le 8 juillet 2017.

Mariage de Fred et d'Helen. Rangée du haut, de gauche à droite : Annie Richard (fille), Martin Demers (conjoint d'Annie Richard), Joey Richard (fils), Anne-Marie Courtemanche, Junior Richard (fils). Rangée du bas, de gauche à droite : Kelly-Ann Demers (fille ainée d'Annie Richard et de Martin Demers, 6 ans) et Amy Demers (fille cadette d'Annie Richard et de Martin Demers, 4 ans), le 15 juillet 2017.

Mariage de Junior Richard et d'Ari Kim. Rangée du haut, troisième à partir de la gauche : Annie Richard (fille) et troisième à partir de la droite : Joey Richard (fils). Rangée du bas, de gauche à droite : Ari Kim (épouse de Junior Richard) et Junior Richard (fils), Québec, le 30 septembre 2017.

Joey Richard (fils) et Shar Simms (conjointe de Joey Richard), Alberta, juillet 2018.

Annie Richard (fille), Martin Demers (conjoint d'Annie Richard), Kelly-Ann Demers (fille aînée d'Annie Richard et de Martin Demers, 7 ans) et Amy Demers (fille cadette d'Annie Richard et de Martin Demers, 5 ans), février 2018.

Anne-Marie Mac Donald Courtemanche Et Sharon Dorival

Mon âme brisée

Je crois comprendre ce qui t'amena à moi
Tu avais déjà des visées sur moi, ma foi
Mais jamais je ne te permis
De me trainer de force dans ton lit

Maman eut beau me jeter dans la gueule du loup
C'est toi qui devrais croupir sous les verrous
Maman à l'hôpital pour donner naissance à ton enfant
Nul besoin de te lover autour de moi tel un serpent

Je ne souhaitai jamais le toucher de tes mains
Chaque jour, tu t'y adonnais d'un air malin
Loin de moi l'idée d'être ton épouse adolescente
Je ne demandais qu'à savourer ma jeune vie, indolente

De l'enfance à l'adolescence, de ma vie tu me dérobas
Bâtard que tu es, tu ne mériterais même pas un grabat
Et puis un jour je tombai enceinte
Pour endurer l'abandon forcé, il aurait fallu être une sainte

Sois reconnaissant, car je ne suis pas une martyre
Tu ne mérites que pourritures infernales pour une fois pour toutes en finir
Tu nous aurais accueillis par pitié
Mais de ce toit, je n'en avais rien à cirer

Aujourd'hui, je suis encore fragile et résiste toujours au même déluge
Un duel qui nous rassemblera sous le marteau du juge
Tu auras eu la mainmise sur mon existence passée
Mais les rôles sont désormais inversés

Ta présence empestant la salle d'audience
Un rappel grotesque de toutes tes déviances
Je dois cependant te soutenir de mon regard
Afin d'arriver à voir enfin se dissiper le brouillard

Si seulement on m'accordait une seconde chance
Je dissoudrais dès lors cette pernicieuse alliance
Si justice il y a, je triompherai
Vers un avenir doré

Anne-Marie Courtemanche, le 6 mars 1995

Épilogue

Sally Matthews, je ne comprendrai jamais ce qui te poussa à trahir à ce point tes propres enfants. Ton égocentrisme aura toujours été sans pareil. Mais que pouvait-il bien te passer par la tête? Me laisser en compagnie de ce monstre pendant toutes ces années de noirceur. Maintenant que tu as quitté cette terre, tu nous laisses, encore une fois et sans grande surprise, avec tant d'énigmes non résolues. Je n'arrive toujours pas à m'expliquer comment une mère pourrait permettre une telle torture envers ses propres enfants. Faire la sourde oreille dut être, pour toi, d'une grande facilité. Mais pourquoi, diantre, as-tu mis tant d'enfants au monde?

Information Supplémentaire

) CONTACTS AND DATES

    March 16/71 - Referred to C.A.S. by District Welfare.

2) IMMEDIATE STEPS TAKEN

    1) March 16/71 - Supervision with M. Howorth who suggested advising her to go home and consult a lawyer.

    2) Obtained Mrs. Mac Donald to open as a protection case.

3) SITUATION

    An O.G. was done for this woman but divorce action was never proceeded with. Mrs. MacDonald living common-law with man who is a truck driver. About 3 years Mrs. MacDonald was hospitalized for cancer and she feels this is when the trouble started. Mr. MacDonald is a heavy drinker. About a year ago Anne and Laura confessed that he was molesting them when she wasn't at home or when they had a ????? fight. When she found out and accused him he kept up his blaming of her. His language is foul she says. Mrs. MacDonald consulted her priest who advised psychiatric help but he refused and about 2 weeks previous to interview he was drinking and went to the girls room and told Anne Marie to get in bed with him. Man's explanation is he is giving them their "sex education". Now that Ann Marie is menstruating he won't bother her. On Saturday, March 13, he was drinking heavily and went out with some friends, later he came home and started beating her. At this time, Mrs. MacDonald called the police but they didn't come, so Mrs. MacDonald took the children and went to Pentney's Motel and rented a unit. She said Mr. MacDonald had a gun and was threatening to kill everyone. Mrs. MacDonald got Mr. Auvinen as her lawyer, and he was trying to get a restraining order. Mr. Mahaffy is his lawyer.

    May 29, 1971 - Mrs. MacDonald phoned, Mr. Mahaffy advised her to return home, said C.A.S. couldn't go into home to remove the children if she dropped charges. Worker advised her this isn't so.

    April 1, 1971 - Mrs. MacDonald called, she saw her husband and her priest and she is willing to drop the assault charge but the charge against the children will stand. He has agreed to psychiatric treatment but was afraid of the cost. Worker advised that her doctor could refer him for help. Mrs. MacDonald promised to put lock on the inside of the door, as this would deter him. The problem only seems to arise when he is drinking.

213

Worker: O.W. Girdlestone/lv
Date: Aug. 30th, 1972.

Aug. 24th, 1972 - Notes.

MacDonald - 1 Wellington Street, Phone 692-9335, Creighton, Ontario. (Behind Bank).

In reading the file it seems that this family moved out of our care in April or May of 1966. At the time we had been of some service. Mr. Bernie Dumont, lawyer, was handling the matter of custody. The CNIB had been asked to help with spectacles for John, age 9. Today we received a phone call from Sally Mathews (Mrs. MacDonald). She is living along now with four children, ages 14, 13, 10 and 8.

Claims she can't "go" it alone - wants someone to come and see her.

Worker: O.W. Girdlestone:lg
Date: October 10, 1972.

ADDED NOTE

August 25, 1972

The situation begins with Sally Mathews (McDonald) calling me because she remembered me. Felt she couldn't manage on her present income of $1.65 an hour.....could I help?

It was about two weeks before I was able to see her in her lunch break. We had coffee in a nearby restaurant. She is quite attractive, well-kept and has tremendous drive and determination. Her situation is simply that she works as an assistant butcher at the I.G.A., but is being exploited by being only paid $1.65 an hour. In very simple terms, she just doesn't have enough money.

We discussed alternatives and she is determined not to go on Welfare or Mother's Allowance but feels that she should be allowed to work but receive sufficient income to support her children.

Retraining was discussed or perhaps further training; also hospital insurance; all the things that make life different for her.

On my return, I made three phone calls......

(1) Mr. Groulx, Social Family Services - he agreed to send a worker to see if they could assist with a supplementary allowance.

(2) O.H.S.I.P. Office, who agreed to send Sally Matthews the application forms for coverage on a reduced premium.

(3) Canada Manpower. Mr. Verne Marks agreed to give Sally Mathews an appointment to discuss training at an adult training centre for butchering, where family accomodation would be provided, such as Elliot Lake.

October 6, 1972 - I phoned Sally Mathews to-day at work.

Mournful vigil: Sally Matthews' family, stunned by her death Tuesday in an accident at Inco Ltd.'s Sudbury refinery, tries to accept the loss. Even after they had identified her body, family members were "still half-expecting her to open the door," said her son Paul.

Anne-Marie Mac Donald Courtemanche Et Sharon Dorival

Death of female steel worker stuns hardrock mining town

Only 16 women

Child at 16

Art of work

Bricklayers move to end 4-day strike

Life of hardships ended in accident

SUDBURY, Ont. (CP)
— When Sally Matthews died, it wasn't just a furnace worker who was lost, but a single mother of eight — a poet, songwriter and fiercely independent woman who endured hardship with an unfailing smile.

216

Sexual abuse victim relives horror at trial

Former Lively resident tells her story, hoping it will help others who have been victims of sexual abuse

By TERRY PENDER
The Sun Times

'Anne-Marie Courtemanche endured years of sexual abuse at the hands of her stepfather, Bernard MacDonald, who was sentenced to five years in prison for the offences.

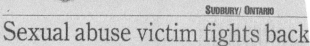

Sexual abuse victim fights back

Continued from Page A1

JOHN F. LIGHTFOOT JR., Sudbury Star

John Courtemanche supported his sister Anne-Marie throughout her lengthy court battle after she charged her stepfather Bernard MacDonald with sexual assault. MacDonald was convicted for the offences that occured over a number of years when Anne-Marie was a child.

She doesn't remember anything else happening until she was nine. By that time, Courtemanche shared a bedroom with four of her sisters. They each had their own bed.

At night, MacDonald would come into the room and perform oral sex on Courtemanche. These assaults took place regularly, she says. Not long after this, MacDonald tried to rape his stepdaughter.

Courtemanche says that by the time she was 11, MacDonald was forcing sexual intercourse on her every week.

MacDonald and Courtemanche's mother eventually had three children together. That brought to eight the number of children living in the house. Courtemanche was too scared to say anything about the abuse.

Courtemanche's sister, Laura Landry, also says she was sexually abused by MacDonald. He would come into the girls' room, and perform oral sex on her as well. She was scared that he was about to begin raping her, but didn't want to say anything about it.

Instead, she told her mother what MacDonald was doing to her sister. The mother called the police. Courtemanche was 11-years-old.

"I remember sitting in the back of a police car, talking to the cops," says Courtemanche. "I denied everything ... I was scared of him.

"He was beating our mother right in front of us. What do you expect?" adds sister Jackie.

According to an old file from the Children's Aid Society, the police did investigate, and Courtemanche's mother had assault charges laid against MacDonald. The file also notes that MacDonald was accused of sexually abusing Courtemanche and her sister Laura.

But nothing happened, and today it's not clear why.

"We followed the paper trail, but it just went cold," says assistant crown attorney Susan Stothart, who prosecuted MacDonald.

The abuse continued after the police investigation. Sally Matthews soon had enough and left MacDonald in 1972. She took all of her daughters with her — except Courtemanche.

"She sent me to play baseball. When I came back she was gone with the other girls and left me at home with the boys," she recalls.

The abuse escalated and occurred much more frequently. In early 1973, when she was 15, Courtemanche was getting sick in the mornings. She didn't know why. "Bernie told me I was pregnant, and laughed about it," she recalls.

Soon after, Courtemanche learned her mother and sisters were living in Creighton. She ran away from MacDonald and joined them. Courtemanche was sent to a "home for unwed mothers" in

Kitchener to have the baby. The infant was given to the Children's Aid Society for adoption.

To this day Courtemanche is at a loss to explain why her mother had left her with MacDonald. For years, Courtemanche couldn't think or talk about it. It's something else we were never able to resolve with her mother, who was killed in an industrial accident at Inco's Copper Cliff smelter in 1980.

"For years I felt guilty about Anne-Marie being left behind. We'll never know for sure why our mother did that. We've got to remember she was a victim too. She was beaten by him for years. She was probably scared that he would come after her, so maybe she left Anne-Marie behind to placate him," says Landry in a telephone interview from Gold River, B.C.

* * *

Defence lawyer Ted Conroy rises in the courtroom to address Judge John Poupore at MacDonald's sentencing hearing.

MacDonald now suffers from phlebitis in his right leg, high blood pressure, a deteriorated disc in his back, asthma and bronchitis, and he has to take 17 different pills a day, says Conroy.

"There's been no evidence of bad conduct since that time," Conroy tells the courtroom. "You ought not to punish conduct that occurred 25 years ago as if it occurred today."

He suggests that his client be sentenced to less than two years and ordered to perform community services.

He also notes that MacDonald has put in 50 years of productive work, has raised several children, had his wife in court with him every day, and some neighbors came to court to support him as well. Clearly, Conroy tells the courtroom, MacDonald has the necessary resources to re-integrate back into the

community.

But Stothart wastes no time in reminding the judge that the court is dealing with a man convicted of sexually assaulting a child.

"The accused sexually abused his stepdaughter for eight years — consistently for six years. At age seven, oral sex and digital penetration, at age nine attempting sexual intercourse by placing the victim over a workbench, at age 11 sexual intercourse on a regular basis, at 15 fellatio," says Stothart.

"These are "some of the most serious forms of sexual abuse that can be perpetrated on a child," she says of MacDonald's actions. "Long-term, highly intrusive sexual abuse by a stepfather, coupled with violence in the home and threats."

Judge Poupore needs only five minutes to deliberate on a sentence. As he announces it, Courtemanche sobs quietly as she holds the hands of her brother John and sister Jackie.

"Having regard to all the circumstances in this case," intones Judge Poupore, "the nature of the offences, the repeated acts, the intimidation by the offender, the breach of trust by the offender, the lack of remorse and responsibility shown by the offender, the lasting harm to the victim, and society's need to deter this conduct, this court sentences Bernard MacDonald to five years on count number one, and three years on count number two."

The sentences are to be served concurrently — or at the same time. MacDonald will be eligible for day parole after serving one-sixth of his sentence.

Minutes after hearing the judge send her former stepfather to prison, Courtemanche is smoking a cigarette, drinking coffee, and trying to integrate everything

that's happened.

"If I'd known that I was strong enough to go through a trial and face him again I would have done it a long time ago," she says.

"I'm still scared of him even though he's going to jail. When I was younger, I thought the day would never come when I could face him on my own," she adds.

"I started feeling guilty again after the judge sentenced him." says Courtemanche. "I had to say to myself: I didn't do anything. He did it to himself."

Courtemanche wants to talk about what happened to her. For years she has kept it all inside as the memories of abuse rose in her mind like a toxic vapor, often poisoning her life.

"It's a good feeling that it's all finished. I feel light, like I'm floating. It's the weight off my shoulders. It's out. I don't have it inside me anymore ... the guilt."

Courtemanche has always felt as though she were running from something. She moved to Montreal, where she still lives, a few years after giving up the baby. She married at 19, had three children and divorced her husband after 12 years. "No matter where I went, I was alone in my little world because there were always things I couldn't talk about," she says.

"It does affect you, every day. Sometimes, even when you are making love with your husband, you have to stop. Just stop. It's not a flashback or anything. You just feel so dirty."

When her marriage ended in 1991, Courtemanche saw a therapist. She started talking about the abuse and laid charges in the spring of that year.

"I don't care who knows. It's not me. It's not my fault. I think that's why a lot of people don't talk about it. They put the blame on themselves," says Courtemanche. "I'm a survivor. I'm not the victim anymore."

217

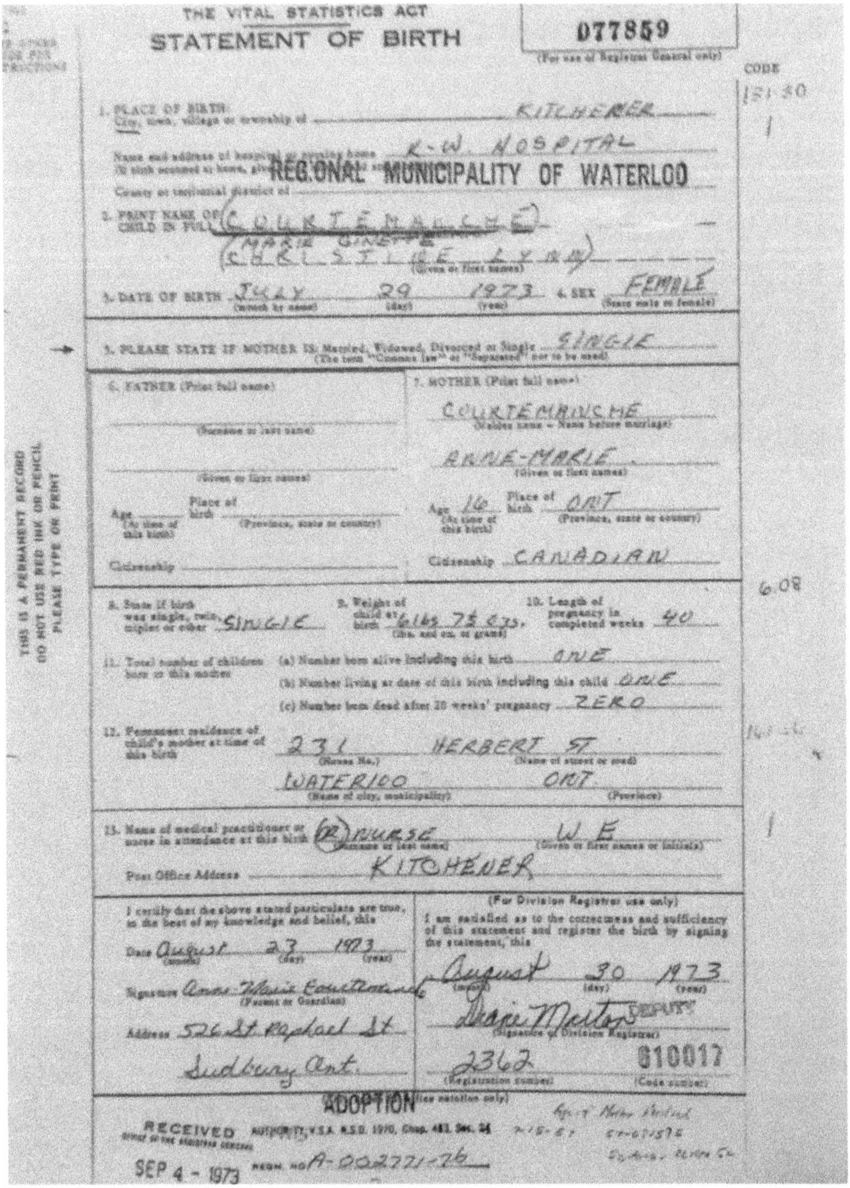

THE VITAL STATISTICS ACT

STATEMENT OF BIRTH

077859

(For use of Registrar General only)

CODE

1. PLACE OF BIRTH: City, town, village or township of KITCHENER

Name and address of hospital or nursing home K-W HOSPITAL

REGIONAL MUNICIPALITY OF WATERLOO

2. PRINT NAME OF CHILD IN FULL (COURTEMANCHE) (MARIE GINETTE) (CHRISTINE LYNN) (Given or first names)

3. DATE OF BIRTH JULY 29 1973 (month by name) (day) (year) 4. SEX FEMALE (State male or female)

5. PLEASE STATE IF MOTHER IS: Married, Widowed, Divorced or Single SINGLE (The term "Common law" or "Separated" not to be used)

6. FATHER (Print full name) (Surname or last name) (Given or first names) Age (At time of this birth) Place of birth (Province, state or country) Citizenship

7. MOTHER (Print full name) COURTEMANCHE (Maiden name – Name before marriage) ANNE-MARIE (Given or first names) Age (At time of this birth) 16 Place of birth ONT (Province, state or country) Citizenship CANADIAN

8. State if birth was single, twin, triplet or other SINGLE 9. Weight of child at birth 6 lbs 7½ ozs. (lbs. and oz. or grams) 10. Length of pregnancy in completed weeks 40

11. Total number of children born to this mother (a) Number born alive including this birth ONE (b) Number living at date of this birth including this child ONE (c) Number born dead after 20 weeks' pregnancy ZERO

12. Permanent residence of child's mother at time of this birth 231 HERBERT ST (House No.) (Name of street or road) WATERLOO ONT (Name of city, municipality) (Province)

13. Name of medical practitioner or nurse in attendance at this birth (R) NURSE W E (Surname or last name) (Given or first names or initials)

Post Office Address KITCHENER

I certify that the above stated particulars are true, to the best of my knowledge and belief, this Date August 23 1973 (month) (day) (year)

Signature Anne-Marie Courtemanche (Parent or Guardian)

Address 526 St Raphael St Sudbury Ont.

(For Division Registrar use only) I am satisfied as to the correctness and sufficiency of this statement and register the birth by signing the statement, this August 30 1973 (month) (day) (year)

DEPUTY (Signature of Division Registrar)

2362 (Registration number) 810017 (Code number)

ADOPTION (For notation only)

RECEIVED AUTHORITY: V.S.A. R.S.O. 1970, Chap. 483, Sec. 24

SEP 4 - 1973 REGN. NO A-002771-76

THIS IS A PERMANENT RECORD. DO NOT USE RED INK OR PENCIL. PLEASE TYPE OR PRINT

Annexe

Les données suivantes proviennent des dossiers de la Société de l'aide à l'enfance de Sudbury qui nous ont été fournies lors de notre audience préliminaire. La lecture de ces informations prouve clairement les défaillances du système à notre égard. Toutes les personnes impliquées se sont carrément lavé les mains de nos déboires familiaux. Quoi qu'il en soit, voici les preuves flagrantes de l'inaptitude de ma mère.

EMPLOYÉ (E): O. Girdlestone (13674)

NOM: Mac Donald

ÉTAT MATRIMONIAL : conjoint de fait

NOM ET PRÉNOM LÉGAUX DE L'HOMME : Bernard Mac Donald

NOM ET PRÉNOM LÉGAUX DE LA MÈRE : Mme Hector Courtemanche

NOMBRE D'ENFANTS : huit

ADDRESSE : Santala Road-près de Lively, en Ontario. Une fois à Lively, continuez pendant environ 800 mètres et tournez à gauche sur Niemi Road. La résidence de la famille Mac Donald, est située à un peu plus de trois kilomètres plus loin sur la route et est constituée d'un simple sous-sol.

SITUATION: Le cas de la famille Mac Donald nous a été référé le 24 février 1966 par Mme McAndrew de l'agence Lifeline, qui confirma l'état de négligence avancé des enfants. Mme Courtemanche dort pendant la majeure partie de la journée, laissant les enfants répondre à leurs propres besoins au meilleur de leurs capacités. L'alcoolisme est également omniprésent dans la maisonnée.

Mars et avril 1966 :

Je me suis rendue à la résidence des Mac Donald située dans un sous-sol. Ils ont fait l'acquisition de cette propriété par le biais d'une coopérative de crédit. De taille moyenne et pesant environ 200 livres, M. Mac Donald était plutôt hostile et belligérant à mon égard. Il a tenu des propos peu reluisants à propos de la Société d'aide à l'enfance en mentionnant fréquemment le nom de mon prédécesseur (un certain M. Floyd). M. Mac Donald était à l'emploi régulier de la compagnie Inco et conduisait également un autobus scolaire pour le district local en échange d'un salaire d'appoint qui lui permettait de soutenir sa famille nombreuse (huit enfants). M. Mac Donald recevait égale-ment une prime supplémentaire pour des quarts de nuit occasionnels.

Mme Courtemanche est de taille moyenne et de teint clair et est encore légalement mariée à M. Hector Courtemanche. Elle est née au Nouveau-Brunswick et est arrivée à Sarnia avec sa famille à l'âge de 12 ans. Elle a fréquenté l'école jusqu'à la onzième année, soit jusqu'à ce qu'elle épouse M. Hector Courtemanche à Sarnia, en 1956.

Bien que son union légale avec M. Courtemanche ait été un échec, elle a produit plusieurs enfants. Concrètement, il s'est avéré que M. Courtemanche n'ait pas été en mesure de subvenir aux besoins de sa famille en passant d'un emploi à l'autre. Il s'agit fort probablement de la raison pour laquelle le couple s'est séparé.

Selon les dossiers de Mme Arbour, administratrice à l'aide sociale, il semble que Mme Courtemanche se soit retrouvée seule avec quatre enfants dans la ville d'Espanola où elle a vécu pendant un certain temps. À l'arrivée de M. Mac Donald, le nouveau couple a commencé à vivre en concubinage, ce qu'ils font toujours d'ailleurs. La naissance de d'autres enfants a bien sûr suivi.

Jusqu'à maintenant, la situation familiale des Mac Donald ne pose pas problème, et rien ne semble corroborer les dires de Mme McAndrew de l'agence Lifeline. Ceci dit, deux ou trois enjeux problématiques demeurent. 1) M. Mac Donald a une opinion plutôt péjorative de la Société d'aide à l'enfance, et il deviendra bientôt nécessaire de le confronter à ce sujet si nous voulons pouvoir compter sur sa collaboration future. 2) M. Mac Donald semble s'insurger régulièrement du fait qu'il ait soi-disant hérité des cinq enfants de sa conjointe. Il se demande en outre pour quelle raison le système ne subvient-il pas, d'une manière ou d'une autre, aux besoins de ces cinq enfants. 3) Mme Courtemanche et M. Mac Donald semblent rechercher ardemment une façon d'acquérir une autre source de revenus soit grâce au divorce potentiel de Mme ou à une décision légale impliquant la garde des enfants.

Bien sûr, il ne s'agit ici que d'une version de notre histoire.

Chapitre 19

Laura Dorosh, réceptionniste dans un centre de pastoral

Puisqu'il y aura toujours quelqu'un pour chasser le vent qui souffle dans vos voiles, mieux vaut réagir avec sagesse et logique plutôt qu'avec emportement et anxiété. Il ne faut jamais oublier que nous sommes à la barre du navire de notre propre existence.

Traduction libre d'une citation d'Evan Carmichael.

Lettre à l'intention d'Anne-Marie

Ma chère Anne-Marie,

Il y a longtemps que je suis accablée par une profonde tristesse qui m'empêche pourtant de verser des larmes. J'ignore cependant la source exacte de cette peine. Chose certaine, je souffre d'un étrange vague à l'âme fort probablement imputable au fait que nos routes se sont séparées au même titre que notre confiance mutuelle s'est érodée au fil du temps. Avec le recul, je constate que tu t'es probablement éloignée au début de l'adolescence. Nous étions, à l'époque, si proches, et tu t'es fermée comme une huître, refusant même d'interagir avec moi. C'est proba-blement à ce moment que j'ai dénoncé les inconduites de Bernie à Maman, et que la Police nous avait questionnées. Il est possible que tu te sois sentie trahie par mes aveux, mais je tentais seulement de mettre fin à toutes ces années d'horreur.

Je te pardonne de t'être éloignée de moi et de m'avoir retiré ta confiance. Il fallait que je lève le voile sur notre calvaire familial ; je voulais qu'on nous vienne en aide. Dans un univers parallèle, nous aurions pu être les meilleures amies du monde. Peut-être qu'une telle relation ne nous était pas destinée.

Je te demande également pardon de m'être enfuie avec Maman. Je garde de ce départ une amère sensation de culpabilité. Sache que je ne pouvais ni lui demander de t'amener avec nous, et encore moins continuer d'habiter avec Bernie. Cela dit, je peux très bien imaginer l'effet de panique et le désarroi qu'a pu causer notre départ lorsque tu rentras à la maison, et que nous avions disparu. Pour tout dire, ma détresse était grande, mais ma peur l'était davantage. Encore une fois, pardonne-moi.

Tu sembles être dotée d'une force que je n'ai pas. Ta bravoure dépasse l'entendement. J'aurais été anéantie à ta place.

Entre la vie et la mort, j'aurais aisément choisi la mort. Je prie pour que mes souvenirs ne soient jamais aussi horribles que les tiens. Je suis à la fois faible et fière de m'être insurgée contre un tel abus de pouvoir. Tous les jours je pleure en mémoire de l'enfant que tu étais qui souffrit avec une telle lucidité. Je peux certes me compter chanceuse. Néanmoins, comme j'ai pitié de ton âme, qui malgré tout survécut, et comme j'admire ta force. Enfin, je te pardonne de m'avoir quittée, et pardonne-moi de t'avoir à mon tour quittée. Je ne nous souhaite que de la paix. Nous serons à jamais unies par des liens invisibles. Des âmes sœurs qui ont parcouru ensemble un chemin difficile. Je t'aime, ma sœur, mon amie. Laura

Lettre à l'intention du Père Delaney

Lorsque j'avouai à Maman que Bernie agressait Anne-Marie sexuellement (omettant délibérément de mentionner mes abus personnels), Maman prit un fusil chargé et le dissimula sur le dessus de sa commode. Elle s'empressa ensuite de vous appeler pendant que Bernie dormait à l'étage. Vous êtes arrivé sur-le-champ. Naïves, Anne-Marie et moi avons cru à tort que vous contribueriez à régler le problème rapidement. N'oubliez pas que nous étions des petites filles très croyantes, et, qu'à nos yeux, vous étiez un représentant de Dieu et aviez réponse à tout. Prostrées au sous-sol, nous observions la scène par la fenêtre. Bernie s'attabla dans la cuisine, mais nous n'arrivions pas à entendre les propos qui étaient échangés entre les trois adultes accoudés autour de la table. Bernie faisait non de la tête. La discussion se prolongea environ une demi-heure après quoi vous ayez quitté notre domicile sans même nous regarder alors que nous étions terrées à deux pas de la porte. Nous étions suffisamment visibles ; vous nous aviez assurément aperçues. Et pourtant, vous avez choisi de ne pas reconnaître notre présence. Vous vous êtes engouffré dans votre véhicule tout en continuant de nous éviter du regard, puis vous êtes parti. Nous étions parfaitement conscientes du fait que Bernie venait de tout nier en bloc et que nous devions, encore une fois, assurer notre propre survie. Nous étions sans mot. Vous nous aviez abandonnées, et Dieu en avait fait de même. Notre douleur et notre peur ont dès lors décuplé. Si Dieu et l'Église ne pouvaient rien pour nous, alors qui?

Nous avons également abandonné tout espoir de voir notre situation changer pour le mieux. Même notre propre mère nous avait abandonnées, choisissant de croire toutes les balivernes qui sortaient de la bouche de Bernie. Elle n'aborda plus jamais les accusations portées contre Bernie par sa propre fille et encore moins les circonstances de votre visite. Notre désespoir était plus palpable que jamais, et notre frayeur avait pris des proportions inégalées au point d'annihiler toute tentative de dénonciation subséquente.

Laura Dorosh

Lettre à l'intention de son enfant intérieur

J'aurais tant voulu que Maman nous vienne en aide. Je dirais même plus que je souhaitais secrètement qu'elle assassine Bernie. Lorsqu'elle appela le prêtre, j'étais persuadée que le bien triompherait enfin du mal. J'avais tort. Le bien m'abandonna d'un seul coup. Toute trace d'espoir avait été anéantie, et une toute nouvelle dimension de peur s'était immiscée dans mon cœur. Une grande partie du respect que j'avais toujours éprouvé pour Dieu et la religion venait d'être compromise. J'étais encore si jeune et j'étais foncièrement seule. Je nageais en pleine incrédulité, et la peur venait de prendre une toute nouvelle signification. Si le mal l'avait emporté, que pouvait bien avoir à me réserver la vie? Il sem-blait que les deux seules personnes qui pouvaient nous venir en aide croyaient

davantage au mal qu'à l'innocence. Mon existence venait de prenait une tour-
nure des plus vilaines jusqu'ici inégalée. J'étais seule au monde. Le diable était en
train d'assurer sa victoire, et j'étais terrifiée. D'une part, j'aurais tant voulu me
raccrocher à Dieu, et d'autre part, je sentais qu'il m'avait complètement aban-
donnée. J'avais tant misé sur les pouvoirs d'un prêtre qui n'était en fait qu'un
simple mortel. Était-il réellement conscient de ce qui se passait sous notre toit, ou
avait-il tout simplement choisi d'ignorer la situation? Je me souviens soudaine-
ment que, selon les dires de ma mère, le prêtre avait encouragé Bernie à entamer
une thérapie, mais que de façon temporaire. Le prêtre avait donc accordé une
certaine crédibilité à mes aveux, mais n'avait pas jugé bon effectuer de suivi. Il
n'avait même pas daigné nous regarder en quittant notre domicile. Tout portait
encore à croire que j'étais fin seule.

Bien que je sois pleinement consciente du fait que le Père Delaney n'était
qu'un pauvre homme, j'ai énormément de mal à excuser sa négligence. En tant
qu'homme d'Église, il aurait dû être tenu de mieux agir. Ma seule consolation
réside dans le fait que Dieu se chargera bien de lui faire payer ses erreurs de juge-
ment qui ont causé tant de dommages. À bien y penser, je ne lui pardonne pas du
tout sa négligence. Pas le moins du monde, même! Je laisse donc Dieu décider de
son sort. Bonne chance ordure que tu es!

Laura Dorosh

Lettre à l'intention des Services Sociaux

Mais quelle farce! Les membres de votre département devaient uniquement
être motivés par l'appât du gain, car la réelle protection des enfants a semblé être
le dernier de leurs soucis. La présente se veut, je l'espère, une prise de conscience
qui risquera peut-être de faire changer les choses. C'est à se demander si votre
formation requerrait un apprentissage de certaines notions de base en psycholo-
gie... Combien d'enfants ont été forcés de demeurer au sein d'une famille abusive
par manque de compétence de votre part?

Pire encore, même dans des cas où les faits étaient sans équivoque vous avez
quand même choisi de fermer les yeux. Résultat, aucune aide pour ces enfants qui
ont dû survivre, tant bien que mal, par leurs propres moyens. À vos yeux, aucune
situation ne semblait mériter le retrait de l'enfant. Je perdis toute confiance en
vous lorsque je n'étais encore qu'une enfant. Je n'éprouve aujourd'hui aucune

forme de respect envers votre organisation. Pour vous, tout n'était qu'une question de métro, boulot, dodo. Une situation familiale donnée vous faisait sourciller? Vous preniez des notes, les entriez dans votre base de données et faisiez la sourde oreille… Comme les voisins d'ailleurs…

Difficile de saisir la clientèle visée par vos services, chose certaine, j'avais assurément été exclue de cette clientèle. Des membres de votre département prenaient d'ailleurs la peine de se déplacer à domicile sans même nous adresser la parole, mais en faisant systématiquement confiance aux adultes. Ne vous est-il jamais passé par la tête que ces adultes si vertueux tentaient peut-être de semer la confusion en dissimulant leurs propres inconduites et leur négligence?

Ceci dit, je suis pleinement consciente du fait que la protection de la jeunesse n'en était encore qu'à ses début à la fin des années soixante. En effet, la préoccupation sociétale de la protection des femmes et des enfants était, à l'époque, un concept relativement nouveau. Néanmoins, je prie pour que les choses aient évolué depuis et me plais à croire que votre intervention aurait été beaucoup plus proactive si les incidents auxquels fait référence cette lettre s'étaient déroulés beaucoup plus récemment.

Laura Dorosh

Lettre à l'intention des responsables du programme d'indemnisation des Victimes d'actes Criminels au Canada

En janvier j'ai soumis une application au programme d'indemnisation des victimes d'actes criminels. Cela dit, je juge désormais nécessaire de vous transmettre plusieurs informations supplémentaires. Je vous remercie d'avance de l'attention que vous allez me prêter, car mon histoire est complexe, et les détails en sont nombreux.

En 1991, j'ai porté plusieurs accusations contre mon beau-père, M. Bernard Mac Donald, pour des agressions sexuelles qui s'étaient déroulées tout au long de mon enfance. Plus précisément, j'ai suivi l'exemple de ma sœur aînée, Anne-Marie Courtemanche, me disant que j'avais autant de bonnes raisons qu'elle de porter plainte contre cet homme pour abus psychologique, physique et sexuel. À la réception de mes plaintes à la cours de Sudbury, il avait été d'abord prévu que ma sœur et moi aillons avoir des dates d'audience séparées. La Couronne étant ce qu'elle est, il a ensuite été décidé que nos procès respectifs allaient être fusionnés. Cette décision judiciaire contribua à faire naître en moi un grand sentiment d'aliénation.

Mentionnons d'abord que ma mémoire est fragmentée en ce qui a trait à mes souvenirs d'enfance. Autrement dit, plusieurs de mes souvenirs se sont effacés avec le temps et pour des raisons différentes. Quoi qu'il en soit, je me souviens clairement avoir été agressée sexuellement par mon beau-père alors qu'il s'était glissé sous les couvertures et qu'il s'affairait à retirer mes sous-vêtements pour procéder à une relation sexuelle orale avec moi. Je suis persuadée qu'il s'agissait bien de mon beau-père. À la suite de cet incident, mon corps est entré en état de choc me poussant même à bloquer tout autre souvenir relié à l'acte en question et même aux jours subséquents. Je suis tout de même d'avis que malgré le fait que je ne me souvienne plus de la durée des attouchements en question et ignore s'il a posé d'autres gestes disgracieux par la suite, mes plaintes sont recevables et que je tiens à être enfin reconnue en tant que victime.

Pendant plusieurs années, je suis demeurée incrédule quant à la nature réelle de l'incident. Dans mon esprit d'enfant, il était complètement impensable, voire inhumain, que se produisent de tels événements. J'avais beau n'être âgée que de six ans lors des premiers attouchements, je me souviens de la relation orale dans ses moindres détails. Je m'entêtais, malgré tout, à nier en bloc les agissements de mon beau-père tellement ils étaient ignobles.

Plusieurs nuits plus tard, mon beau-père récidiva, mais je m'étais si fermement enroulée dans mes couvertures qu'il finit par abandonner, faute de pouvoir atteindre mon petit corps raide sous les draps. Il m'arrivait même parfois de dormir tout au bout mon matelas ou de dormir carrément sous le lit de sorte que mon lit donne l'illusion d'être vide. Je ne suis pas en mesure de me rappeler si mon beau-père tenta de m'agresser de nouveau.

Chose certaine, il était déterminé à avoir une relation sexuelle avec moi. À ce sujet, il m'a d'ailleurs offert de participer à mon éducation sexuelle. Lorsque j'ai osé refuser son offre, il m'encouragea à prendre plutôt exemple sur ma sœur Anne-Marie qui, selon ses dires, semblait bien apprécier la chose. En outre, mon beau-père ne manquait pas une occasion de me pincer les seins ou la vulve. Il en était obsédé. J'étais terrifiée par sa présence et par la portée de ses actes. Son caractère bouillant était si imprévisible, et il était évident qu'il n'avait que faire des enfants que ma mère avait eus avant lui. J'avais l'habitude de m'endormir en pleurant alors que je pouvais l'entendre hurler.

-«*Tu n'es qu'une traînée, disait-il à ma mère. Toi et tes petits bâtards.*»

Ses excès de colère s'ensuivaient presque systématiquement d'une forme de violence physique dirigée soit contre ma mère ou soit contre les enfants, dont moi, qui n'étaient pas les siens.

J'aurais souhaité ne jamais avoir vu le jour. Ma vie était un calvaire de tous les instants. Peu importe ce que je faisais, ce n'était jamais suffisant, et j'étais toujours sévèrement punie lorsque, selon les dires de mon beau-père, je désobéissais. Je me rappelle m'être souvent rendue à l'école avec de brûlantes zébrures rougeâtres me parcourant le dos et parfois même le derrière des jambes. Je m'assurais, bien entendu, de dissimuler mes plaies et de ne jamais trahir la douleur qu'elles me causaient. Lorsque mon beau-père sortait sa ceinture, il devenait fou de rage. Il était absolument impitoyable! Le simple fait de me remémorer ces excès de rage suffit à raviver la douleur de mes anciennes lésions. Étonnamment, je ne me souviens plus de ces attaques, seulement de la douleur qu'elles engendraient. Mon esprit les a sûrement bloquées par mesure de protection inconsciente. Je garde cependant un vif souvenir des épisodes de violences dirigées contre mes frères et sœurs. Quant aux incidents m'impliquant personnellement, incluant l'abus sexuel, toute demeure très floue.

Mes sœurs et moi étions terrorisées à l'idée que notre beau-père nous approche, car nous connaissions ses propensions pour les attouchements sexuels. La nuit, nous craignions même d'aller à la toilette de peur qu'il se réveille et se rende dans notre chambre. Je dus forcément uriner dans mon lit à maintes reprises. Comble de l'humiliation, une fois le procès terminé, mes sœurs et moi nous sommes senties plus à l'aise de partager ce genre de douloureux souvenirs. J'ai donc appris que certaines de mes sœurs venaient parfois uriner dans mon lit pour retourner ensuite dans le leur. Et moi qui, pendant toutes ces années, avais cru souffrir d'énurésie nocturne. Bref, il s'agissait d'un des nombreux exemples traduisant le climat de terreur qui meublait notre quotidien.

Quant aux attaques dont ma mère était victime, elles étaient si fréquentes et, à la limite, si banales, qu'il nous arrivait même de continuer à manger lorsqu'elles survenaient en plein repas. Cela ne nous empêchait toutefois pas d'avoir la nausée et d'avoir l'estomac complètement tordu par la peur. Nous réussissions toutefois à garder le silence au son des pleurs de notre mère. Inutile de préciser que notre déglutition s'en trouvait fortement impactée. Après tout, nous devions absolument garder notre contenance, spécialement lors d'incidents de ce genre. Résultat, nous étions forcés de vivre dans le déni le plus total tout en étant directement impliqués sur une base régulière.

Quoi qu'il en soit, l'heure des repas constituait un des moments les plus anxiogènes de notre quotidien, car les réactions de notre beau-père semblaient y être des plus imprévisibles. Il se plaisait, par exemple, à nous reprocher une multitude de choses comme de manger d'une façon qui l'agaçait ou tout simplement de le regarder au mauvais moment. Bien que nous ayons été tenus de garder le silence durant ses allocutions, notre beau-père clôturait presque toujours les repas par une explosion de rage si grande qu'il renversait carrément la table et tout son contenu. Paralysés par la peur et tentant d'étouffer nos sanglots, nous nous affairions habituellement à ramasser nos couverts et les débris de nourriture pour se remettre à manger comme si de rien n'était. Et puis, un soir, je me souviens l'avoir entendu injurier ma mère au point de presser la lame d'un couteau au manche d'ivoire contre son poignet. Il l'immobilisait avec force, et je pouvais voir la peur dans les yeux larmoyants de ma mère. Je me mise à trembler et à pleurer. Comme j'en avais l'habitude pendant la majeure partie de mon enfance, j'étais consciente de la présence environnante de mes frères et sœurs, mais pas cette fois-ci. Notre beau-père se mit à hurler.

–«Si ces maudits enfants n'arrêtent pas de pleurer, je te tranche le poignet.»

J'étais transie, me permettant à peine quelques larmes silencieuses et discrètes qui s'égouttaient dans mon assiette. Mon beau-père eut beau épargner ma mère, il avait tout de même réussi à se surpasser en matière d'abus de pouvoir. Une fois libérée de son emprise, ma mère détala à l'extérieur, évitant de justesse le couteau d'ivoire que son ex-conjoint venait de lui lancer.

–«Je suis Dieu, s'écria-t-il en nous fustigeant du regard et en écrasant ses poings sur la table avec grand fracas.»

Sa voix résonna si fort que mes os en tremblèrent. Puis, fidèle à ses habitudes, il renversa la table de nouveau. Voici en gros ce à quoi pouvaient ressemblé les repas de mon enfance.

En ce qui a trait à l'abus psychologique, on me dit, à l'époque, que de telles charges n'étaient pas recevables et que les charges d'abus physiques constituaient une charge de moindre importance que celles d'abus sexuel. Quelle infamie! Mais que pouvais-je bien y faire? Il ne me restait donc que les accusations d'abus sexuel. Contrairement à moi, ma sœur Anne-Marie se souvient de beaucoup plus de détails concernant les abus sexuels. Notre avocate bâtit donc le fardeau de la preuve en fonction des aveux de ma sœur aînée plutôt que des miens. Soit, mais qu'en était-il de moi? À l'époque, je tentais de me dissuader de mon propre sentiment d'égocentrisme et ai passai cinq années à tenter de déchiffrer le système juridique en observant les avocats et les agents de police en charge du dossier qui n'hésitaient jamais à apporter un soutien de tous les instants à Anne-Marie, me laissant, moi, croupir dans les oubliettes du passé. Bien que j'aie parfois eu l'impression que mes plaintes étaient non fondées, les aveux d'Anne-Marie semblaient amplement suffire au bon déroulement de notre procès, tandis que les miens semblaient on ne peut plus superflus. Je me sentais complètement insigni-fiante et mesquine. Je n'étais néanmoins pas prête de lâcher prise. Enfin, en dépit de mon sentiment d'insignifiance, j'étais persuadée que les inconduites de mon beau-père étaient hautement répréhensibles.

Le 21 décembre 1995, le juge rendit son verdict : Bernard Mac Donald avait été trouvé coupable de tous les chefs d'accusation pesant contre lui sauf le mien. Doux Jésus! Rien de mon témoignage ne s'était avéré pertinent! Mon beau-père n'allait pas être puni de ses crimes contre moi dû au fait que je n'avais pas pu formellement l'identifier alors qu'il se cachait sous les couvertures, pas plus que je ne gardais de souvenir de la durée exacte de l'incident. Mon beau-père n'aura, évidemment, pas eu soin de m'indiquer sa présence officielle ainsi que le déroulement étape par étape de ses attouchements. Mais de qui d'autre aurait-il bien pu s'agir? J'avais été victime de ma propre mémoire.

Bernard Mac Donald a certes été reconnu coupable des accusations portées contre lui par ma sœur aînée, mais il s'agit justement de ses charges à elle, et non des miennes. Cela étant dit, qu'en était-il de mon dossier? Avais-je égale-ment été la victime de cet homme ou non? Contrairement à moi, on demanda à ma sœur de rédiger une déclaration de la victime. En outre, un reporter sou-haita s'entretenir avec elle, et elle reçût un appel de la prison dont le but était de l'informer des allées et venues de notre beau-père. Ultimement, je ne valais rien. Aujourd'hui, je souffre encore de cette négligence gratuite qui me fait même douter de ma propre victimisation.

Mon sentiment d'insignifiance est tel que j'éprouve un mal énorme à me con-vaincre du fait que je pourrais avoir droit à quelque indemnisation que ce soit.

Pour de plus amples détails veuillez-vous référer au rapport de police fourni en annexe.

Laura Dorosh

Synopsis de mes onze années en compagnie de mon beau-père Bernie

Je n'avais que deux ans et demi lorsque tu t'immisças dans notre vie. Techniquement, un homme qui a le courage d'entrer en relation avec une femme enceinte d'un autre homme, et dont la jeune famille comporte déjà trois filles et un garçon, pourrait être considéré comme une sorte de héros. Cependant, personne ne voit ce qui se passe derrière des portes closes. De plus, dans les années 60, il n'existait pas de réel système de soutien pour venir en aide aux mères monoparentales. Bernard Mac Donald s'était présenté à nous avec des victuailles, et c'était tout ce qu'il fallait pour que ma mère lui ouvre la porte. Après tout, Jackie et moi avions été hospitalisées dans le passé pour malnutrition.

Tu nous méprisais depuis le début. Pourquoi, donc, être resté si longtemps? Tu as même réussi à convaincre Maman d'abandonner Jackie et John, les deux cadets, aux Services Sociaux en vue d'une adoption éventuelle. Mais surprise, cette même année, Maman tomba enceinte de ton premier enfant et menaça de le donner, lui aussi, à l'adoption si tu ne lui permettais pas de reprendre les deux cadets. Ainsi, nous sommes rapidement devenus une famille de six enfants alors que Maman n'était âgée que de 21 ans et toi, de 32.

Un de mes premiers souvenirs de toi consiste à vouloir rejoindre Maman dans son lit en pleine nuit. Tu te tenais dans l'embrasure de la porte et m'as immédiatement ordonné de retourner dans ma chambre. Je ne tentai plus jamais d'aller rejoindre Maman dans son lit tellement le ton de ta voix se voulait menaçant.

Je me souviens également des nombreuses fessées. Les enfants attroupés autour de toi, les pantalons baissés jusqu'aux chevilles, alors que tu nous penchais de force sur tes genoux pour mieux pouvoir nous fouetter de ta ceinture. Nous devions tous observer la scène en silence, histoire d'apprendre des erreurs des autres. Bien que nous n'ayons eu aucune idée de la réelle portée de ces gestes haineux portés contre nous à un si jeune âge, nous devions tous y passer.

Nous semblions toujours nous attirer tes foudres surtout lorsque tu avais bu. C'est dire à quel point tu nous reprochais notre existence même ; tu nous vouais une haine sans pareille. Tu te plaisais d'ailleurs à nous traiter de bâtards bien que j'aie été trop jeune pour comprendre la signification de ce mot. Quant à Maman, tu la traitais régulièrement de putain et de traînée.

Toutes les raisons étaient bonnes pour lever la main sur nous ou sur Maman. Quant à elle, Maman demeurait effacée et était devenue peu loquace. Elle pouvait se mériter quelques claques et parfois même des coups de pied pour une raison aussi futile que de t'avoir servi le même souper deux fois dans la même semaine.

Avec le temps, les claques, les coups de pied et les coups de ceinture se transformèrent en attaques en bonne et due forme. Comble du malheur, Maman ne tarda pas à retomber enceinte. Je tentai d'éviter de croiser ta route, mais la maison était si petite que cela devenait presque impossible. L'hiver venu, tu nous envoyais toujours à l'extérieur, ce qui en soit, aurait pu certes s'avérer amusant, mais nous étions si peu vêtus que nous étions rapidement frigorifiés. Nous avions l'habitude de creuser des trous et de bâtir des forts autant pour nous garder au chaud que pour nous amuser. Je tentais même parfois de me réchauffer les mains en les glissant sous mes aisselles qui devenaient immédiatement endolories au contact de mes doigts gelés.

De retour dans la maison, je passais mes mains sous l'eau chaude, ce qui n'était guère plus agréable. Il s'agissait également de garder nos pieds en mouvement faute de quoi nos orteils risquaient de geler. Nous étions forcés de jouer dehors pendant des heures chaque jour. Ces interminables heures passées à l'extérieur auraient, à la limite, pu être amusantes n'eût été du froid.

À l'âge de six ans, je m'amusais à sauter sur une bûche alors que je poursuivais un écureuil dans la cour. En sautant de nouveau sur le sol, je me suis fracturé le bras.

Je me souviens être entrée dans la maison en tenant mon bras en pleurant. En passant devant toi, ainsi qu'un autre homme avec qui tu prenais un coup, tu m'assénas un coup de pied qui me fit presque perdre l'équilibre.

–«Tu devrais t'excuser de passer entre nous, aboya-t-il.

–Je m'excuse, répondis-je, les yeux larmoyants et le bras lancinant.»

Personne ne prenait ma douleur au sérieux. J'ai enduré le martyre jusqu'au lendemain lorsque Maman m'emmena finalement voir un médecin. J'avais le coude disloqué, et il fallut que quelqu'un m'immobilise pendant que le médecin remette mon articulation en place. C'était l'horreur!

J'ignore quel âge je pouvais bien avoir lorsque tu commenças à visiter la chambre des filles ; chose certaine, tes visites étaient régulières.

Je te vois encore te glisser dans un lit et puis dans l'autre. Je réussissais habituellement à m'endormir malgré tout.

À l'école, j'étais une enfant très solitaire. Bien que j'aie été issue d'une famille nombreuse, je n'étais pas habituée à me mêler aux autres. Je me souviens avoir rencontré une petite fille du nom de Beverly qui descendait au même arrêt d'autobus que moi. J'avais l'habitude de la suivre du regard alors qu'elle marchait jusqu'à chez elle. Nous habitions un peu plus haut qu'elle, et j'aimais bien me hisser sur un petit promontoire pour l'observer alors qu'elle jouait dans sa cour arrière. J'étais une harceleuse de six ans! Nous sommes éventuellement devenues amies. Je ne partageais pas mes déboires familiaux avec Beverly, mais appréciais énormément le fait d'avoir enfin une amie de mon âge. Je ne me rendis jamais chez elle, mais sa mère nous préparait toujours des biscuits qui suffisaient, à eux seuls, à ensoleiller mon existence misérable.

Peu de temps après, nous avons de nouveau déménagé, ce qui était chose courante chez nous. En fait, nous avions déménagé huit fois depuis ma naissance. Bonne nouvelle, s'il en est une, nous étions désormais propriétaires d'une fermette de laquelle les autres habitations étaient plutôt éloignées. Nous logions dans une maison qui n'était constituée que d'une cave que Bernie avait bâtie. En outre, ce bâtiment de fortune était dépourvu d'isolation et ne possédait qu'un poêle à l'huile en guise de système de chauffage. Le plancher devenait très froid en hiver car il n'était fait que de ciment.

Les attouchements ont commencé lors des fessées. Tu semblais prendre plaisir à baisser nos pantalons, à nous donner la fessée puis à utiliser ta ceinture pour nous fouetter les fesses. Tu n'hésitais alors pas à nous retenir les bras pour empêcher toute entrave de notre part. Je tentais de bouger pour éviter les incessants coups de ceinture, qui gagnaient en intensité, et leurs sillons violacés. Ces attaques engendraient une douleur si vive que j'avais du mal à marcher et à m'asseoir. Je me permettais seulement de pleurer car j'étais consciente du fait que tu ne te satisfaisais qu'au son de nos pleurs, témoins ultimes de notre souffrance. Autrement dit, l'arrêt de tes sévices était conditionnel aux signes visibles de notre souffrance.

Avec le temps, j'appris à jouer la comédie et à te donner l'illusion que je souffrais davantage qu'il n'en était réellement le cas. J'avais réussi à te berner au moyen de mes ruses enfantines. Aujourd'hui, j'arrive encore à voir les rebords sanguinolents de ta ceinture en fermant les yeux. Et que dire de la douleur des coups que tu nous administrais de façon incontrôlable et presque sauvage.

En bout de ligne, le pire endroit où recevoir ces coups était sans contredit le derrière des genoux. J'arrivais à endurer la douleur ressentie au dos et aux fesses, mais la douleur ressentie derrière les jambes dépassait l'entendement. Tu prenais également un malin plaisir à nous traîner par les oreilles, à nous gifler le derrière de la tête et à nous donner des coups de pied au derrière. Sans grand étonnement, la violence montait en flèche lorsque tu buvais durant tes journées de congé. Personne n'était à l'abri de ta colère mis à part, bien sûr Mary, David et Margaret, tes trois enfants biologiques.

Pour notre part, les petits bâtards que nous étions avaient intérêt à se tenir tranquilles et à bien comprendre qu'ils n'étaient que des incapables. Nous devions également accepter le fait que notre mère n'était qu'une sale putain. Tu t'en prenais si souvent à Maman qu'il devenait impossible d'en faire le décompte. Étrangement, les cris et les pleurs de Maman n'étaient jamais aussi troublants que l'acception forcée de la normalité de tes attaques et l'indolence dont nous devions faire preuve lorsque que tu ruais Maman de coups de pied et de coups de poing.

Nous parvenions habituellement à garder le silence à table, de peur de nous attirer tes foudres incontrôlables. Tu renversais la table que nous devions éviter rapidement afin de ne pas entrer dans la trajectoire des débris de table, des assiettes et des couverts. Faites d'épais plastique, nos assiettes auraient rivalisé avec la solidité de n'importe quel plastique de grade industriel. Nous étions donc tenus de baisser la tête, de ramasser le plus de débris possible et de reprendre nonchalamment le repas. Ne pas croiser le regard de quiconque en fixant le sol tout en continuant de manger, telle était la consigne à respecter à la lettre.

La pire expérience qu'il ne m'ait jamais été donné de vivre à table se produisit lorsque j'avais huit ans. J'écoutais tes hurlements d'une oreille distraite lorsque je remarquai que tu maintenais le poignet de Maman sur le rebord de la table, un couteau de chasse fermement appuyé sur sa peau étirée. J'ignore ce qui avait déclenché ta colère, mais je me souviens très bien m'être mise à pleurer à l'instar de mes frères et sœurs et de Maman.

−«Si tes petits bâtards ne cessent pas de pleurer je te coupe la main, dit-il en nous fustigeant du regard.»

Nous avons immédiatement étouffé nos sanglots et refoulé notre sentiment de frayeur. Je faisais de mon mieux pour contrôler mes tremblements, ma respiration, ma terreur et mes larmes. J'haletais plutôt que je ne respirais. À la première occasion, Maman accourut vers la porte, et tu projetas le couteau dans sa direction.

–«Je suis Dieu, t'égosillas-tu en écrasant tes poings sur la table.»

Je n'ai aucun souvenir du dénouement de cet incident.

Ce ne fut pas la dernière fois que tu poursuivis Maman à l'extérieur de la maison. Incidemment, peu de temps après, alors que nous étions encore une fois attablés, tu frappas Maman dans le cou, et elle détala de nouveau vers la porte. Cette fois-ci, je la suivis. La pauvre n'arrivait pas à reprendre son souffle alors que nous courrions toutes les deux pieds nus sur la route en gravier. Elle respirait avec tant de peine que je croyais qu'elle allait défaillir et même mourir. Lorsque nous sommes rentrées à la maison ce soir-là, tu avais cloué la porte de sorte que nous étions embarrées à l'extérieur. Nous nous sommes infiltrées par une des fenêtres et nous sommes glissées dans notre lit respectif. Le lendemain, tu agissais comme si l'incident de la veille ne s'était jamais produit.

Tu prenais un malin plaisir à exercer ton pouvoir de façon abusive sur nous. De notre côté, nous te croyions dangereux et effrayant et étions persuadés que notre vie dépendait de ton degré d'agacement. Et puis, lorsque j'atteins l'âge de la puberté, tu ne manquais pas une occasion de pincer mes seins naissants (ce qui était très douloureux) ou de flatter le devant de ma vulve au passage. Je n'étais hélas pas exemptée de tes attouchements.

Il ne faudrait néanmoins pas omettre de mentionner un des incidents les plus traumatisants de mon enfance. Avant tout, il importe de souligner le fait que je ne me remémore pas ces attouchements avec grand plaisir, mais plutôt avec gêne et avec honte.

Je n'étais âgée que de six ans lorsque je me réveillai avec la franche impression que tu t'étais glissé sous mes couvertures. Tu étais en train de retirer mes sous-vêtements après quoi tu as fléchi mes genoux et écarté mes jambes dans le but d'avoir une relation sexuelle orale avec moi. J'en avais des sueurs froides. J'eus à peine le temps d'apercevoir l'ampoule au plafond que je perdis connaissance. J'ignore combien de temps durèrent les attouchements ni combien de temps je demeurai inconsciente.

Ces attouchements n'ont hélas pas été des événements isolés. Ils devinrent en fait si fréquents que j'en avais des infections vaginales qui me rendaient enflée, rouge et irritée au point de gêner mes déplacements. À court de solutions, je glissais un bout de papier de toilette humide dans mes sous-vêtements dans le but d'apaiser l'irritation et de soulager la douleur. Comble de l'étonnement, je parvins même à avoir un orgasme après quoi il m'a semblé quitter mon corps. Je n'avais littéralement plus conscience de ce qui se passait et revins soudainement à moi avec la ferme impression que mon corps venait de se tordre et de tomber de haut avec fracas. Quoi qu'il en soit, cette expérience extracorporelle s'est avérée moins traumatisante qu'on aurait pu le croire. À preuve, je ne garde aucun souvenir d'avoir été désorientée outre mesure. Je n'étais pas consciente de ce qui se passait sous les couvertures, et c'était l'essentiel. Avec le temps, je tentai de refroidir tes ardeurs en m'endormant sous mon lit ou entre le mur et le matelas. J'avais également l'habitude de m'enrouler dans ma couverture avant de m'allonger dans mon lit en m'assurant, bien sûr, de replier le rebord de la couverture sous mes pieds. Quelle mauvaise surprise t'attendait lorsque tu tentais en vain de me dérouler de tout ce fatras pour finalement quitter la pièce, découragé et surtout bredouille, pensant que je dormais à poings fermés. Tu gardais toujours le silence lors de tes multiples tentatives.

J'avais si peur de me lever la nuit pour aller uriner que je me suis échappée dans mon lit jusqu'à l'âge de onze ans. À vrai dire, j'avais des problèmes de logistiques attribuables au fait que je devais passer devant ta chambre pour me rendre à la salle de bain. Pire encore : le plancher craquait, et je craignais par-dessus tout que tu te réveilles et fonces tout droit vers la chambre des filles.

Une nuit, je me souviens avoir entendu des sons étranges venant du salon. J'étais terrorisée d'aller voir ce qu'il en était. Maman avait commencé à travailler au comptoir-boucherie de l'IGA. La veille, elle s'était coupée le bout du doigt et devait prendre des analgésiques. À mon entrée dans le salon je vis Maman assise sur le fauteuil inclinable avec, près d'elle, une petite lampe de table allumée. Elle semblait inconsciente et haletait avec peine.

– «Maman, lui dis-je en accourant vers elle, ça va?»
J'étais prise de panique.
– «Je fais une réaction aux médicaments, soupira-t-elle. Va réveiller ton père.»
Était-elle consciente de toute la portée de sa demande? Savait-elle que je risquais gros en m'approchant de ton lit en plein milieu de la nuit?
Je marchai jusqu'à la porte de la chambre et te vis, nu, étendu sur le lit. Je retournai voir Maman dont l'état s'empirait à vue d'œil.
– «Je n'y arrive pas, Maman, dis-je. J'ai peur.
– Réveille-le, répondit-elle. J'ai besoin de lui.»

J'entrai à tâtons dans la chambre.

–«Papa, papa, osai-je avec un filet de voix.

–Quoi, aboyas-tu.

–Maman a besoin de toi, lui demandai-je. Elle est dans le salon.»

Tu te levas d'un air agacé, enfilas ta robe de chambre et marchas jusqu'au salon.

–«Veux-tu bien me dire ce qui ce passe avec toi, demanda-t-il à Maman.

Maman haletait de plus belle ; elle n'arrivait presque plus à parler. Elle te demanda t'appeler le médecin. C'était une nuit de tempête hivernale. Lorsque le médecin répondit, il te posa de multiples questions, ce qui fit augmenter considérablement ton agacement. Tu finis par lancer le combiné à Maman. Tu te remis à crier.

–«Je n'en ai aucune espèce d'idée, demandez-le lui donc!»

Je m'emparai du combiné pour le tenir à l'oreille de Maman. Elle arriva à peine à bredouiller quelques mots. Son état s'aggravait dangereusement. Elle m'annonça que le médecin était en route, et je raccrochai le téléphone.

Je m'étonne toujours du fait que le médecin ait pu trouver notre maison dans la tempête. C'est un miracle. Dès l'arrivée du médecin, je l'aidai à mettre Maman au lit pendant que tu brillais par ton inutilité. Pour tout dire, tu n'avais rien trouvé de mieux à faire que de boire un café dans la cuisine. Avant son départ, le médecin précisa que Maman était passée à deux doigts de l'infarctus en raison de sa réaction allergique aux analgésiques. Quelques minutes de plus lui auraient été fatales. Quant à toi, tu maugréais d'avoir été réveillé en pleine nuit par des histoires de bonnes femmes. Tu n'as même pas daigné démontrer un tantinet d'intérêt pour le diagnostic du médecin.

Tes assauts contre Maman ainsi que tes excès de colère à table n'étaient pas prêts de s'arrêter. Un jour, alors que Maman était au travail et que nous venions de terminer de dîner, tu envoyas le reste des enfants jouer dehors. À ta demande, je demeurai à l'intérieur pour finir de nettoyer et faire la vaisselle, tandis qu'Anne-Marie devait se rendre avec toi au sous-sol. À vrai dire, j'étais plutôt agacée de devoir faire la vaisselle seule.

–«On sait tous ce qu'Anne-Marie et toi faites au sous-sol, dis-je de façon presque inconsciente et machinale.»

Il était trop tard pour retenir mes paroles.

Tu étais furieux, et les enfants détalèrent instantanément. Je t'observai pendant quelques secondes et ne remarquai la furie et la haine dans tes yeux.

Je me mis également à courir, mais tu m'avais déjà prise en chasse. Je traversai la cuisine et pouvais sentir tes mains tenter d'agripper mes vêtements à chaque tournant. Au tournant suivant, je réussis à prendre une légère avance et à m'enfermer rapidement dans ma chambre.

-«Ouvre la porte, hurlas-tu en tambourinant sur la porte.

-Non, dis-je en m'adossant au mur du fond, craignant que tu n'enfonces la porte momentanément.

-Tu ne peux pas rester à moisir ici pour toujours, crias-tu ensuite.»

Je pleurais et tremblais tout en tentant de m'expliquer mon geste. Cinq longues heures me séparaient du retour de Maman et de l'heure du souper. Lorsqu'on finit par m'appeler pour le souper, la peur m'empêchait presque d'ouvrir la porte de ma chambre. Je m'extirpai tout de même de la pièce et pris ma place au bout de la table, directement en face de toi. Je tremblais de façon incontrôlée et urinai sur ma chaise lorsque tu m'adressas la parole. J'étais non seulement complètement terrorisée, mais également fort humiliée. Tu t'es dès lors servi de cette anecdote pour m'humilier davantage.

Je me vois parfois contrainte d'omettre certains incidents importants et terrorisants de mon enfance que je reprends toujours par la suite.

Par exemple, un soir, M. Locke, un de tes amis, est venu boire un coup à la maison. Puis, il a soudainement été question de vendre l'une de nous à M. Locke. Tu proposas alors de lui vendre Anne-Marie pour la somme de 1000 $. J'étais horrifiée à l'idée que tu croies avoir absolument tous les droits sur nous. Bien que la transaction n'eût jamais lieu, une toute nouvelle dimension de peur m'avait envahie. Anne-Marie et moi nous sommes réfugiées dans notre chambre pour y pleurer. Nous n'étions pas en sécurité et étions complètement à ta merci.

Pendant des années, lorsque tu buvais, tu avais la fâcheuse habitude de raconter des histoires autant stupides qu'humiliantes à qui voulait bien les entendre. Souvent, par la force des choses, j'étais la seule qui se trouvait encore à la maison pour endurer tes inepties. Je t'écoutais alors d'une oreille distraite en hochant de la tête, çà et là, pour feindre l'intérêt. Par contre, si j'avais le malheur de détourner mon attention, ne serait-ce que momentanément, tu n'hésitais pas à écraser ta cigarette sur ma main. Le cas échéant, je retirais alors ma main brûlée en tentant de reprendre le fils du récit le plus rapidement possible. Que tu aies recours aux brûlures de cigarettes, aux cuillères ruisselantes de café bouillant ou à l'extrémité d'allumettes encore chaudes, tu semblais toujours prendre un immense plaisir à asseoir ton autorité sur nous.

Cependant, j'aimais bien lorsque tu t'absentais pendant deux jours pour le travail. J'étais alors libre d'aller explorer les environs durant les multiples siestes de Maman ou encore pendant ses pauses télé ou ses intermèdes de lecture. Elle ne nous prêtait aucune attention.

Et puis, un jour, notre cousin J.B. vint habiter avec nous pendant quelques temps après avoir été engagé à la mine locale. Il arrivait du sud de l'Ontario. Une nuit, tu t'emportas de nouveau à table et te mis à frapper Maman. Tu la traînas ensuite dans la chambre, alors que nous pouvions entendre autant les coups que tu lui assénais que ses implorations de pitié. Lorsque J.B. entra dans la maison, il nous aperçut, tous affairés à terminer le contenu de notre assiette malgré le raffut provenant de la chambre de nos parents. Il s'agissait hélas d'une occurrence régulière chez nous, et notre détachement avait d'ailleurs été causé par la fréquence de ces affreuses scènes de ménage.

–«Où sont vos parents, voulu savoir J.B.

–Papa est en train de battre Maman dans la chambre à coucher, avons-nous répondu.»

J.B. devint furieux. Il s'engagea dans le couloir menant à leur chambre et enfonça un de ses poings dans le mur adjacent à la porte. Nous étions au bord de la crise de nerfs. J. B. ouvrit la porte de la chambre à la volée.

–«Qu'est-ce qui se passe, s'enquit-il.

–Sors d'ici au plus vite, vociféras-tu.

–J'ai été élevé à ne jamais frapper une femme, affirma J.B.»

Vous en êtes venus rapidement aux poings. L'altercation se termina dans le corridor, car J. B. t'avait immobilisé au sol.

Ce soir-là, Maman nous demanda de faire nos valises. Nous allions enfin quitter la maison!

Je me souviens avoir dû longer le mur pour vous éviter, J.B. et toi. J'étais persuadée qu'un de vous deux allait y passer. J'empoignai quelques-unes de mes choses et courus à l'extérieur. Nous n'avions, à l'époque, qu'une Beetle, de Volkswagen, et ne pouvions évidemment pas tous y entrer. J'ignore qui avait conduit la voiture jusqu'au motel situé à 1600 mètres au bout de la route, mais je me rappelle que certains d'entre nous avaient dû courir par manque d'espace dans la voiture. Nous avons ensuite entendu des coups de feu. C'était évidemment toi qui tirais à l'aveugle en notre direction. Je ne me souviens plus avoir eu de nouvelle de J.B. après coup. Il avait dû faire sa vie, j'imagine.

Une fois tous rendus au motel, Maman appela la police et porta plainte pour abus sexuel en mon nom ainsi qu'en celui d'Anne-Marie. J'espérais sincèrement que cela signifiait la fin de notre cauchemar. Dans le passé, j'avais imploré Maman si souvent de te quitter une fois pour toutes. Mes frères et sœurs étaient d'avis que Maman finirait par m'écouter, alors j'abordai le sujet à répétitions avec elle. Elle ne me répondait jamais, mais ne me disait pas non plus de me taire.

Anne-Marie fut la première à prendre place dans la voiture de police, et je fus la deuxième. Une fois assise, je pouvais voir Maman et l'agent de police. Ils discutaient assurément du fait qu'Anne-Marie venait de tout nier. Quant à moi, je leur avouai tout ce que je savais à propos des abus commis à l'endroit d'Anne-Marie et demeurai silencieuse à propos de ceux dont j'avais été victime. La gêne et la honte avaient pris le dessus. Ceci dit, j'avais bien apprécié notre petit séjour au motel. Nous avions pu dormir et manger en paix, malgré le fait que la plupart d'entre nous avaient dû manger par terre et sur les lits par manque d'espace. Notre petit paradis hôtelier semblait cependant être trop beau pour être vrai.

Nous étions toujours sur le qui-vive lorsque nous marchions à l'extérieur du motel car nous étions bien conscients du fait que tu devais passer devant le motel pour te rendre à la maison. Nous prenions donc nos jambes à notre cou à l'approche de chaque véhicule pensant qu'il aurait pu s'agir de toi. Résultat, nous aboutissions tantôt dans un fossé, tantôt sur le gazon.

Comme prévu, notre cauchemar recommença lorsque Maman abandonna les accusations quelques semaines plus tard. Tu te vis forcé de mettre un cadenas sur la porte des filles avant notre retour à la maison, ce que tu fis. Les conditions de notre arrivée désormais remplies, nous avions donc le champ libre pour nous replonger dans notre calvaire. Quant à ce fameux cadenas, il s'agissait d'un cadenas que l'on pouvait facilement ouvrir de l'extérieur à l'aide d'un clou. Tu étais donc de retour dans notre chambre dès le premier soir. Avec le recul, je me demande à quel point Maman était au courant de ce qui pouvait se passer sous son propre toit. Peut-être ne faisait-elle que dormir, nous offrant en chair à pâté à ce monstre qu'elle ne pouvait se résoudre à affronter.

Un soir, Maman et toi aviez prévu passer la soirée dans un des bars du quartier. Puisque vous n'étiez pas parvenus à trouver une gardienne, tu nous avais tous alignés contre le mur pour nous demander, un à la fois, ce que nous prévoyions faire pendant votre absence. Nous étions alignés en ordre croissant, du cadet à l'aîné. J'étais donc la troisième. Parmi les réponses données, certains disaient vouloir observer la porte afin de s'assurer que personne ne quitte la maison, tandis que d'autres promettaient de bien nettoyer la table. Bref, nous fournissions des réponses vagues, faute de savoir exactement ce à quoi tu t'attendais. À chaque réponse, tu t'assurais, bien sûr, de nous envoyer voler au plancher avec une claque retentissante. Mon tour venu, je demeurai stoïque et répondis au meilleur de ma connaissance. Je ne me souviens plus des minutes qui ont suivi outre le fait de m'être retrouvée au sol en train de pleurer et de ramper le plus loin possible de toi. La routine habituelle, quoi.

Lorsque je commençai la puberté, tu commenças à t'intéresser davantage à moi. Tu osas même me demander si tu pouvais te charger de mon éducation sexuelle. Je me contentai de répondre que le personnel enseignant de mon école s'en chargeait.

–«Demande-le à ta sœur, disais-tu en pointant Anne-Marie, elle ne semble pas s'en plaindre.»

Tu m'inspirais beaucoup de dégoût. La nuit, je tentais de m'envelopper dans mes couvertures en m'endormant sous le lit ou entre le mur et le matelas.

Le jour de son départ, Maman s'assura d'abord de ton absence. Mais avant que nous puissions comprendre toute la portée des événements venir, elle avait envoyé Anne-Marie jouer chez son amie Arlene qui habitait à environ 1600 mètres de la maison. Après le départ d'Anne-Marie, Maman demanda aux filles de faire leur valise et d'aller s'asseoir dans la voiture. Maman n'eut pas à me le répéter.

–«Et Anne-Marie, demandai-je.»

Maman ne me répondit pas.

Les garçons étaient en état de choc : pourquoi ne pas les avoir amenés? À peine âgé de sept ans, David, le cadet, pleurait abondamment.

–«Amène-moi avec toi, Maman, dit-il en regardant la voiture s'éloigner.»

Maman ne daigna pas se retourner, ni même verser une larme. Je me retournai à quelques reprises et ne pus que constater la tristesse de la scène.

Nous avons passé les semaines qui suivirent dans un état de peur avancée. Nous fréquentions la même école qu'Anne-Marie et les garçons qui avaient reçu la consigne stricte de ne pas nous adresser la parole. Eux aussi étaient terrifiés.

Je réussis à en entrer contact avec John qui n'eut pas le temps de m'éviter. Il se retourna, me cracha au visage et m'ordonna de le laisser tranquille.

Encore aujourd'hui, j'éprouve de la culpabilité à l'endroit d'Anne-Marie et de mes frères qui ont été forcés de rester avec toi par ce que c'était moi qui avais supplié Maman de quitter la maison.

Cependant, une enfance malheureuse ne signifie pas une fin en soi. La vie nous a offert une seconde chance. Une vie qui aurait pu être la nôtre, mais dont on nous a dérobé. Une vie ponctuée de petites et de grandes joies. Nous avons non seulement survécu, mais sommes devenues notre système de soutien mutuel. Au fil des ans, nous nous sommes accompagnées autant dans la guérison que dans la confusion du système judiciaire et sommes demeurées sœurs malgré des mariages difficiles et la maladie. La vie n'aura pas eu raison de nous et n'aura surtout pas réussi à briser ce lien si fort qui unit deux âmes sœurs, deux meilleures amies.

Je prie qu'un jour nos acquis mutuels contribuent à éveiller ton âme et à conquérir la forteresse de tes émotions te permettant, du coup, une renaissance façonnée par la guérison et la liberté. Petit train va loin. Laisse-toi guider par ta petite lueur intérieure qui te mènera au-delà de la souffrance et des épreuves. Ne la perds surtout pas de vue. La lueur qui t'habite gagnera en brillance à mesure que ton âme s'épanouit. D'autant diront que rien n'est impossible ; ils auront sûrement raison!

Laura

Réactions préliminaires de *Maman, où es-tu?*

Je comprends mieux la raison pour laquelle la plupart des victimes préfèrent rester dans l'ombre. La société tend à nier le fait que certaines personnes de confiance ou figures d'autorité puissant poser de tels gestes.

La lecture de Maman, où es-tu?, d'Anne-Marie Courtemanche, contribue à déformer notre perception illusoire de la famille et à démontrer que nous sommes tous forcés de faire preuve d'humilité face aux épreuves de la vie. De plus, dans bien des cas, le terme famille n'est pas nécessairement synonyme de sincérité et de bienveillance. À preuve, un ami ou un parfait étranger peut parfois se comporter avec davantage de bonté qu'un membre de votre famille biologique. Pour ma part, 90 % des conseils judicieux reçus au cours de ma vie m'ont été prodigués par des amis ou par des connaissances intimes. Plus précisément, l'amour familial dont l'auteure fait état dans son livre devrait s'avérer un instinct plutôt qu'une obligation en ce qu'il pousse un individu à se comporter avec autrui de la même façon qu'il souhaiterait lui-même être traité. Ceci peut certes paraître cliché, mais il n'en demeure pas moins qu'il arrive que l'amour véritable se montre sous son jour le plus pur.

En outre, le témoignage de Courtemanche m'a permis de prendre conscience de la signification réelle de plusieurs choses dans ma vie que j'avais toujours vues d'un bien mauvais œil. La présence d'un père abusif, la négligence d'une mère qui aurait dû avoir à cœur mon bien-être, l'égocentricité d'un superviseur répugnant, l'acharnement d'un ami jaloux et l'accumulation d'obstacles sur ma route. Cependant, je comprends désormais que ces individus n'ont jamais été mis sur ma route pour me damner le pion. Ça n'aurait pas été franc jeux. La misère n'a aucune idée de la portée réelle du bonheur en ce fait qu'elle restera toujours indissociable des affects liés au malheur.

Il serait trop facile de conclure au potentiel anéantissant des obstacles auxquels s'est heurtée l'auteure. Ces obstacles, redoutables certes, ont plutôt eu pour effet d'aiguiser ses sens et d'exhumer les trésors cachés aux tréfonds de son âme afin de lui permettre d'affronter son destin la tête bien haute. Le beau-père de l'auteure eut beau représenter un obstacle de taille sur sa route, il ne représenta pas la fin de la route pour autant. Il ne suffisait à l'auteure que de contourner l'obstacle et de briller de tous ses feux.

La sagesse vient avec l'âge, mais toujours faut-il éviter de reproduire les mêmes erreurs, faute de quoi on ne se contente que de vieillir. La sagesse va bien au-delà de la répétition des sempiternelles mêmes disputes, de la conservation des mêmes supposés amis et de l'endurance des mêmes abus. Le cas échéant, on parlerait plutôt de folie.

Grâce à la lecture de ce livre, je pus profiter de conseils éclairés qui produisirent un effet considérable sur moi. J'appris, par exemple, que les êtres les plus bienveillants sont souvent ceux que la société tend à ignorer comme les sans-abris, les anciens prisonniers et les aînés. J'appris également à ne jamais mépriser qui que ce soit car personne ne peux connaître d'avance l'apparence de son ange gardien. Ne jamais juger, mais écouter et surtout ne jamais permettre aux douleurs du passé d'outrepasser notre pouvoir décisionnel.

Sur ce, je m'engage à vivre le moment présent et à ne pas me perdre dans les affolantes méandres du passé. Aujourd'hui, je fais le serment d'abattre la forteresse qui emmurait mon cœur et abritait mes craintes. Plus que jamais je souhaite permettre aux nouvelles expériences de m'éblouir de leur lumière et non de m'alourdir des boulets d'un passé désuet. Je me battrai désormais bec et ongles pour empêcher les craintes de jadis de m'atteindre et me dirigerai plutôt vers ce qui me fait sourire. Les vestiges d'autrefois ne seront plus autorisés à entraver ma route et à empiéter l'entrée parfumée de mon sanctuaire. Je promets d'observer attentivement mon visage dans le miroir sans tenter d'y trouver les traces d'une époque révolue. Chaque matin sera le début d'un jour nouveau qui sera à la hauteur de mes attentes. Ce présent vierge et immaculé, j'y ai travaillé si fort et le mérite amplement. Demain n'a que faire de moi ; la vie, c'est maintenant.

Avec amour,
Hann Monty

Nous vivons dans une société de cachoteries et évitons d'extérioriser nos problèmes familiaux. La plupart d'entre nous avons tous grandi ainsi… Sans jamais verbaliser les insultes que nos parents ont proférées contre nous. Même les petits désagréments franchissent rarement le seuil de la porte.

Nadine Ratchet

Chère Sharon,

Je tiens d'abord à vous remercier de m'avoir donné un avant-goût de votre livre qui, je dois l'avouer, s'est avéré d'une grande profondeur. Tel que mentionné plus haut, nous vivons dans une société de cachoteries, et la plupart d'entre nous tentons à tort de donner l'impression que tout va pour le mieux. D'autant se comporteront même de façon peu recommandable dans le but de paraître indépendants et matures. Cependant, nous ne sommes pas sans savoir que cette vie de débauche ne concorde pas nécessairement avec l'indépendance et la sagesse de l'adulte bienpensant. Il s'agit plutôt d'un mécanisme de défense, voire d'une échappatoire. À preuve, vous aviez certes une mère, mais celle-ci n'était que l'ombre d'elle-même. Où se cachait-elle? Et surtout, pourquoi se cachait-elle? Chose certaine, elle se terrait derrière une image invisible de tous. Ceci dit, les adultes véritables ne se terrent pas ; ils se tiennent bien droit et posent des gestes significatifs tout en tentant de s'épanouir davantage chaque jour. En outre, ils ne s'arrêtent pas aux détails. Quant à votre beau-père, je décèle en lui beaucoup d'insécurité. Il avait beau vociférer sans cesse, il devait avoir la confiance d'une fourmi. J'aurais tant souhaité voir le travailleur social ou encore le prêtre l'obliger à assumer ses responsabilités une fois pour toutes!

Vous méritez, chère Madame, toute mon admiration d'avoir, malgré tout, su tirer profit d'une situation exécrable et d'avoir réussi à verbaliser une bonne part de ce que vous refouliez depuis tant d'années. Je m'étonnerai toujours de ce que peut accomplir un individu qui refuse de se laisser paralyser par la peur et le doute. J'avouerai, par contre, que la lecture de ce livre m'a d'abord prise de court. Je ne m'explique toujours pas ce qui a poussé votre mère à faire la sourde oreille pendant si longtemps. À ce sujet, je m'interroge toujours sur la transaction possible impliquant votre mère, votre odieux beau-père ainsi que vous-même… Je constate toutefois que tout secret finit par éclater au grand jour pour créer quelque chose de plus positif. Vous avez définitivement su tirer votre épingle du jeu!

Comble de l'ironie, les individus que l'on qualifie habituellement de bons et de bienveillants, soient les membres de notre famille et du clergé, m'ont appris à juger, à détester et mentir, tandis que les individus dits mauvais, comme les sans-abris, les ex-prisonniers et les prostituées m'ont appris, eux, à aimer. Bien que ce concept me fasse parfois sourire, j'en conviens qu'il s'agit là d'une bien triste réalité.

Quoi qu'il en soit, je suis la preuve vivante que les anges ne sont pas toujours ailés, mais qu'ils brillent assurément par leur compassion. À vrai dire, l'apparence des gens que j'admire a toujours différé de celle de la majorité des gens. Vous ne les verrez, par exemple, jamais faire la première page d'un magazine ou faire des pitreries à la télé, pas plus qu'ils ne portent d'uniformes ou ne tiennent de microphones. Ils peuvent, toutefois, à l'instar de Gram, être à la tête d'une grande maisonnée qu'ils mènent d'une main de maître tout en étant sensibles à la détresse d'autrui. Autrement dit, les gens que j'admire incarnent la bienveillance.

Quant à vous, plus vous mettrez votre âme à nu, plus vous vous rapprocherez de votre être authentique. Plus authentique, d'ailleurs, que le monde médiocre qui menaça de vous engloutir des années durant.

Je souhaite de tout cœur que vous puissiez vivre pleinement chaque jour qui vous est donné. Savourez chaque instant, épanouissez-vous de belle façon et déliez-vous de ces chaînes qui vous causaient tant de douleur, de regret, de doute et d'impuissance. Il est temps pour vous de briller de tous vos feux et ce, pour le restant de vos jours. Les cimetières débordent déjà de cadavres qui ne se sont jamais pardonné leurs fautes et qui ont vécu des vies de regret.

Éternellement reconnaissance dans l'écriture, votre amie,

Nadine Ratchet

Maman, Oú es-tu?

Il est grand temps que l'on retire nos œillères…
Elle fut l'esclave sexuelle d'un homme dont elle aurait tant voulu
être sauvée,
Son cauchemar semblait vouloir s'éterniser,
Elle réussit à conserver sa dignité, mais ces rapports interdits devenaient
trop lourds,
Pourra-t-elle tenir la honte à distance encore longtemps?
Pourra-t-elle vivre avec un cœur brisé encore longtemps?
L'extérioration par la plume lui permettra peut-être de trouver enfin
l'âme sœur,
Entretemps, elle aspire à aider les victimes à se libérer de ce tissu
de luxure,
De non-sens et d'odieux mensonges,
Anne-Marie et Sharon font désormais front commun et caressent le
même rêve,
Cependant, une ombre au tableau demeure,
Pourront-elles esquiver ces personnages qui préféreraient les voir mortes
plutôt que d'ébruiter leurs honteux secrets?
Comment peut-on confondre à ce point le bien et le mal?
L'amour est souvent profané bien avant que les victimes ne commencent
même à l'espérer,
Il convoita délibérément un fruit défendu,
Il ne fit aucun effort pour s'en éloigner,
Il s'enlisa dans le désir à mesure qu'elle quittait l'enfance,
Inconsciente et insouciante, sa mère s'en lavait les mains,
Ce pervers s'appropria le fruit défendu,
Sans jamais se soucier de sillon d'horreur, de honte et de désespoir
qu'il créait,
Il atteint les tréfonds de son corps,
La dépouillant de toute son âme,
Pour assouvir tous son désir,
Alors qu'elle était forcée d'assouvir les siens,
Comment maintenant apprendre à ouvrir son cœur à un autre homme?
Comment même envisager le toucher de l'être aimé?

Hayden Dorival

La lecture de cette autobiographie m'apprit de nombreuses choses. Je suis maintenant convaincue qu'il existera toujours des chauvins qui font encore souffrir beaucoup trop de jeunes filles et de jeunes femmes. J'estime que ces hommes ne méritent même pas d'appartenir au genre masculin. J'espère de tout cœur que votre autobiographie contribuera à encourager d'autres femmes à dénoncer ces monstres. Selon moi, M. Mac Donald agissait en toute connaissance de cause et profita de la vulnérabilité de votre mère qui se trouvait, disons-le, dans une situation forte précaire. Il ne feignit même jamais d'intérêt envers elle et encore moins envers ses enfants. Pour lui, les femmes et les filles ne représentaient que des objets. En outre, M. Mac Donald n'était pas en manque ; il était dépravé et obsédé. Il usa de peur et de multiples manipulations pour arriver à ses fins et pour flatter son propre égo. C'est à croire que votre gynécologue aurait posé des gestes plus concrets pour vous sortir de ce calvaire.

Mon histoire personnelle fera peut-être l'objet d'un livre un jour, mais permettez-moi tout de même de préciser que l'écriture a toujours représenté pour moi une échappatoire m'aidant à verbaliser par écrit les émotions que déclenchent certains stimuli négatifs. Quelque chose ou quelqu'un me dérange? J'écris. J'arrive mal à m'expliquer un comportement ou une situation donnée? J'écris. Quelqu'un me rabaisse, mine ma confiance ou assombrit mon bonheur? J'écris. À propos, à l'instar de l'auteure, je fus également victime des inconduites de mon beau-père lors du second mariage de ma mère lorsque j'avais huit ans. Depuis, j'ai aussi tenté de bloquer les hommes de mon cœur, de mon esprit et de ma vie. Je sais hélas qu'aucun homme n'arrivera jamais à la cheville de mon père chéri qui m'avait appris des leçons de vie d'une valeur inestimable. Je chérirai les moments passés en sa compagnie à jamais. Pour tout dire, le nouveau mari de ma mère n'avait qu'à bien se tenir. J'avais été prévenue contre ce genre d'individus, et il n'était pas question que je tombe dans le piège. Résultat, lorsqu'il s'y attendait le moins, j'eus le courage de lui asséner un coup de coude en plein dans les testicules après quoi je déguerpis aussitôt. Comble de l'ironie, il venait de me promettre que ce qu'il s'apprêtait à me faire ne me ferait aucun mal. Tel est pris qui croyait prendre! Je refusai ses avances avec véhémence et ne restai pas à ses côtés pour le voir se tordre de douleur. Je pris mes jambes à mon cou, traversai la cours et avertis ma tante de ce qui venait de se passer pendant que ma mère était à l'hôpital en train d'avoir l'enfant de cet agresseur. J'ai toujours su que certains hommes étaient des désaxés, mais pour quelle raison doivent-ils nécessairement obéir à chacune de leurs pulsions? Heureusement pour moi, avec l'aide des membres de ma communauté, cet être immonde fut chassé du village à coups de cailloux. Voici ce qui me poussa à vouloir faire équipe avec l'auteure pour écrire «Maman, où es-tu?»

Sharon Dorival

En effet, Sharon, il y a beaucoup de désaxés qui courent les rues. Je me réjouis à l'idée que tu aies réussi à te défendre grâce aux judicieux conseils de ton père. Dieu merci tu as réussi à le blesser avant que ce soit lui qui ne le fasse. J'imagine que ces monstres se disent que notre jeune âge nous fera oublier leurs inconduites... Qui sait? Chose certaine, ils sont complètement obsédés par le sexe. Ceci dit, je suis immensément fière de toi!

Anne-Marie Courtemanche

À vrai dire, je crois que notre jeune âge importe peu. Certains hommes ont une réelle obsession pour les corps pré-pubertés qui les font se pourlécher de désir à tous coups. Et gare à celles qui n'obtempèrent pas, ces dépravés ne s'en verront, à la limite, qu'excités avantage. Ils ne se soucient aucunement des conséquences de leurs gestes, à condition qu'ils puissent se régaler. Le reste n'importe peu, et ils nieront leurs actes jusqu'au dernier.

Sharon Dorival

Anne-Marie Mac Donald Courtemanche Et Sharon Dorival

Je demeurai là, assis à haleter,
Non par manque d'air, mais par manque de force,
J'écoutai ses histoires avec stupéfaction,
Mon toucher et mes baisers semblaient l'effrayer
Au point d'en freiner notre passion,
Je demeurai là, assis dans le lit à me demander
Pourquoi je semblais la rebuter,
Il fallait changer l'atmosphère, revenir à notre passion d'avant,
Ce n'est pas toi, c'est moi…
Me repoussait-elle poliment
Comme elle le faisait si souvent?
J'étais hélas habitué à ses silences,
M'étant toujours dit qu'ils étaient sans importance,
J'avais choisi de respecter ses absences,
Mais cette fois-ci, je m'enquis,
Elle voulut m'offrir sa vérité, mais n'y parvint point,
Mais j'insistai jusqu'à crever l'abcès,
Je compris dès lors que mon toucher lui rappelait un cauchemar,
Qui lui faisait même craindre ma compagnie,
Surtout par nuits sombres,
Elle n'oubliera jamais cette nuit,
Elle n'avait que quinze ans,
Le craquement d'une porte qui s'ouvre,
La présence sinistre d'un homme sans voix,
Dont elle peut encore sentir la rudesse,
L'odeur d'alcool et de cigarette,
Il exigeait son silence et la rassurait,
En glissant ses mains sous les draps,
Elle demeura immobile,
Transie par la peur et la panique,
Son père qui la touchait ainsi,
Elle cria en vain pendant cinq minutes,
Qui en parurent plus de cinq mille,
Il profita de son innocence,
Elle qui s'endormait en pleurant tous les soirs,

Maman, Oú es-tu?

Ainsi qu'à tous les lendemains de ses assauts,
Elle se frottait avec véhémence,
Tentant d'effacer toutes traces de ses attouchements
Sur son corps et son esprit,
Elle tenta de le dénoncer, mais personne ne l'écouta,
Personne ne pouvait lire entre les lignes
De son cri du cœur silencieux,
Même sa mère faisait l'autruche,
En ignorant systématiquement les gestes de son compagnon
Qui récidivait chaque semaine,
Peut-être était-elle consciente des agressions,
Mais qu'elle s'en balançait,
L'homme silencieux recommençait sans cesse,
Avec ses sempiternels gestes odieux,
Au fil du temps, elle se fit à l'idée,
Devint insensible et perdit l'envie de dénoncer,
Elle se replia sur elle-même, transie,
Elle priait de pouvoir un jour quitter la maison,
Ce qu'elle fit, alors qu'elle était enceinte,
Elle se trouva ensuite un emploi
Après avoir eu un bébé à l'âge de seize ans,
Abandonnant, de ce fait, ses rêves d'éducation,
Et la possibilité de se payer de jolies choses,
Elle avait toutefois trouvé une certaine paix d'esprit
Et pouvait maintenant dormir d'un sommeil réparateur,
Elle reçut plusieurs appels téléphoniques de ce monstre
Qui lui parlait d'une *relation en suspens*,
Il la rejoignait sur son lieu de travail pour garder un œil sur elle,
Se cachant au vu et au su de tous,
Lui, fier de son impudence,
Et ignorant les émotions et l'affliction d'une jeune femme,
Qui vivait désormais dans la peur qu'il ne la suive jusque chez elle,
Elle changea donc son trajet et se replia sur elle-même,
Toute cette souffrance et cette détresse,
Elle raconta toutefois son histoire avec tant de candeur,

251

Anne-Marie Mac Donald Courtemanche Et Sharon Dorival

Malgré des détails sordides troublants,
Je pleurai plus qu'elle lors de son exposition du récit,
Et elle s'expliqua mal mes larmes,
C'était pourtant simple :
Moi aussi j'avais vécu un tel cauchemar,
Des mains de mon propre père!

SAD

Chères auteures,

C'est avec grand plaisir que je profitai de cet avant-goût de votre roman. Le chemin accidenté parcouru témoigne certes de votre bravoure. Il n'est pas donné à tout le monde, spécialement aux femmes, de se forcer à puiser dans ses souvenirs douloureux. Je m'efforçai, quant à moi, de condenser mes propres souvenirs amers sous la forme d'un poème que je dédie tout spécialement à la sortie de votre livre. Enfin, sachez que je me posai aussi souvent la même question, soit Maman, où es-tu? Votre route sera sans doute semée d'embuches ; je vous souhaite donc un franc succès ainsi que la meilleure des chances. Votre cœur vous sera reconnaissant de cette guérison.

Sincèrement, SAD

Remerciements

Je tiens d'abord à remercier la fantastique équipe de laquelle j'ai eu l'immense privilège de m'entourer. Sharon Dorival, Lisa Hennessy et l'amour de ma vie, Dave Koski, vous avez fait un travail extraordinaire, et votre enthousiasme était contagieux!

Qui plus est, il importe surtout d'être consciente du fait que l'écriture de ce livre a d'abord et avant tout été rendue possible grâce à ma décision ultime de remuer toutes les émotions reliées aux événements traumatisants de mon enfance afin de les extérioriser sur papier. J'exagère à peine en affirmant que Lisa n'aurait pu me conseiller de meilleure alliée littéraire que Sharon que je remercie encore d'avoir été à mes côtés lors de cette épreuve pour le moins cathartique. Sharon a assurément su briller par sa patience, son dévouement et sa passion pour l'écriture.

Je suis également des plus reconnaissantes du travail de lecture préliminaire de tous ceux et celles qui ont bien voulu se lancer dans l'analyser à froid des ébauches de mon livre qui n'étaient, disons-le, pas des plus limpides. Vos commentaires constructifs et bien sentis m'ont été du plus grand secours sans compter le fait qu'ils ont grandement amélioré la qualité finale de cette biographie. De plus, j'ai été grandement touchée par l'amour et le soutien qui m'ont été témoigné en personne et par le biais des medias sociaux par des amis, des membres de ma famille et des connaissances. Ce processus autant littéraire que psychologique s'est avéré ardu par moment, et vos petites attentions ont fait toute la différence.

Et que dire de tout l'amour que je ressens encore pour Gram et sa famille. L'amitié et la bienveillance que ces gens m'ont témoignée au fil des ans resteront à jamais inégalées. Les mots me manquent pour exprimer ce que je ressens à leur égard.

Un merci du fond du cœur à mes enfants d'avoir fait preuve de patience à mon égard et d'avoir surtout compris que je tenais à m'impliquer dans ce projet qui diminuait, notamment, le temps que j'allais leur dévouer.

Rien de tout cela n'aurait également été possible sans les précieux conseils de l'équipe de *FriesenPress* surtout lors de la production finale du livre. Vous êtes extraordinaires, tous autant que vous êtes, et avez fait preuve d'un professionnalisme et d'une patience hors pairs. Merci mille fois!

Une pensée toute spéciale, bien sûre, pour ma sœur Laura à qui je voue un immense respect. Encore une fois, les mots me manquent pour exprimer à quel point tu es un être absolument formidable. Je serai éternellement reconnaissante pour tout ce que tu as fait pour moi et pour le fait que tu n'aies jamais baissé les bras, peu importe les obstacles que nous traversions. Tu me donnas la force nécessaire de continuer à me battre et de garder le moral lorsqu'il me semblait avoir épuisé toutes mes ressources. Ta compassion et ton écoute font de toi un être d'exception et une sœur sans pareille! Personne ne pourrait rêver d'une meilleure amie!

Je tiens à t'envoyer énormément d'amour pour t'aider à te remettre de l'année difficile que tu viens de passer. Sache que j'admire ta bravoure, ta résilience et ta force. De plus, il semble que tu trouves toujours le moyen de me surprendre par tes capacités et tes talents tous plus extraordinaires les uns que les autres. Je suis ravie que tu aies choisi de participer à l'écriture du livre et soulagée que tu aies réussi à avouer que tu avais aussi été victime d'abus sexuel, ce qui, du coup, contribua à étoffer le fardeau de la preuve. Grâce à tes aveux, j'estime en plus que le lecteur sera en mesure de mieux saisir toute la portée de ce que nous avons pu endurer. Enfin, les nombreux articles que tu as écrits pour plusieurs magazines et pour le *TV Guide* de Thunder Bay prouvent que tu as toujours su bien transmettre tes émotions par écrit. Je t'aime du fond du cœur.

À ma sœur Jackie. J'espère que la lecture de ce livre contribuera à éclaircir certains points ou à dissiper certains doutes par rapport à notre enfance. Je souhaite, par le fait même, que tu puisses enfin trouver le courage d'entamer un certain processus de guérison. Si je puis me permettre, il importe de reconnaître le chemin que tu as parcouru. Tu revêts une grande importance pour moi, et je ne te souhaite que le meilleur. Tu es plus forte que tu ne le penses. Tu as toute mon admiration pour avoir élevé ton petit-fils depuis sa naissance. Cet enfant a eu bien de la chance de t'avoir comme grand-mère et comme mère. Idem pour Crystal. Je t'aimerai toujours.

Quant à Paul, David, Mary, Margaret et John, je ne peux qu'espérer que vous ayez trouvé une certaine paix d'esprit en dépit de tout ce que nous avons vécu enfants. Le fait que nous soyons tous sortis vivants de cet enfer relève d'ailleurs du miracle. Qu'on se le dise, nous avons été dépossédés de notre vie familiale et de toute forme d'amour filial et de soutien parental, ce qui m'envahit encore d'une grande tristesse. On croit à tort que les enfants ont été mis sur terre pour payer le prix des excès des adultes. En espérant que vous vous portiez tous bien. Je ne vous oublierai jamais et vous réserve une place toute spéciale dans mon cœur.

À Christine (Nancy). J'aimerais que tu saches qu'il y a une foule de gens qui ne demandent qu'à t'accueillir à bras ouverts. J'ose espérer que le jour viendra où nous serons enfin réunis. Je souhaite d'abord apprendre à te connaître sur une base amicale ou simplement te rencontrer, ne serait qu'une fois, avant qu'il ne m'arrive quelque chose de grave. Nous pourrions ensuite décider tranquillement de la nature de notre relation. Loin de moi l'idée de te causer quelques ennuis que ce soit. Sur ce, je continue de garder espoir. Je garderais toujours une place spéciale dans mon cœur.

Gram, je serai toujours reconnaissance envers toi pour tout ce que tu as fait pour mes frères et sœurs et moi. Tu m'as transmis des valeurs extraordinaires qui font désormais partie intégrante de ma personnalité. Tu occuperas à jamais une grande place dans mon cœur. En outre, lorsque tu te pris d'affection pour moi, tu m'enseignas la véritable signification de l'amour inconditionnel et de la plus sincère des compréhensions. Tu resteras toujours pour moi un ange venu du ciel. Je chérirai tous les précieux moments passés ensemble, les anniversaires, les rires, les bains de vapeur, les visites chez Cindy, les parties de scrabble, les mini-crêpes et bien plus encore. Aujourd'hui, je peux avouer sans hésitation que tu m'as sauvée la vie et as grandement contribué à préserver ma santé mentale. Sans toi, Sylvia Basto, j'ignore dans quel état je serais aujourd'hui. Tu as ma bénédiction. Repose en paix. Je t'aimerai toujours, Annikki.

Paappa, ou Grumpy, comme nous nous plaisions à t'appeler, je veux que tu saches que j'ai apprécié toutes les balades en voiture avec toi. Tu jouais le rôle de chauffeur privé à merveille, et je t'en remercie du fond du cœur. J'espère que tu sauras me pardonner mes quelques écartades. Je sais que je pouvais parfois être agaçante, mais, à ma défense, c'est Gram qui m'encourageait à t'étriver pour le plaisir. Je profitai de chacun de ces petits moments cocasses, et je crois bien que toi aussi. Force est d'admettre que tes tirades exaspérées nous ont toujours fait rire. J'imagine que tu te plaisais à surenchérir justement pour nous divertir. Cela dit, il y avait forcément quelques occasions où nos étourderies t'agaçaient réellement, mais tu as toujours su garder ton calme. Je te remercie également d'avoir allumé le poêle à bois du bain de vapeur aussi souvent que nous te l'avons demandé. Tu devais sûrement avoir mieux à faire. Enfin, tu m'as appris à jouer au jeu de cartes appelé, patience et à danser la valse et la polka. Tu étais un danseur hors pair, soit dit en passant. Je sais que tu veilles encore sur moi et me vois rire à mesure que j'écris ces lignes en pensant à toi. Repose en paix.

Pardonne-moi, Jack, de t'avoir étrivé si souvent. En fait, non, je ne regrette rien! Tu n'es pas sans savoir que c'était Gram qui m'encourageait à le faire et qui me protégeait lorsque tu te mettais en colère. Je dirais même plus qu'elle me récompensait en bourrant mes poches de bonbons à la menthe et de toute sorte de gâteries sortant du garde-manger et du réfrigérateur. Peu importe ce que nous demandions à Gram, sa réponse était toujours la même : *oui*. Un grand merci, encore, d'avoir remplacé Paapaa au pied levé lorsque celui-ci n'était pas disponible pour nous conduire à l'école. Merci aussi de ta patience, elle fut fort appréciée. Que de plaisir nous avons eu lors de nos retrouvailles en 2017. Nous avons bien ri!

Mais à bien y penser, tu as été élevé par Gram. Il ne faut donc pas se surprendre que tu sois un être rempli de bonté à l'image de ta mère. Je tiens à ce que tu saches que ta famille et tes amis peuvent se considérer chanceux d'avoir un être si merveilleux dans leur vie. Merci pour tout, encore une fois!

À Eino et Emil Basto et à M. Locke, votre attitude respectueuse envers nous était digne de mention. Je me souviens plus particulièrement de la tendre relation qu'avait Eino avec son chien Puppy, une golden retriever (si ma mémoire est bonne), qui n'avait que trois pattes. Quant à toi, Emil, nous avions été fort impressionnées par les petits navires que tu construisais à l'intérieur de bouteilles de bière *Mickey's*. Merci à vous trois pour toutes vos fabuleuses histoires, pour les nombreuses heures passées à boire du thé et surtout pour votre patience. Nous retenons de ces bons moments passés en votre compagnie qu'il existe encore quelques hommes de grande valeur ici-bas. Reposez en paix.

Arvo et Aili Basto. Je vous remercie d'avoir participé à nos nombreux goûters de thé et de nous avoir fait découvrir le plaisir des jeux de société, du jardinage et de l'horticulture. Vous étiez pour nous bien plus que de simples voisins ; vous étiez de véritables amis. Qui plus est, vous auriez été des parents formidables. Reposez en paix.

Ma chère Helen Koski au cœur d'or! À l'instar de ta mère, tu as su toucher mon cœur lorsque tu nous accueillis chez toi, Dave et moi, en mai 2017. Grâce à ton hospitalité, j'ai pu revivre les quelques moments mémorables de ma jeunesse. En fait, je fus ravie de constater que tu n'avais pas changé d'un poil : tu étais toujours la femme exceptionnellement forte de mes souvenirs. Blague à part, personne ne réussissait mieux que toi les sandwichs au beurre d'arachide et à la confiture. Tu as élevé six enfants formidables dont tu peux être immensément fière. Je fus on ne peut plus chagrinée d'apprendre que tu étais tombée malade et croyais que la Finlandaise que tu étais saurait sûrement triompher de la maladie. J'aurais tant aimé pouvoir me dire finlandaise également. La grandeur et la bonté de votre peuple ne cessera jamais de m'ébahir. Quoi qu'il en soit, j'eus le cœur en miettes lorsque j'appris que tu avais fini par succomber au cancer du côlon contre lequel tu luttais depuis si longtemps. Tu nous quittas le 22 février 2021. Enfin, tu faisais preuve d'une grande sagesse et réussissais toujours à me faire garder les deux pieds sur terre. Je sais que tu attendais la publication de ce livre avec beaucoup d'impatience. Hélas, la pandémie de la COVID-19 ainsi que quelques petites corrections de dernière minute occasionnèrent de nombreux délais qui retardèrent ultimement la date originale de publication du mois d'août 2020. À mon grand désarroi, tu mourus avant d'avoir pu lire le livre. J'aurais tant aimé pouvoir te rendre fière de moi et avais si hâte de connaître ta réaction. Tu étais si transparente.

Je t'imagine déjà me regarder de là-haut avec ton sourire radieux. Nous nous retrouverons bien un jour ma chère Helen. D'ici là, je m'ennuierai de toi et t'aime énormément. Que tu puisses continuer de garder un œil sur ta merveilleuse famille. Repose en paix. Je t'aimerai toujours, Annikki.

Il m'aurait été impensable de continuer à vivre dans le quartier de mon enfance. Néanmoins, je n'aurais pas pu survivre sans toi, Lila. En tant que seules filles des environs, nous étions tout l'une pour l'autre, et notre amitié mutuelle nous a accompagnées lors des dures épreuves qui ont ponctué notre enfance. Que j'aimais passer du temps chez toi, surtout lors du temps des Fêtes. Vous étiez si gâtés à nos yeux. Je me souviens encore de l'immense maison de poupées entièrement meublée que Paappa t'avais construite. Nous passions des heures à jouer avec cette jolie maison et organisions plusieurs goûters de thé avec ton ensemble de porcelaine. Te souviens-tu de nos séances d'espionnage lors desquelles nous observions les adolescents qui sautaient des hautes falaises de la carrière? Ou encore lorsque nous tentions de faire enrager le taureau de Gram en lui brandissant un fichu rouge au visage. Dieu que nous avions couru! Nous étions des plus téméraires dans notre ardant désir d'explorer le monde! Rien ne semblait pouvoir nous arrêter. Nous avons passé, ensemble, les meilleures années de notre enfance respective. J'ai tellement apprécié te revoir au mariage de Sonia en 2017.

Ma chère Helga. Je te vois encore, au sein de ta mère, en train de te faire allaiter. Combien de fois me suis-je surprise à t'admirer dans les bras celle-ci. Tu étais si petite et si jolie. Je suis ravie d'avoir enfin pu te revoir, adulte, en 2017. Les souvenirs d'une époque donnée peuvent se décupler à l'infinie. Je vous remercie, ton mari Phil et toi, de m'avoir permis d'apprendre à te connaître davantage. J'estime que notre relation est des plus spéciales. Et que dire de la façon dont vous traiter vos animaux. Je serai toujours reconnaissante du fait que tu aies bien voulu me partager quelques photos sur *Messenger*. Je me suis même permis de les inclure à ma biographie. Ta compassion m'étonnera toujours. Tu es un des meilleurs exemples à suivre que je connaisse. Je chérirai toujours notre amitié, merci.

Chers Tom, Kerry et Mike. Enfants, nous avions toujours un plaisir fou à passer du temps en votre compagnie à discuter, à jouer au basketball et au chat et à la souris et à prendre en chasse votre gros cochon dans sa porcherie. Je garde également de nombreux bons souvenirs de votre ring de boxe, de votre jeu de hockey sur table et de bien plus encore. Sachez que nous vous admirions énormément. À vrai dire, c'est grâce à votre famille que nous sommes demeurées saines d'esprit. J'ai adoré notre rencontre de 2017. Je vous réserve une place toute spéciale dans mon cœur.

Dave, je serai à jamais reconnaissante de t'avoir retrouvé sur les médias sociaux en 2013. Que de chance nous avions de nous revoir ainsi après toutes ces années. Nos retrouvailles relevaient presque du miracle! Nous étions de véritables moulins à parole, et nos sujets de conversation semblaient inépuisables. Ce fut un honneur pour moi de t'avoir accompagné en juillet 2017 au mariage d'Adam et de ta superbe fille Sonia. J'ajoute tous ces souvenirs impérissables aux multiples autres que nous partageons ensemble. Je n'oublierai jamais ces moments, surtout l'avant-midi passé à préparer le déjeuner de noces pour tes frères et sœurs. Je m'imaginais, ce matin-là, toujours pouvoir préparer à déjeuner en ta compagnie. Je débordais de fierté lorsque je prenais place à tes côtés en présence de toute ta famille. Je croyais sincèrement être au bon endroit au bon moment et éprouvais une immense gratitude à l'idée de me retrouver enfin entourée des membres de ta famille. Je suis également d'avis que ton fils aîné Wayne est un jeune homme d'une grande authenticité et d'une grande gentillesse. Il me semblait ne t'avoir jamais quitté. Je rêve du jour où nous nous retrouverons de nouveau pour ne plus jamais nous séparer. Je t'aimerai toujours.

À mes trois fabuleux enfants Annie, Junior et Joey ainsi qu'à leur conjoint(e)Ari, Shar et Martin. Vous avez fait preuve d'une grande compréhension et d'un grand soutien à mon égard. Vous êtes mon équipe favorite, et je vous remercie du fond du cœur de m'avoir fait confiance et d'avoir cru en moi. Vous m'avez donné la force de combattre et de ne jamais baisser les bras. Je vous dois tout, spécialement mon succès. Sachez que vous avez joué un rôle considérable autant dans mon processus de guérison que dans mon processus d'écriture. Je n'aurais jamais pu y parvenir sans vous et suis immensément fière de vous. Ne changez surtout pas et restez vous-mêmes. Vos interactions me remplissent toujours de bonheur. De plus, l'amour que vous exprimez l'un envers l'autre touche mon cœur de mère. Vous m'avez donné le plus beau de tous les cadeaux en me faisant grand-mère de Kelly-Ann et d'Amy. La venue de ces deux petites filles a complètement changé ma vie pour le mieux. Elles sont tout pour moi! Je prie pour qu'elles bénéficient d'une protection divine tout au long de leur vie. Vous avez fait de moi la plus heureuse et la plus reconnaissante des femmes! J'ai énormément de chance de vous avoir dans ma vie. Votre présence a contribué à augmenter mon bonheur et ma stabilité de façon exponentielle. Je suis sans mot tellement ma gratitude maternelle est grande. Mon tour est venu de vous rendre la pareille. Je ne cesserai jamais de vous aimer inconditionnellement et serai toujours là pour vous. Je vous aimerai toujours, Maman.

Chère maître Stothart, avocate de la couronne. Vous avez été une véritable tigresse dans la salle d'audience. Vos clients peuvent se considérer chanceux. Quant à nos trois avertissements d'annulation, je m'étonne encore de la rapidité d'esprit dont vous avez fait preuve pour nous les éviter. Votre répartie sans faille vous plaçait constamment au-devant de la partie défenderesse et même du juge. Nous n'oublierons jamais toute la confiance que vous nous avez témoignée. De plus, comment oublier le stress causé par ce coup de téléphone passé au médecin qui avait examiné Bernie. Nous avons littéralement sauté de joie lorsque vous êtes revenue avec le verdict médical. Enfin, je ne vous remercierai jamais suffisamment d'avoir cru en nous. Je suis persuadée que vous avez depuis réussi à vous bâtir une solide réputation. Merci et soyez bénie.

Je tiens également à remercier l'agent Larry Dénommé pour son soutien des plus positifs. Vous nous avez donné la confiance de continuer à avancer et de ne jamais abandonner. Un grand merci, surtout, d'avoir fait développer les photos de notre appareil jetable. Dieu merci, elles étaient toutes noires! Vous aviez confiance en nous, et nous de même. Nous n'oublierons jamais les agréables dîners passés en votre compagnie. Merci encore de nous avoir montré qu'il existait encore des hommes foncièrement bons. Soyez béni.

J'aimerais mentionner que les membres du groupe de soutien des victimes et des témoins du palais de justice de Sudbury sont de véritables anges terrestres. Le processus a été grandement facilité grâce à votre présence. Il est essentiel que les victimes sachent qu'elles ne sont pas seules. Qui plus est, je fus fort honorée de voir un de mes poèmes accroché au babillard du centre commercial de Sudbury. Enfin, ma sœur et moi souhaitons sincèrement vous remercier de nous avoir guidées, de nous avoir aidées et de nous avoir encouragées à garder la tête haute. Merci.

Ma chère Sharon, quel bonheur ce fut de te rencontrer par l'entremise de Lisa. Elle avait tout à fait raison : tu es une auteure formidable. Force est d'admettre que le processus d'écriture de mes mémoires ne fut pas de tout repos et qu'il dépassât même l'entendement par moment. Tu m'aidas néanmoins à transmettre un bel héritage aux membres de ma famille et à mes ami(e)sgrâce à ton soutien, tes encouragements et ton absence de jugement. La parution de ce livre constitue l'aboutissement d'un de mes rêves les plus chers. Je te remercie de m'avoir accompagnée et de m'avoir fait confiance tout au long de ce processus. Pour ma part, je souhaite pouvoir poursuivre ma guérison qui, disons-le, sera sans doute l'œuvre d'une vie. Heureusement, avec le temps, ma guérison s'accélère. *Le temps arrange les choses*, dit-on. Enfin, le fait que ce livre puisse potentiellement venir en aide à d'autres victimes m'encourage. Je souhaite sincèrement pouvoir les aider à déployer leur force intérieure et à accroître leur courage afin qu'elles brisent le silence et reprennent le contrôle de leur vie respective. Grand merci Sharon d'avoir peaufiné mes idées et mes mots.

FriesenPress. Rien de tout cela n'aurait été possible grâce à votre soutien éditorial. Je suis désormais confiante de pouvoir enfin venir en aide à d'autres victimes. En outre, je suis reconnaissante de l'ensemble de votre travail du fait qu'il ait grandement contribué au succès du livre. Encore une fois, merci.

Anne-Marie Courtemanche

Autres titres de l'auteure

Afin de lire un extrait d'un des titres en format électronique de Sharon Dorival ou d'en faire l'achat, visitez le http://www.amazon.com.

Les titres *Obédience In a Me First World* et *Poetry on the Run* sont disponibles au http://www.lulu.com et *THROUGH MY EYES: Poetry of a Vivid Mind* est disponible au http://www.blurb.com/magazine.

Veuillez-vous référer au http://www.sharondorival.com pour les prochains titres à paraître.

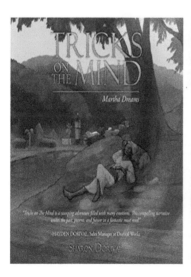